Hegendorf · Reetz
Der Gebrauchshund

Hegendorf · Reetz

Der Gebrauchshund

Haltung, Ausbildung und Zucht

14. Auflage, völlig neu bearbeitet von
Horst Reetz

Mit 100 Einzeldarstellungen in 76 Abbildungen

Verlag Paul Parey · Hamburg und Berlin

CIP-Kurztitelaufnahme der Deutschen Bibliothek

Hegendorf, ...:

Der Gebrauchshund : Haltung, Ausbildung u. Zucht / Hegendorf-Reetz. – 14. Aufl. / völlig neu bearb. von Horst Reetz. – Hamburg, Berlin : Parey, 1980
ISBN 3-490-07512-9

NE: Hegendorf-Reetz, ...; Reetz, Horst

52. bis 66. Tausend

 Anschriften: Spitalerstraße 12, 2000 Hamburg 1; Lindenstraße 44–47, 1000 Berlin 61. Printed in Germany by Rasch Druckerei und Verlag GmbH & Co. KG, Bramsche. Umschlaggestaltung: Jan Buchholz und Reni Hinsch, Hamburg, unter Verwendung eines Photos von Burkhard Winsmann.

ISBN 3-490-07512-9

Vorwort zur 14. Auflage

Genau siebzig Jahre ist es her, seit Hegendorf diese seinerzeit aufsehenerregende Anleitung für die Ausbildung von Jagdhunden verfaßte. Er wandte sich gegen dogmatische Dressurgrundsätze und trat überzeugend für Ausbildungsweisen auf tierpsychologischer Grundlage ein in individueller Anpassung an Wesen und Veranlagung. ,,Wie sag' ich's meinem Hunde?" – dies war das Leitmotiv, und viele Überlegungen und empirische Erkenntnisse wurden später auch von der Verhaltensforschung bestätigt. Seine einleitenden Worte zur ersten Auflage sind auch nach fast einem Dreivierteljahrhundert von ungeminderter Bedeutung.

Ludwig Mérey v. Kapos Mére – Hegendorf war sein Schriftstellername – wurde am 21. Januar 1872 in Wien geboren und verstarb am 12. Dezember 1938 in einem Jagdhaus nahe München. Jahrzehntelang war er nach forstlicher und jagdlicher Ausbildung Verwalter großer Niederwildreviere in der Ostmark, in Österreich und Baden. Seine umfassenden Erfahrungen schlugen sich in ,,Wild und Hund" mit vielen Abhandlungen zur Niederwildhege sowie in Fachbüchern nieder.

Seine lebenslange ganz besondere Neigung galt aber dem Jagdgebrauchshund. Er förderte in ungezählten Veröffentlichungen das Bewußtsein für die jagdethische Verpflichtung, gute Hunde einzusetzen. Dabei wurde ihm während der Ausbildung von Hunden vieler Rassen schon früh die Fragwürdigkeit der um die Jahrhundertwende propagierten ,,Parforcedressur" bewußt. Hegendorf war wohl der erste Praktiker und Fachschriftsteller unseres Jahrhunderts, der sich immer wieder mit der Frage auseinandersetzte, auf welche Weise man sich dem Hunde am besten verständlich macht, um die Klaviatur der Triebe, der einfühlsamen Einwirkung, aber vor allem auch des notwendigen Zwanges in individueller Anpassung zu beherrschen.

Aufgrund besonderer Gabe, beeindruckend tierlieber Grundeinstellung und ungewöhnlich reicher Praxis gewann er viele Erkenntnisse und wurde zum Wegbereiter humaner, die Psyche der Hunde berücksichtigender Ausbildungsweisen. Ob es der große oder kleine Vorstehhund war, der Stöber- oder Erdhund, der Schweißhund oder die Bracke, Hegendorf führte und beurteilte sie als jeglichem Rassenfanatismus abholder praktischer Jäger mit stetem Bemühen, sie gemäß ihrer Veranlagung möglichst optimal und nutzbar zu entwickeln. Dabei war er dem vielseitigen Allroundhund, der sich unterschiedlichsten Revier-, Wild- und Jagdverhältnissen anpaßt, besonders zugetan und trachtete auch danach, einzelne Gebrauchsrassen zu fördern. Als einer der allerersten gab er seine reichen Erfahrungen in Abrichtungs- und Führerkursen weiter.

Fortwährend war sein Bestreben darauf gerichtet, nach besseren Erziehungs- und Ausbildungswegen zu suchen. Er entwickelte beispielsweise das Bringselverweisen, setzte sich energisch gegen die Sichthetze und für zügelnde Riemenarbeit auf Spur wie Fährte ein und erprobte Übungsmöglichkeiten mittels Kunstschweißfährten und Schleppen.

Hier folgte ihm in Praxis, Wort und Schrift Hermann Eiserhardt mit mancherlei ergänzenden Erfahrungen. Er übernahm nach dem Tode Hegendorfs während vierzigjähriger Tätigkeit als jagdkynologischer Redakteur von „Wild und Hund“ die Überarbeitung weiterer Neuauflagen dieses Buches.

Als Eiserhardts Nachfolger wurde es mir zur Aufgabe, neueres Wissen in das erfolgreiche Standardwerk einzubringen. Hegendorfs Konzept, seiner Zeit weit voraus, hat sich bis heute bewährt. Insbesondere die einfühlsam dargestellte Grundausbildung bedurfte kaum der Abwandlung oder Ergänzung. Wissenserweiterung ergab sich im letzten Jahrzehnt vor allem hinsichtlich Haltung und Ernährung, Jugendentwicklung und Welpenförderung, Wesenserfassung und Ausnutzung neuerer Hilfsmittel. Ergänzende Kapitel befassen sich mit der Bewältigung zeitgemäßer Probleme, bedingt durch Rassenentwicklung, Wandlungen der Jagd-, Revier- und Wildverhältnisse sowie Änderung bzw. Eingrenzung der Ausbildungs- und Führungsmöglichkeiten.

Herrn Dr. med. vet. Ulrich Kober sei Dank gesagt für die vielseitigen Hinweise zur Pflege, Krankheitsvorsorge und praxisbezogenen „Ersten Hilfe“.

Lüneburger Heide, Frühjahr 1980 — Horst Reetz

Hegendorf zur ersten Auflage

„Die Erziehung unserer Hunde ist ein der Pädagogik verwandtes Gebiet; mit pädagogischen Grundsätzen müssen wir durch die Erziehung von Jugend auf eine Grundlage schaffen, die es ermöglicht, den Hund seiner Bestimmung in höchster Vollkommenheit zuzuführen. Wie es unmöglich ist, die Erziehung eines einzelnen Menschen nach irgendeinem Schema vorzunehmen, so ist dies auch bei der Erziehung des Hundes verwerflich; wir werden mit ihm das höchstmögliche Ziel erreichen, wenn wir vom psychologischen Standpunkt aus seine Eigenschaften kennengelernt haben.

Meine Überzeugung gipfelt darin, daß wir die vollkommene Leistung nur dann erreichen werden, wenn wir ihn von zartester Jugend an durch liebevolle, verständige Behandlung erziehen, ihn durch systematische Übung zur Höchstleistung bringen. Seit mehr als 30 Jahren arbeiten wir an den Gebrauchshunden herum und sind nicht zu den gewünschten Zielen gekommen. Und warum? Weil Korallen, Peitsche und Strafschuß einen Fortschritt unmöglich machen. Jede einzelne Leistung wird durch eine systematische, planmäßige Ausbildung seiner ihm von der Natur verliehenen Gaben bedingt. Die Arbeit muß dem Hunde Freude bereiten; seine Passion soll dabei nicht beschnitten werden. Die Arbeitsfreude soll den Hund über Klippen und Gefahren hinwegleiten, ohne daß er Schiffbruch leidet.

Es ist Ziel und Zweck dieses Werkes, die Erziehung und Dressur unserer braven Hunde natürlicher, humaner und zweckentsprechender zu gestalten, um tüchtige, leistungsfähige Hunde zu erhalten. Die Erziehung gebietet in erster Linie, uns dem Hunde verständlich zu machen. Darin liegt das ganze Schwergewicht.“

Inhalt

Der vielseitige Gebrauchshund – Entwicklung, Förderung, Bedeutung

Befaßt man sich näher mit der Entwicklung der Jagd im deutschsprachigen Raum, so wird man bestätigt finden, daß Hunde seit jeher eine nützliche Rolle gespielt haben. Ihr Einsatz war den Voraussetzungen und Möglichkeiten in wechselnden Zeitläuften angepaßt. Das Bestreben, vielseitige Jagdhunde zu führen, wuchs mit Gegebenheiten und Entwicklungen der Niederwildjagd, technischer Vervollkommnung der Erbeutungsmethoden und zunehmender Ausbreitung waidgerechter Gesinnung.

In der Frühzeit des Jagens gab es keinen Gebrauchshund, wie er heute als allgegenwärtiger Helfer selbstverständlich ist. In der Geschichte erscheinen der Leithund und in der Folge der Schweißhund als den damaligen Verhältnissen entsprechende Spezialisten hochentwickelter Leistungsform für die Arbeit auf der Gesund- und Wundfährte des Hochwildes. Während Anfang des vorigen Jahrhunderts die Niederwildjagd aus verschiedenen Gründen noch von untergeordneter Bedeutung war, trat mit der Vervollkommnung der Waffentechnik ein Wandel ein. Man begann sich mehr für solche Hunde zu interessieren, mit denen sich nun auch das Niederwild erfolgreicher bejagen ließ.

Mit diesen Fortschritten auf waffentechnischem Gebiet gingen die Hege des Niederwildes und die Entwicklung der Zucht, Ausbildung und Führung wünschenswerter Jagdhunde einher. Dem beharrlichen Züchterwillen gelang es, sich den Erfordernissen der Zeit und damit der Praxis anzupassen. Mit dem Streben nach vielseitigeren Gebrauchshunden für die Niederwildjagd entwickelten sich in heute unvorstellbar harter Selektion vielerorts Jagdhundschläge, die gemäß den unterschiedlichen Gegebenheiten und persönlichen Vorstellungen gefördert wurden.

Als die Niederwildjagd vor der Jahrhundertwende immer mehr Aufschwung nahm, fanden sich viele Ausländer, vornehmlich Engländer und Franzosen, als Jagdgäste ein und übten mit ihren mitgebrachten Hunden, hauptsächlich Pointern und Settern, die Feldjagd aus. Diese Rassen, in den Ursprungsländern speziell für die Hühnerjagd gezüchtet und geführt, hoben sich in der Feldarbeit von unseren damaligen deutschen Vorstehhunden turmhoch ab. Viele Jäger sahen sich dadurch veranlaßt, entweder zur Zucht dieser englischen Rassen überzugehen oder sie in bodenständige Schläge einzukreuzen. Weithin wurden in gepflegten Niederwildrevieren vorwiegend Pointer und Setter geführt, zumal damals der Hühnerbesatz große Strecken ermöglichte. Mehr und mehr zeigte sich jedoch mit der Zunahme der Jäger, die sich nicht mehrere Spezialhunde halten konnten, das Bemühen, vielseitigere Anforderungen an ihre Jagdhelfer zu stellen.

Ein großer Förderer dieses Zucht- und Ausbildungszieles wurde Hegewald (Freiherr Sigismund v. Zedlitz und Neukirch), der sich vehement für die Schaffung deutscher Gebrauchshunde auf der Basis bodenständiger Schläge einsetzte. Auch Hegewald erkannte jedoch, daß bei allem Patriotismus der damals noch schwerfällige altdeutsche Hund einer Konkurrenz mit dem englischen Spezialisten nicht gewachsen war, und er trachtete, Vielseitigkeit mit hochentwickelter Feldarbeit zu vereinen. So schuf er durch Kreuzung von Arbeitspudel und Pointer den Pudelpointer, während andere altdeutsche Vorstehhunde kurz-, rauh- und langhaariger Schläge durch Zuführung englischer Hunde »veredelt« wurden.

Sprunghaft ging es mit der Zucht aufwärts. Allerdings wurden die deutschen Hunde viel zu sehr auf die damals in Konkurrenz mit den englischen Hunden im Vordergrund stehende Hühnerjagd ausgerichtet und dadurch Eigenschaften für den vielseitigen Gebrauch vernachlässigt. Einseitige Abführung und Verwendung steigerten diese Erscheinung. Immer wieder war es Hegewald, der für vielseitigere Ausrichtung der Leistungszucht, Prüfung und Verwendung im Jagdbetrieb eintrat. Fast alle unsere heutigen kontinentalen Gebrauchshundrassen entstanden in dieser Zeit bzw. wurden durch Auslesezucht fortentwickelt.

In dieser Gründerzeit gab es außerordentlich heftige Richtungskämpfe, der Widerstreit von Ansichten und Methoden spiegelt sich in der Literatur der Jahrhundertwende wider. Damals spielte die harte Parforce-Dressur eine bedeutende Rolle, in Wort und Schrift von namhaften Jagdkynologen verfochten. Ein anderes Abrichtungssystem als diese krasse Zwangsmethode kam lange Zeit überhaupt nicht in Frage.

Die beste Erziehungsweise muß aber versagen, sobald sie, in starre Formen gekleidet, zu einem kompromißlos harten System wird. Bei bestimmten Hunden wird die Parforce-Dressur durchaus das Ziel erreichen, aber solche feststehenden Schemata sind, selbst bei gutem Willen zum Individualisieren, nicht allgemein anwendbar. Diese starre Parforce-Abrichtungsempfehlung, die so unendlich viele Härten in sich birgt und deshalb auch als inhuman und tierpsychologisch teils verhaltensfremd abzulehnen ist, macht es dem Jäger sehr schwer, sich der unterschiedlichen Veranlagung der Hunde einfühlsam anzupassen.

Die Erziehung unserer Hunde ist ein der Kindererziehung verwandtes Gebiet. In vielen Fällen ist sie schwieriger, weil der Hund den psychischen Vorgängen kaum Ausdruck verleihen kann und wir infolgedessen auf Mutmaßungen angewiesen sind. Hartes schematisches Vorgehen ist ungeeignet, wenn man die Eigenschaften eines Lebewesens entwickeln und sie für bestimmte Zwecke nutzbar machen will.

In Erkenntnis der Fragwürdigkeit sogenannter Parforce-Methoden kam ich zu der Schlußfolgerung: Es gibt kein feststehendes Erziehungs- und Abrichtungssystem, das für jeden Hund anwendbar ist, sondern die möglichen, bewährten Ausbildungsweisen sind wichtige Anhaltungspunkte, die es nach geeigneter Wahl in Berücksichtigung der psychischen Veranlagung und in gegenseitiger Ergänzung ermöglichen, einem Hunde Höchstleistungen abzuverlangen.

Allen Anfängern deshalb zum Geleit: „Lernt erst einen Hund erziehen, ehe Ihr versucht, einen Hund abzurichten!" Es wird auch gut sein, sich das Wort „Dressur" abzugewöhnen, und zwar schon deshalb, weil man unter Dressur zumeist das Erbringen von Lern-Leistungen durch Strafen versteht.

Gewöhnung werde die Grundlage der Erziehung! Durch tägliches Üben gewöhnt ein entsprechend veranlagter Hund sich an bestimmte Anforderungen, die wir von ihm verlangen, und bei fleißiger Wiederholung begreift er, was wir von ihm wollen.

Solche empirischen Ausbildungs-Erkenntnisse, später von der Verhaltensforschung in vielen Grundsätzen bestätigt, setzten sich mit Erscheinen der ersten Auflagen dieses Buches nur zögernd durch. Wesentlich größere und schnellere Fortschritte gab es auf den Gebieten der Reinzucht und Prüfungsauslese. In den achtziger Jahren des vorigen Jahrhunderts wurden bereits manche unserer heutigen Zucht- und Prüfungsvereine gegründet, und 1899 konstituierte sich als Dachorganisation der Jagdgebrauchshundverband (JGHV). Er setzt sich nunmehr aus weit über 200 Zucht- und Gebrauchshunde-Vereinen sowie auch Kreisgruppen der Landesjagdverbände zusammen. Im Laufe der Zeit legte er allgemeingültige Prüfungsordnungen für Vorstehhunde sowie auch andere Rassen fest.

Die Anlagen des Vorstehhund-Jährlings werden im Frühjahr auf der Verbandsjugendprüfung (VJP) mit den Fächern Hasenspur (zum Teil), Nase, Suche, Vorstehen, Führigkeit ermittelt. Im Herbst folgt die Herbstzuchtprüfung (HZP), in den Anforderungen ähnlich der VJP, jedoch gesteigert und erweitert um Finden auf Schleppen sowie Apportieren von Nutzwild, um Wasserarbeit und Gehorsam. Als „Meisterprüfung", die in der Regel erst ein Jahr später erreichbar ist, gilt die zweitägige Verbandsgebrauchsprüfung (VGP) mit ihren sehr umfangreichen Anforderungen in rund 30 Bewertungsfächern; sie bauen sich auf denen der HZP auf, stellen aber höhere Bedingungen, zusätzlich wird sehr guter Gehorsam (in einer Vielzahl von Fächern), Schweißarbeit, Fuchsapportieren, Buschieren und Stöbern verlangt. Als weitere Leistungsabnahmen des JGHV für alle Jagdhundrassen gibt es u. a. spezielle Verbandsschweißprüfungen (VSwp) auf über 24 oder 40 Stunden alter künstlicher Rotfährte, Bringtreue-Prüfungen (Btr., ausgelegter Fuchs) und Verlorenbringer-Prüfungen (Vbr., kranker Hase oder Fuchs während des Jagdbetriebs).

Als einziger Vorstehhund-Zuchtverein veranstaltet der Deutsch-Kurzhaar-Verband statt VJP und HZP des JGHV eigengestaltete, aber ähnliche Prüfungen, die (ohne Hasenspur) unter den Bezeichnungen Derby und Solms abgehalten werden. Andere Vorstehhund-Zuchtvereine richten sich zwar nach den JGHV-Regeln, nennen ihre Prüfungen aber anders; z. B. der Verein Deutsch-Drahthaar seine zentrale HZP Hegewald-Zuchtprüfung. Die Zuchtvereine für englische Vorstehhunde (Pointer, Setter), Stöberhunde (Deutscher Wachtel, Spaniel), Erdhunde (Teckel, Terrier) und jagende Hunde (Bracken) sowie andere, seltenere Rassen haben besondere, auf die Eigenarten und Aufgaben dieser Rassen zugeschnittene Auslese-Prüfungen.

Die in den dreißiger Jahren eingeführte Prüfung und Fortbildung des Jägernachwuchses schärfte das Bewußtsein für die Notwendigkeit der Führung guter Jagdhunde, nicht zuletzt auch im Sinne jagdethischer Bedeutung. Ohne guten Hund ist keine waidgerechte Jagdausübung denkbar! Während früher das Aufsuchen des Wildes mit seiner Hilfe der wesentlichste Gesichtspunkt war, wurde ein Hauptaugenmerk immer mehr auch auf die wesentliche Arbeit nach dem Schuß gerichtet. Der Jagdhund soll uns ermöglichen, erlegtes und insbesondere krankgeschossenes Wild zu finden bzw. zur Strecke zu bringen.

Diese immer selbstverständlicher gewordene Einstellung, sich zur Führung eines guten Jagdhundes verpflichtet zu fühlen, fand schließlich auch gesetzliche Verankerung. So ist in allen Ländern der Bundesrepublik festgelegt, daß bestimmte Jagdarten (Such-, Drück- und Treibjagden, die Jagd auf Schnepfen und Wasserwild) und vor allem Nachsuchen nur noch mit brauchbaren, geprüften Hunden ausgeübt werden dürfen; hinzu kann eine besondere Verpflichtung der Revierinhaber kommen, die Einsatzmöglichkeit eines geprüften Hundes nachzuweisen.

Sofern Jagdhunde keine Prüfung bestanden haben, die der Gesetzgeber als Nachweis der Brauchbarkeit anerkennt (z. B. in der Regel bei Vorstehhunden die Verbandsgebrauchsprüfung oder Herbstzuchtprüfung mit zusätzlicher Schweißarbeit, bei Schweißhunden eine Vorprüfung, bei Teckeln die Vielseitigkeits- oder Schweißprüfung), sollen sie sich als Mindestanforderung dem Jagdeignungstest, der Brauchbarkeitsprüfung, unterziehen.

Die Anforderungen und Bestimmungen dieser Brauchbarkeitsprüfung sind in den einzelnen Bundesländern unterschiedlich. Abgehalten wird sie im Auftrage der Jagdbehörden entweder von den LJV-Kreisgruppen oder von Jagdgebrauchshundvereinen

(JGV), fordert Mindestleistungen und erstreckt sich hauptsächlich auf die Aufgaben des Hundes nach dem Schuß. Im allgemeinen werden neben Feststellung der Schußfestigkeit genügende Leistungen auf den Gebieten Gehorsam, Schweißarbeit, Bringen von Haarnutzwild und Federwild auf der Schleppe sowie Bringen aus tiefem Wasser verlangt.

„Kein Jäger ohne Jagdhund" war das Schlagwort vieler Jahre, um die Notwendigkeit der Jagdhundführung möglichst jedem bewußt zu machen. Dies führte jedoch dazu, daß so mancher Jäger sich zur Haltung eines vierläufigen Helfers veranlaßt sah, obwohl dieser mangels eigenem Revier nur anläßlich einiger Jagdeinladungen Arbeitsgelegenheit bekommen konnte. Haupt-Dasein als Haus- oder Zwingerhund war die Folge, die Leistungen ließen nach. Man erlebt heute nicht selten, daß zu Treibjagden zehn oder mehr Hunde mitgeführt werden, die kaum Einsatz finden können, sich gegenseitig behindern und mangels Praxis den Jagdbetrieb und das Erleben ihrer Besitzer eher belasten als fördern.

So war es nicht gemeint, so kann es nicht sinnvoll sein! Die Jagdhundführung, -zucht und -haltung haben sich den Erfordernissen und Gegebenheiten anzupassen, sie dürfen nicht zur Übertreibung oder gar zum Selbstzweck ausarten.

Während die Ausbildung früher häufig in den Händen mehr oder weniger professioneller Abrichter lag, haben erfreulicherweise immer mehr Jäger erkannt, wie vorteilhaft es für die spätere gemeinsame Jagdpraxis ist, wenn man sich seinen eigenen Hund selbst vom Welpenalter an erzieht und ausbildet. Dabei finden sie, soweit sie Anleitung suchen, praktische Hilfestellung, denn in fast allen Kreisen werden für Führer und Hund Ausbildungskurse abgehalten, deren Teilnahme dem weniger Erfahrenen sehr empfohlen sei.

Im Verlaufe von zehn oder mehr Arbeitsjahren erreichen unsere Gebrauchs-Hunde je nach Jagdmöglichkeiten eine mehr oder weniger große Lebensstrecke an Wild, das ohne ihren Einsatz verludert wäre; ganz abgesehen von der Sucharbeit vor dem Schuß. Das kann sich auch im Wildpretwert in sehr beträchtlichen Summen auswirken. Wer über Jahre hinweg Tagebuch führt und das Wild vermerkt, das ohne guten Gebrauchshund nicht erbeutet worden wäre, ist nach zehnjähriger Bilanz sehr beeindruckt.

Besondere Beachtung finden immer wieder einzelne Hannoversche Schweißhunde, die als Spezialisten in Hochwildgebieten in ihrem Leben 300 oder mehr erfolgreiche Nachsuchen leisteten, wobei die Wildpretgewichte der Hirsche, des Kahlwildes und der Sauen sich zu Werten von über 50000 DM addieren.

Bei solch augenfälligen imposanten Ermittlungen tritt oft die große Anzahl Zehntausender von vielseitigen Gebrauchshunden in den Hintergrund, obwohl diese landauf, landab in ungezählten Revieren fast das ganze Jahr über einen beträchtlichen Anteil an den Niederwildstrecken haben, insbesondere auch bei Rehwildnachsuchen und der Bejagung des Raubwildes und Raubzeuges mannigfach ergebnisreiche Dienste leisten. So hat die Hundearbeit neben Gesichtspunkten, die das Jagen zum verantwortungsbewußt ausgeübten Waidwerk erheben, auch jagdwirtschaftliche Bedeutung.

Den Zucht- und Prüfungsvereinen, dem Jagdgebrauchshundverband, unseren Jagdorganisationen auf Bundes- wie Länderebene, dem Internationalen Jagdrat sowie insbesondere vielen einzelnen Persönlichkeiten dieser Kreise kommt das Verdienst zu, dies initiert und gefördert zu haben, auch weit über den deutschsprachigen Raum hinaus.

Zur Auswahl unter den Jagdhundrassen

Der Anschaffung eines Jagdhundes hat die Überlegung vorauszugehen, für welche Revier- und Jagdgegebenheiten er benötigt wird, inwieweit die persönlichen Verhältnisse (Wohnung oder Haus, in der Stadt oder auf dem Lande, Auslaufmöglichkeiten) mitbestimmend sind, ob man den Hund vom Welpenalter an selbst erziehen und ausbilden will und kann, ob es ein Rüde oder eine Hündin sein soll (letztere oft leichtführiger, aber Erschwernis in der Zeit der Hitze). Zur Wahl stehen die folgenden Jagdhundrassen (die häufig wechselnden Anschriften der Zuchtverbände können von der Schriftleitung „Wild und Hund" (Spitalerstraße 12, 2000 Hamburg 1) erfragt werden.

1. *Deutsche Vorstehhunde:* Deutsch-Drahthaar (DD), Pudelpointer (PP), Deutsch-Stichelhaar (DST), Griffon (Gr), Deutsch-Kurzhaar (DK), Weimaraner (W), Deutsch-Langhaar (DL), Großer Münsterländer Vorstehhund (GM), Kleiner Münsterländer Vorstehhund (KlM).
2. *Stöberhunde:* Deutscher Wachtelhund (DW), Spaniel (Sp).
3. *Erdhunde:* Kurz-, Lang- und Rauhhaarteckel (KT, LT, RT), Foxterrier (FT), Deutscher Jagdterrier (DJT).
4. *Schweißhunde:* Hannoverscher Schweißhund (HS), Bayerischer Gebirgsschweißhund (BGS).
5. *Jagende Hunde:* Bracken, z. B. Dachsbracke (DBr.)

Die deutschen Vorstehhunde werden bei guter Veranlagung und sachkundiger Ausbildung sehr vielseitigen Anforderungen gerecht: Suche, Vorstehen und Apportieren im Feld, Stöbern, Buschieren und Bringen im Busch, Wald und Gewässer, dabei je nach Jagdweise und Wildart Vorstehen oder Aufstöbern; Arbeit auf Gesund- und Wundspur (oder -geläuf), ggf. Greifen kranken Wildes und Apportieren; Nachsuche kranken Schalenwildes am Schweißriemen; Stellen und Abtun von Raubwild und Raubzeug.

Im allgemeinen gibt es bei den deutschen Vorstehhundschlägen keine sehr wesentlichen Veranlagungsunterschiede. Übereinstimmend mit jahrzehntelangen Zuchtzielen lassen sich jedoch besondere Stärken hervorheben: beim rauhhaarigen Deutsch-Drahthaar Robustheit und das angestrebte Gleichmaß der Vielseitigkeit, beim Deutsch-Kurzhaar zusätzliche Bevorzugung der Feldhund-Eigenschaften, bei den langhaarigen Schlägen (Deutsch-Langhaar, Großer und Kleiner Münsterländer) daneben die besondere Eignung für Aufgaben in Wald- und Buschrevieren. Dem Pudelpointer werden als Erbgut des Pointers und des früheren Arbeitspudels besonders gute Feldmanieren, Bring- und Wasserfreude nachgesagt.

All diese Eigenschaften der verschiedenen Rassen und Schläge müssen jedoch nicht in jedem Hund so hervorstechend vereinigt sein. Die Auswahlzucht hat aber auch die Anpassungsfähigkeit gefördert, so daß die meisten deutschen Vorstehhundformen sich weitgehend auf die jeweiligen Gegebenheiten einzustellen vermögen, natürlich sachkundige Ausbildung und Führung vorausgesetzt.

Das hinsichtlich der breiten Einsatzmöglichkeiten für die Vorstehhunde Gesagte gilt auch für den Deutschen Wachtelhund, dem aber das Vorstehen nicht eigen ist. Er muß spurlaut und spursicher jagen, stöbern und buschieren, wird von Waldjägern (besonders auch in Hochwildgebieten für die Saujagd) bevorzugt sowie häufig zur Entenjagd eingesetzt und für die Nachsuchenarbeit ausgebildet.

Spaniels von guter Arbeitsveranlagung und genügender Härte sind rar geworden (eine Folge der Entwicklung zum schönen, lieben Haushund), wenngleich sie bei entspre-

Abb. 1. Deutsch Drahthaar

Abb. 2. Pudelpointer

Abb. 3. Deutsch Stichelhaar

Abb. 4. Griffon

Abb. 5. Deutsch Kurzhaar

Abb. 6. Weimaraner

Abb. 7. Deutsch Langhaar

Abb. 8. Großer Münsterländer

Abb. 9. Kleiner Münsterländer

Abb. 10. Pointer

Abb. 11. Irischer Setter

Abb. 12. Englischer Setter

chender Veranlagung, unter Berücksichtigung ihrer Körpergröße sowie Verzicht auf die Vorsteheigenschaft ebenfalls vielseitig einsetzbar sind, vor allem in kleinen Revieren, wo viel gestöbert und buschiert wird. Es gibt noch Leistungszüchter!

Raubwildschärfe und passioniertes Schliefen in Baue wird von den Erdhunden verlangt. Aber Teckel und Terrier, die schon von der Körpergröße her Haltungsvorteile haben, bewähren sich in vielen Revieren auch besonders beim Buschieren und Stöbern sowie auf der Wundfährte von Schalenwild. Insbesondere der Deutsche Jagdterrier, aus selten gewordener Leistungszucht ebenso der Foxterrier, werden in Schwarzwildrevieren geschätzt. Für Saujagden eignen sich auch gut veranlagte Teckel, sofern sie nicht durch hohe Schneelage behindert sind, und viele Dachshunde bringen sogar gelegentlich erbeutete Enten aus dem Wasser ans Ufer. Im ausgesprochenen Niederwildrevier sollte man aber unter den Vorstehhundrassen wählen.

Die Anschaffung eines Schweißhundes kommt für die meisten Jäger nicht in Betracht, denn hier handelt es sich um Spezialisten, die seit Jahrhunderten mit dem Ziel besonderer Befähigung zur Nachsuche von Schalenwild gezüchtet und ausgebildet werden; der Bayerische Gebirgsschweißhund besonders im Bergland (auch auf Rehwild), der schwerere Hannoveraner fast ausschließlich in der (Spitzenleistungen förderlichen) Beschränkung auf Hochwild, nach spezieller Ausbildung auf kalten Gesundfährten.

Die eigentliche Jagd mit Bracken (das sehr weiträumige Brackieren) ist heute wegen der Revierverhältnisse und jagdgesetzlichen Bestimmungen nur noch in Ausnahmefällen möglich. Bracken können jedoch bei zweckmäßiger Führung aufgrund ihrer Spur- bzw. Fährtentreue für die Stöber-, Buschier- und Nachsuchenarbeit ausgebildet werden.

Nun zu den wichtigsten *ausländischen Jagdhundrassen,* die in Deutschland geführt werden. Am häufigsten treten die Englischen Vorstehhunde in Erscheinung, wie Irischer Setter (IS), Gordon-Setter (GS), Englischer Setter (ES) und besonders die Pointer (P). Sie sind vor allem als Feldspezialisten für rebhühnerreiche Reviere geschätzt, werden aber hin und wieder auch zu vielseitiger einsetzbaren Helfern ausgebildet. Dies gilt ebenso für den hauptsächlich in Frankreich verbreiteten zierlichen Vorstehhund Epagneul Breton (EBr), der dem Kleinen Münsterländer ähnlich ist. Dem ungarischen Vorstehhund Magyar Viszla (MV oder UV), den es in kurz- und rauhhaariger Variante gibt, werden Allround-Leistungen abverlangt. Amerikanische Retriever-Schläge (Retr.) sind in Wasserwildrevieren und bei streckenreichen Fasanenjagden als leistungsfähige Apportierhunde geschätzt. Schweizer und französischen Brackenformen (Laufhunde) begegnen wir mitunter in unseren Mittelgebirgsrevieren, wo sie ähnlich den Dachsbracken Verwendung finden. Weitere ausländische Rassen haben bei uns kaum Bedeutung.

Der wählende Jäger sollte sich stets an den jagdkynologisch maßgeblichen Zuchtverein bzw. an solche Züchter wenden, die eine Leistungszucht auf der Grundlage der für jagdliche Verwendung maßgeblichen Anlagen betreiben, und anhand der nachgewiesenen Prüfungserfolge bzw. Leistungszeichen die Eignung der Vorfahren für den Jagdbetrieb prüfen. Dies ist besonders wichtig bei Rassen bzw. Schlägen, die heute überwiegend für Liebhaberzwecke gezüchtet werden (Setter, Spaniel, Foxterrier, Teckel). Hier ist kritisch zu unterscheiden zwischen Sieger-Auszeichnungen, die auf Ausstellungen (für Formschönheit) vergeben wurden, und solchen, die auf Arbeitswettbewerben (für Leistung) errungen wurden.

Die Leistungszucht orientiert sich im wesentlichen an den Erfolgen auf Prüfungen. Die meisten Prüfungsordnungen für Vorstehhunde wurden aber in einer Zeit entwickelt, als es noch viele gute Rebhühnerreviere gab. So steht die Feldarbeit mit den besonderen Ansprüchen an weiträumige schnelle Suche und elegante Vorstehmanieren oft im Vor-

Abb. 13. Gordonsetter

Abb. 14. Deutscher Wachtelhund

Abb. 15. Cockerspaniel

Abb. 16. Kurzhaarteckel

Abb. 17. Rauhhaarteckel

Abb. 18. Langhaarteckel

dergrund. Während der letzten Jahrzehnte haben sich in den Revieren aber Wandlungen ergeben: Der Rebhühnerbesatz ging zurück, zunehmender Maisanbau fordert gerade in Fasanenrevieren mehr Stöber- als Vorsteharbeit, die weiträumige, temperamentvolle, elegante Feldsuche tritt vielfach in den Hintergrund, kürzere Suche ist oft für die Praxis wünschenswerter.

Dies ist nicht nur eine Ausbildungs- und Führungsfrage! Wenn Prüfungsordnungen eine temperamentvolle, weite Suche fordern, sind die Spitzenhunde, die züchterisch und damit in der Vererbungsauslese Bedeutung erlangen, als zwangsläufig überdurchschnittliche Feldhunde sehr flott, reaktionsschnell und temperamentvoll. Solche Hunde brauchen aber ihre Meister. Viele Jäger sind mangels Neigung, Wissen und Zeit nicht in der Lage, sehr passionierte, schnelle Hunde in der Praxis so zu beherrschen, daß diese ihnen Freude bereiten und bei der Jagdausübung nützlich sind.

Wenn man sich bei der Auswahl eines Welpen oder eines bereits fertig ausgebildeten, vielfach prämiierten Vorstehhundes nur an Prüfungserfolgen bzw. Spitzennoten orientiert, kommt man leicht in Gefahr, einen sehr temperamentvollen Vorstehhund zu erwerben, der in der Praxis kundiger und fester Führerhand bedarf. Hochgezüchtete Spitzenautos sind reparaturanfälliger und bedürfen einer komplizierteren Wartung als der Durchschnittswagen; vergleichbar ist es mit dem Lebewesen Hund.

Wer also kein begeisterter und sachkundiger Hundeführer ist, sondern einen möglichst unproblematischen Jagdgehilfen sucht, orientiere sich nicht unbedingt in der Siegergruppe, sondern im Mittelmaß. Ein ruhiger Revierarbeiter ist für die meisten Jäger besser als ein sehr passioniertes Leistungsbündel mit Spitzenanlagen.

Ein solcher „Durchschnittshund" sollte im Wesen ruhig erscheinen, nicht nervös wirken und nicht ständig „in den Startlöchern" stehen! Ein schwerfälligerer Typ, der langsam lernt, aber seine Aufgaben „gefressen" hat, mag sich oft mehr empfehlen als ein reaktionsschnellerer klügerer Hund, der sich zu leicht von den erlernten Aufgaben ablenken läßt oder sich ständig bei seinem Führer durchsetzen will.

Mittlere oder schlechtere Prüfungsbewertung in den Fächern Nase und Suche kann mitunter mangelnden Feldstil als Ursache haben und braucht kein entscheidendes Urteil zu sein über Eignung und Zuverlässigkeit für die vielleicht anders, enger oder geringer ausgerichteten Anforderungen des Jägers, der einen Hund sucht, welcher „unter der Flinte" jagt. Die nur als ausreichend bewertete Nasenleistung, Quersuche und Wasserarbeit eines ruhigen „Arbeiters" mag für den Gelegenheitsjäger, der im Herbst einige Fasanen buschiert, das Bringen von wenigen Hasen und Enten verlangt, von größerem Vorteil sein als Spitzennoten der Feldarbeit, die mit nur schwierig zu zügelndem Temperament einhergehen. Denn er erhält vielleicht einen ruhigen Begleiter, der nicht ständig im Drang zu weiter Suche mit hoher Nasenführung am Horizont ist – übertrieben gesagt –, sondern seinen Aufgaben vor dem Jäger brav nachgeht.

Die Nasenleistung des Vorstehhundes auf Prüfungen wird beurteilt nach dem Erscheinungsbild in mancherlei Fächern und ist auch abhängig vom Zufall. Eine objektivere Ermittlung der Nasenqualität und des für den Durchschnittsjäger wichtigen führigen Verhaltens ist nur möglich, wenn man einen Hund unter vielseitigen Praxisumständen mehrere Tage auf der Jagd erlebt hat. Sinngemäß gilt dieses natürlich auch für Stöberhunde, die dem Jäger bei einseitiger Förderung der Spurpassion Kummer bereiten können.

Abb. 19. Deutscher Jagdterrier

Abb. 20. Foxterrier

Abb. 21. Deutsche Bracke

Abb. 22. Dachsbracke

Abb. 23. Hannoverscher Schweißhund

Abb. 24. Bayerischer Gebirgsschweißhund

Unterbringung und Pflege

Sie ist abhängig von den Lebensverhältnissen des Jägers, aber auch von der Körpergröße des Hundes. So wird beispielsweise ein Teckel unkomplizierter im Mehrfamilienhaus zu halten sein als ein Vorstehhund.

Wohnung bzw. Haus

Hier muß der Vierläufer seinen festen zugfreien Platz haben. Viele Hunde liegen bzw. schlafen gern etwas erhöht, andere fühlen sich besonders geborgen, wenn sie ein ,,Dach" über sich wissen, also unter eine Abdeckung schlüpfen können. Ob man einen ,,Hundesessel", Korb oder eine dicke Matte in ruhiger, nicht dem grellen Licht ausgesetzter Ecke vorsieht, sei dem Besitzer und der Neigung des Hundes überlassen. Schon der Welpe hat bald zu lernen, auf Kommando seinen Platz aufzusuchen und dort ruhig zu verbleiben, wenn's nötig ist.

Der Zwinger

Besser für den Leistungshund, der im Jagdbetrieb während des Herbstes und Winters bei jedem Wetter teils harten Anforderungen unterliegt, ist die Unterbringung außerhalb des Hauses (aus Kontaktgründen sollte er aber ab und zu im menschlichen Wohnbereich verweilen dürfen). Er verweichlicht nicht, Körper und Behaarung stellen sich in natürlicher Weise viel besser auf den Ablauf der Jahreszeiten ein, er bleibt so auch außerhalb der Hauptjagdperioden an wechselnde Witterungsverhältnisse gewöhnt. Zu beachten ist die ,,Verordnung über das Halten von Hunden im Freien" vom 6. Juni 1974.

Wer einen Zwinger erstellen will, tut gut daran, vorab einige bewährte Grundsätze zu beachten. Für den Hund eines reviernah wohnenden Jägers, der fast täglich mit seinem

Abb. 25. Das Gerüst dieses Zwingers besteht aus 15×15 cm dicken Holzsparren. Zweieinhalb Seitenteile sind mit braunen Kunststoffprofilen (Ausschußware) verkleidet, die übrige Fläche mit verzinkten Baustahlmatten, auf dem Dach Teerpappe. Aus Reinigungsgründen empfehlen sich Platten als Bodenbelag mit geringem Gefälle zum Abfluß. Zur Rheumavorbeugung können Gabelstapler-Paletten dienen

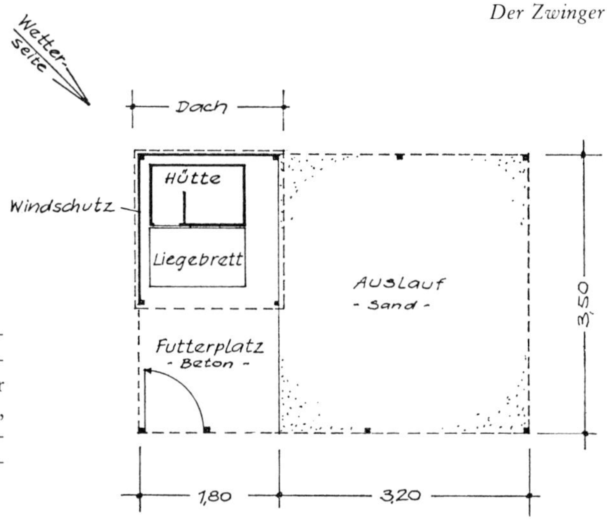

Abb. 26. Schema einer Hundezwingeranlage mit Teilabdeckung für den Bereich der Hütte und des Liegebrettes, leicht zu säuberndem betoniertem Futterplatz und Auslauf (Erdboden oder Sand)

Jagdgehilfen draußen ist, können als eingezäunter Ruheplatz zwei mal drei Meter Zwingerfläche genügen, dem Vierläufer eines Wochenendjägers (täglich zweimaliger Spaziergang berücksichtigt) sollten mindestens drei mal fünf Meter bemessen werden, sofern öfterer Auslauf im eingezäunten Garten nicht möglich ist. Im ersten Fall mag der Untergrund massiv sein, z. B. aus wärmedämmenden Platten bestehen, im letzteren ist Erdboden vorzuziehen, denn viele Hunde buddeln gern und verschaffen sich dadurch selbst Bewegung.

Bei der Platzwahl ist zu bedenken, daß der Zwinger nicht unmittelbar an einer Straße stehen sollte (gegen Nachbargrenze notfalls durch dichte Hecke abgeschirmt, um Nekken und Reizen sowie häufiges Lautgeben auszuschließen). Ungünstig, besonders für junge Hunde, sind aber auch Hauswinkel, die in abseitiger Isolation eine Teilnahme am Geschehen der Umwelt verwehren. Vorteilhaft ist Vormittagssonne, besonders für die Welpen des Züchters, nachmittags ist es ohnehin wärmer, und die Sonneneinstrahlung kann dann lästig werden. Größere Laubbäume, vor allem Eichen, deren Zweige über den Zwinger hängen, fördern leider den Zeckenbefall. Wenn es sich einrichten läßt, sollte Einblick von einem Wohnraum aus möglich sein.

Als Zaunmaterial eignen sich starker verzinkter Maschendraht (der leider erfahrungsgemäß trotz Spanndrähten mit der Zeit durchbeult) oder das in sich stabile und leichter zu verarbeitende Baustahlgewebe, das in unterschiedlichen ,,Lochgrößen" erhältlich ist. Es wird bei geringem Aufpreis fertig zugeschnitten, also in gewünschten Größen geliefert, und das kann bei der Vorplanung von Türrahmen, Boxen usw. günstig sein. Plastiküberzogener Maschendraht wird zu leicht verbissen. Rostschutz für das Baustahlgewebe (kein Bleimennige) und Farbanstrich sind der längeren Haltbarkeit wegen wichtig und leicht von beiden Seiten mittels einer Rolle aufzutragen. Verankerung kann an Stahlrohren (mit Zementsockel) oder Eichenpfosten (mit Konservierungsanstrich) geschehen. Fertig imprägniert geliefertes Holz ist teuerer.

Gleich welches Zaunmaterial man verwendet, es muß mindestens 40 Zentimeter tief in den Boden eingelassen werden (besonderen Schutzanstrich für den Erd-/Luftbereich gegebenenfalls bedenken), um ein Durchbuddeln zu verhindern, auch unter der Tür! Die Höhe der Einzäunung richtet sich nach der Rasse bzw. Größe des Hundes, sicherheitshalber sollten oben etwa 40 Zentimeter zum Zwinger hin ,,abgebogen" werden, denn

Sprung- und Klettervermögen haben schon manchem Hundehalter Überraschungen beschert. Drahtenden dürfen wegen der Verletzungsgefahr nirgendwo in den Zwinger ragen, und vor Farbanstrichen erkundige man sich nach der Gesundheitsunschädlichkeit des Materials. Teilüberdachung (Regenwasser darf nicht in den Zwinger ablaufen) und seitlicher Wetterschutz sind von den Gegebenheiten abhängig, häufig zwingend. Für Wind- und Sonnenschutz läßt sich auch nachträglich noch sorgen, z. B. durch abnehmbare Schilfmatten.

Der Untergrund kann aus Platten oder Erde, bei größeren Zwingern sinnvollerweise aus beiden je zur Hälfte bestehen. Vollständig fester Boden (z. B. Asphalt), nach einer Seite leicht abfallend, erleichtert die Reinigung durch Abspritzen mit dem Gartenschlauch. Dem Hund droht Rheuma, wenn er ständig auf Stein- oder Betonboden liegt! Ein Holzliegesockel vor der Hütte oder an anderer Stelle vermag diese Gefahr zu mindern, sofern der Hund ihn bevorzugt, was zumeist bei einem Erdbodenabstand von mindestens 30 Zentimetern der Fall ist.

Natürlicherer und gesunderer Untergrund, vor allem im größeren Zwinger, ist stets der gewachsene Erdboden. Damit in Regenzeiten keine Schlammfläche daraus wird, kann man drainieren; stein-/kiesgefüllte tiefe Löcher, mit dem Erdbohrer oder Spaten hergestellt, tun's an kritischen Stellen auch. Vom Erdboden läßt sich der Kot gut abheben, sofern nicht aus rein optischen Gründen Graseinsaat erfolgte, die meist nur kurzlebig ist! Mehrmaliges tiefes Umgraben im Jahr ist wichtig.

Futternäpfe müssen nach dem Fressen gleich entfernt werden, Wasserbehälter sollten bei Rüden in Schulterhöhe angebracht sein, da manche sonst hineinnässen. Ein Pfahl als „Stammbaum" im größeren Zwinger mit Erdboden ist vorteilhaft, der Rüde gewöhnt sich daran, und das umgebende Erdreich kann häufiger ausgewechselt werden, um zunehmende Verschmutzung und „starke Düfte" zu verhindern.

Die Hütte

Am wichtigsten für die Gesunderhaltung ist die Hütte! Steht sie im überdachten Zwinger mit seitlichem Schutz gegen Wind und Regen, dann braucht sie nicht besonders wetterfest, muß aber allemal so beschaffen sein, daß der Hund sie mit seiner Eigenwärme „aufheizen" kann. Deshalb nicht zu groß bemessen, er soll darin liegen, sich ausstrecken und

Abb. 27. Links Hütte mit überdachtem Liegeraum und windgeschütztem Eingang zum Schlafraum; die Hälfte des Daches ist zu Reinigungszwecken hochklappbar. Daneben ebenfalls mit windgeschütztem Liege- und Schlafraum, aber gesonderter Reinigungstür

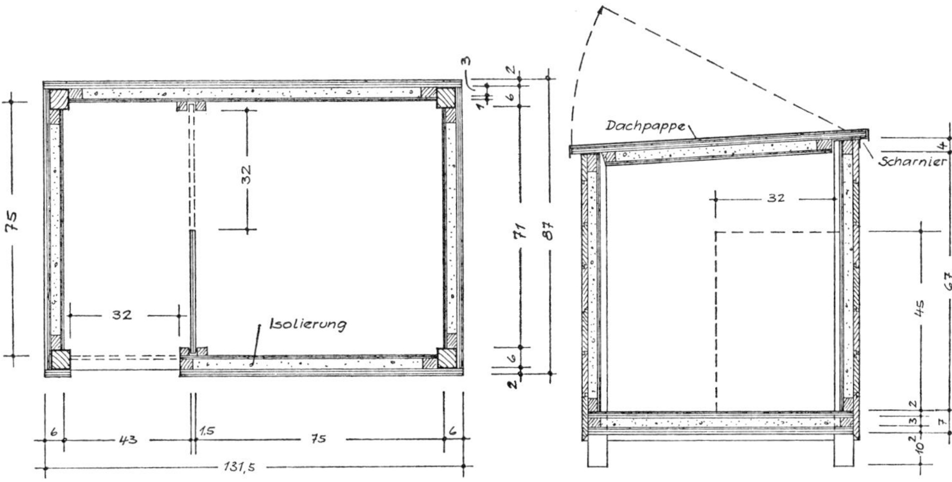

Abb. 28. Schnitt durch eine mit Schaumstoff gedämmte Flachdach-Hütte, dem Wetter ausgesetzt. Auf dem leicht schräg geneigten, vollständig aufklappbaren Dach dieser handelsüblichen Hütten liegt der Hund gern. Wenn es aber nicht genügend stabil gefertigt ist, beult es bald nach unten ein und verzieht sich auch unter Witterungseinflüssen, so daß an den Auflagestellen Spalten entstehen. Maßanhalt für Vorstehhunde: Schlafraum Länge 95, Breite 82, Höhe 80 cm; Windfang 47 × 82 cm; Einschlupf Breite 40, Höhe 55 cm

aufrichten können. Eine gespundete Holzhütte (keine Kunststoff-Auskleidung) hat doppelwandig mit Isolierschicht zu sein. Isolierend wirkt schon Luft, besser aber z. B. Styropor. Glasfaser-Material scheidet hier ebenso aus wie Stacheldraht bei der Umzäunung, mit Stroh ausgefüllte Zwischenräume sind Brutstätten für Ungeziefer.

Die Hütte muß einen Vorraum als Windschutz (evtl. größer als überdachter Liegeplatz) und den Schlafraum aufweisen. Die Außenöffnung darf nicht zur Wetterseite gerichtet sein. Das Dach sollte sich aufklappen lassen, zur besseren Reinigung vielleicht auch noch ein Seitenteil. Auf Hütten mit einem Flachdach liegen Hunde gern. Vier Pfähle oder Steinsockel, auf die die Hütte mindestens zehn Zentimeter vom Erdboden entfernt gestellt wird, ermöglichen unten die notwendige Luftzirkulation. Dachpappe und Imprägnierung sind dann nötig, wenn die Hütte der Witterung ausgesetzt ist.

Auf den Boden des Schlafraumes legt man am besten eine Filzmatte oder einen mit getrocknetem Wurmfarnkraut und Stroh nicht zu prall ausgestopften Jutesack. Werden Filzmatten nicht häufig gewechselt und desinfiziert, nisten sich schnell Bakterien ein. Es gibt abwaschbare ,,Hunde-Matratzen". Einstreu aus Heu oder Kurzstroh ist ungünstig, weil kleine Partikelchen, durch Staub angereichert, zu Augen- bzw. Lidreizungen führen können. Erst recht darf man kein Sägemehl oder Torf benutzen, letzterer ist oft mit chemischen Mitteln versetzt.

Bepflanzung, Desinfektion, Wintertips

Wetter- und Sichtschutz lassen sich am Zwinger auch durch Außenbepflanzung erreichen. Für ein größeres Gehege wird mitunter Innenbewuchs wünschenswert sein. Relativ unempfindlich gegenüber Hundeurin sind Holunder, Weißbuche, Haselnuß, Vogelbeere, Birke, Weißdorn; von Nadelbäumen allein die Weißtanne, die aber langsam wächst und Kalkboden oder Kalkung benötigt. Immergrüne Rankpflanzen halten im Winter leider die wichtige Sonneneinstrahlung ab, wenn sie die Drahtwände überwuchern. Jungen Erdhunden wird man zur Beschäftigung und zur Vorbereitung auf die Bauarbeit eine oder zwei Schliefröhren eingraben.

Wer seinen Jagdhund vorwiegend im Zwinger hält, muß im Herbst fürsorglich an die kommenden kalten Monate denken. Bevor der Erdboden im Zwinger gefriert, sollte er noch einmal tief umgegraben werden. Auf diese Weise kommt frische Erde an die Oberfläche, der Boden ist zudem aufgelockert und damit durchlässig für spätherbstliche Regengüsse und Tauschnee, wodurch Urinanreicherung und Schlammbildung weitgehend verhindert werden. Da in dieser Zeit mit vermehrten Rattenbesuchen in Häusernähe zu rechnen ist, sollte außerhalb des Zwingers zeitweise eine Durchlauf-Giftfutterkiste (Haft-, nicht Ködergift) stehen, ohne daß die Hunde beim Herauslassen sich dort zu schaffen machen können. Ratten sind Krankheitsüberträger!

Vor Winterbeginn ist auch der Zwingerzaun zu kontrollieren und eventuell auszubessern. Schließt das Dach der Hütte noch gut? Ist es, sofern dem Wetter ausgesetzt, stabil genug, eine Schneelast zu tragen? Der Schnee sollte nämlich wegen der Wärmedämmung bei stärkerem Frost möglichst nicht vom Dach entfernt werden. In der Öffnung zum Windfang oder besser zum Schlafraum läßt sich ein Vorhang aus festem Segeltuch oder Jutesack anbringen, damit der vom Hund erwärmte Schlafraum nicht so schnell auskühlt. Wenn die Hütte nicht wetterfest untergebracht ist, sollte man bei Frost die Filzmatte vielleicht gegen Stroh austauschen, in das der Hund sich besser hineinkuscheln kann.

Wird auch im Winter im Zwinger gefüttert, so sollte man anwesend bleiben, damit der Hund keine Fleischbrocken verschleppt, die dann irgendwo gefrieren und später gefressen werden. Das führt häufig zu unangenehmen Magen- und Darmerkrankungen. Das Wasser ist bei Frost zu entfernen und mehrmals täglich lauwarm zu reichen. Rauhhaarige Hunde können nach der Jagd mitunter so durchnäßt oder schnee- und eisbehangen sein, daß es geboten ist, sie in diesem Zustand nicht in den Zwinger zu lassen, sondern vorher in einem frostfreien Raum trockenzureiben.

Zumindest zweimal im Jahr sind Steinboden, feste Seitenwände des Zwingers und die Hütte mit einer für Tiere geeigneten Desinfektionslösung gründlich abzubürsten. Gut ist die Benutzung eines Dampfstrahlgerätes (Desinfektionslösung wird eingegeben). Für Flächendesinfektion eignen sich z. B. Sagroplus forte, Orbivet und Duraton liquid.

Wer sich eingehender über die verschiedenartigsten Möglichkeiten der Erstellung von Zwingern und Hütten informieren will, wird in dem Buch „Hochsitze, Fütterungen und Hundezwinger" von Fritz Barran (Verlag Paul Parey) einen guten Ratgeber finden. Es werden heute auch vorgefertigte Zwinger angeboten, die meist sehr gut und haltbar, aber im Vergleich zur Selbstherstellung wesentlich kostenaufwendiger sind. Preisgünstig sind oft die Hütten, jedoch empfiehlt es sich, Isolierung und Witterungsschutz vor dem Kauf zu prüfen.

Pflege und „Erste Hilfe"

Die allgemeinen Grundsätze der Körperpflege des Hundes gehören heute in solchem Ausmaß zum selbstverständlichen Wissensgut des hundeführenden Jägers, daß auf eine ausführliche Darstellung verzichtet sei. Viel wichtiger erscheint es dagegen, auf Abweichungen von normalen Verhältnissen wie auch vielfältige Gefährdungen aufmerksam zu machen und gleichzeitig Hinweise zu geben, die Vorbeugung und Beeinflussung ermöglichen. Mit der nachfolgenden, auf den Jagdhund abgestellten Zusammenfassung wurde versucht, dem Jäger Hilfestellung zu geben (die den Tierarzt nicht ersetzt!).

Behang, Auge, Fang, Gebiß

Die häufig bei stark behaarten Behängen (Cockerspaniel, Setter usw.) auftretende, oft hartnäckige Entzündung des äußeren Gehörganges (Ohrzwang) wird vielfach zu spät beim Tierarzt vorgestellt. Infolge längerer, nicht ausreichender Selbstbehandlung können sich chronische Veränderungen, wie Wucherungen und Vereiterungen, entwickeln. Bei erstem auffallendem Schütteln der Behänge und Schiefhalten des Kopfes versuchen, eventuell im äußeren Gehörgang steckende Fremdkörper (Grannen, Schilfteile, Tannennadeln) zu beseitigen. Das vorsichtige Reinigen mit Wattestäbchen wie bei Babys ist (auch schon vorbeugend) stets richtig, dazu mit der jetzt rezeptfrei erhältlichen Ohrreinigungsflüssigkeit die Muschel mit Wattebausch säubern, ein paar Tropfen Neo-Ballistol, Auresan o. ä. hineinfließen lassen und anschließend von außen Ohrgrund massieren. Setzt sich das Schütteln der Behänge nach zwei Tagen fort, zum Tierarzt!

Die nach Stöberjagden oft zu beobachtende Rötung bzw. Entzündung der Lidbindehaut läßt sich schnell beheben, wenn in der Jagdtasche ständig eine kleine Tube Augensalbe oder ein Fläschchen mit Augentropfen deponiert ist. Bei stärkerer Verschmutzung mit handwarmer Kamillenlösung (nicht Borwasser) auswaschen.

Im Fangbereich können sich Fremdkörper (Knochensplitter, Holzstückchen o. ä.) festsetzen. Der Hund speichelt dann, kann nicht mehr fressen, ist unruhig. Wenn möglich, Fremdkörper mit Hand oder Pinzette sofort entfernen. Der Fang läßt sich mit zwei einfachen Schlaufen, hinter den Fangzähnen liegend, geöffnet halten (Hilfsperson nötig).

Übler Geruch aus dem Fang kann von übermäßiger Zahnsteinbildung, Parodontose und schlechten Zähnen herrühren, aber auch von Erkrankungen des Magen-Darm-Kanals. Eine Schleimhautentzündung im Fang läßt sich z. B. durch Auspinseln mit 35prozentigem Perhydrol, Albothyl und Hexoral behandeln. Zahnsteinentfernung beim Tierarzt.

Ballen und Rute

Ballenverletzungen und Zwischenzehenentzündungen treten oft auf (Streusalz, Harsch!). Wunde reinigen. Pfotenverband mit einer Wundheilsalbe, dabei in die Zehenspalten Watte einlegen, darüber z. B. elastischer Strumpf- oder Lederschuh. Vorher stets nach evtl. Fremdkörpern (Dornen, Grannen, Schilf, Glassplitter) suchen. Abbeißen des Verbandes wird durch das Anlegen eines Halskragens, Beißkorbes oder übergestülpten Plastikeimers (Boden ausgeschnitten) verhindert. Verband etwa alle drei Tage erneuern. Vorbeugung: vor Wintereinsatz stets Ballen einfetten (Talg oder Ballistol genügt).

Rutenekzeme lassen sich gut mit teerhaltigen Lösungen beeinflussen (auch Fertigpräparaten wie z. B. Althosol-Spray). Geschwüre an der Rutenspitze werden ähnlich wie Ohrrandgeschwüre mit Wundsalben (z. B. Cicatrex, Peru-Lenicet) behandelt. Verband polstern mit Schaumgummischicht, gegen Abbeißen Halskragen anlegen.

Weidloch, Schnalle, Feuchtglied

Wenn der Hund auf dem Weidloch rutscht, muß nicht immer Wurmbefall der Grund sein. Verstopfungen der Analdrüsen bzw. Drüsengänge, öfter beim älteren Hund auftretend, führen zu Schmerz und Juckreiz. Man kann durch schraubende Bewegung von unten her mit einem Tempotaschentuch oder Zellstoff die Drüsen säubern, sollte sich das aber vom Tierarzt zeigen lassen; anschließend auf den meist entzündeten Analbereich eine Wund- oder Lebertransalbe auftragen (auch Neo-Ballistol). Die öfter in der Jugendzeit vorkommenden eitrigen Vorhautentzündungen des Rüden kann man durch Spülung mit Kaliumpermanganat oder einer warmen Rivanollösung zu heilen versuchen. Gelingt das nicht, hilft der Tierarzt mit Antibiotika.

Jede Veränderung im Geschlechtszyklus der Hündin (Hitze normal alle sechs Monate, Ablauf in etwa 21 Tagen) nur tierärztlich behandeln lassen. Ausfluß aus der Schnalle bei meist älteren Hündinnen deutet auf Veränderungen in der Gebärmutter hin. Je frühzeitiger dies festgestellt (Ausfluß kann schleimig-eitrig oder auch mit Blut vermischt sein) und tierärztlich behandelt wird, um so besser sind die Aussichten. Keine Selbsthilfe!

Knochenschäden, Rheuma, Lähme

Während des Wachstums kann es durch Mangelerscheinungen zu Rachitis und Knochenweiche kommen. Bei normaler Ernährung tritt dies heute selten auf, wenn gut zusammengesetzte Mineralstoff- und Vitaminpräparate verabreicht werden. Abwechslungsreiches Futter ist wichtig, beim Fertigfutter muß die Zusammensetzung beachtet werden.

Veränderungen im Gelenkbereich durch Hüftgelenkdysplasie (HD) sind etwa ab vollendetem ersten Lebensjahr feststellbar (unheilbare Erbkrankheit), sie können die jagdliche Einsatzfähigkeit erheblich mindern. Beim Welpenkauf darauf achten, ob die Zuchthunde röntgenologisch untersucht wurden. Vor Erwerb eines älteren Hundes kann im Falle erkennbar mangelhafter Ausdauer der Nachweis von HD-Freiheit angezeigt sein.

Die Teckellähme ist auf Veränderungen im Zwischenwirbelraum (Bandscheibenvorfall oder Verknöcherung) zurückzuführen. Plötzlicher Schmerz, Torkeln und Umfallen oder gar Nachschleifen der Hinterhand sind die Anzeichen. Wärme, kein Treppensteigen mehr, tierärztliche Behandlung. Genauestens die Anleitung zur physikalischen Therapie (Massage, Schwimmübungen usw.) neben der medikamentösen Behandlung beachten, dann gelingt oft dauerhafte Heilung.

Rheuma stellt sich bei manchem älteren Hund ein. Wärme, eventuell Rotlicht, Kurzwelle. Dies kann neben der erforderlichen medikamentösen Behandlung durch den Tierarzt Linderung bringen. Gelegentlich treten aufgrund besonderer Veranlagung anfallartig epileptiforme Krämpfe auf. In ruhigen, dunklen Raum bringen, möglichst Eisbeutel auf die Stirn, beim Hund bleiben und ihm gut zusprechen. Sofort tierärztliche Hilfe!

Magen-Darm-Bereich

Durchfall, Verstopfung, Erbrechen, Freßunlust können geringfügige oder auch schwerwiegende Ursachen haben. In jedem Fall Temperaturkontrolle: Thermometer zwei Minuten im After, Normaltemperatur beim Hund 37,5 bis 39,0 °C, bei Erregung auch höher (etwa bis 39,5). Bei Fieber oder Untertemperatur in keinem Fall Selbstbehandlung!

Durchfall ohne Fieber: ein bis zwei Hungertage, nur Kamillentee, Haferschleim mit Tierkohle (Kompretten oder Kohlepulver) als Diät. Medikamente aus der Familienapotheke können für Hunde lebensgefährlich sein!

Verstopfung: zwei Eßlöffel Paraffinöl (auch Rizinusöl) in die Lefzentasche, einen Tag lang Schleimfütterung, am besten Leinsamenschleim, auch etwas Milch. Sitzt im Mastdarm Knochenkot fest, vorsichtig mit gleitend gemachtem Fingerling entfernen. Trokkenfutter und Knochenfütterung einstellen. Miniklistiere (z. B. Practo-Clyss), als gebrauchsfertige Einmalklistiere erhältlich, können verwendet werden. Oft verfilzen bei langhaarigen Hunden die Haare am Weidloch und erschweren den Kotabsatz. Evtl. Haare teilweise abschneiden.

Erbrechen kommt beim Fleischfresser öfter vor. Hungertag einlegen, Ruhigstellung (in kühlerem, dunklem Raum). Bei Wiederholungen Erbrochenes betrachten (Farbe, Inhalt), Probe entnehmen, Temperatur messen, zum Tierarzt.

Futterverweigerung: Temperatur messen. Bei Fieberfreiheit Ernährungsumstellung, leicht verdauliches bzw. gern genommenes Futter anbieten (z. B. Hackfleisch, Eigelb mit einem Schuß Rotwein; dies auch als Kräftigungsnahrung nach Krankheiten oder Operationen). Gute Fertig-Diätfutter nennt der Tierarzt.

Verbrennungen, Insektenstiche, Ungeziefer, Hautveränderungen

Verbrannte und verbrühte Hautstellen mehrfach wiederholend mit Kaltwasser-Aufgüssen behandeln. Vor Jahren wurden noch Brandsalben empfohlen, sie haben sich aber als nachteilig erwiesen. Weitere Behandlung Tierarzt.

Insektenstiche (Wespen, Hornissen u. a.): Verbringen in schattigen, möglichst kühlen Bereich, Kaltwasser-Umschläge, vorher Insekten ablesen. Bei einzelnen Stichen Antihistamin-Salbe (z. B. Soventol oder Synpen) aufbringen. Bei Massenbefall oder Stichen im Rachenbereich schnellstens tierärztliche Hilfe!

Wenn der Hund sich immer wieder kratzt (Hautjucken), zuerst auf Ungeziefer achten. Zecken mit Öl (Ballistol) betupfen, eine Weile einwirken lassen, dann vorsichtig mit Pinzette abdrehen (fallen auch bei Vereisung ab). Gegen Massenbefall kann an der Halsung ein Zeckenhalsband angebracht werden. Vor Wasserarbeit entfernen! Nicht für Welpen!

Hautpusteln nach Jagdeinsatz. Ein oder zwei Tage nach dem Buschieren oder Stöbern im Dorn-, Gestrüpp- und Schilfdickicht weisen vor allem niedrig gebaute Hunde oft eitrige Entzündungen an den unbehaarten Hautstellen des Bauches und der Läufe auf. Diese Eiterpusteln, die manchmal in größerer Anzahl vorkommen, haben ihre Ursache in vielen winzigen Verletzungen. Nach wenigen Tagen öffnen sich die Bläschen oder trocknen aus, und die Entzündungen heilen – um dann an anderen Jagdtagen wieder aufzutreten. Der Vereiterung läßt sich vorbeugen, indem gleich nach Rückkehr aus dem Revier die unbehaarten Hautpartien des Bauches und der Läufe mit Seifenwasser abgewaschen werden. Die verletzten bzw. entzündeten Stellen reibt man nach dem Abtrocknen mit Wundcreme ein. Haben sich bereits Eiterbläschen gebildet, sorgt Desinfektionspuder für schnelles Eintrocknen der Pusteln.

Bei Befall durch Flöhe, Läuse, Milben mit Insektenpulver oder Spray (z. B. Bolfo, Antorgan, Pluridox, Jacutin) behandeln bzw. mit entsprechenden Mitteln baden. Die Haut des Hundes verträgt aber weder starke alkalische noch säurehaltige Seifen oder Shampoos, stets spezielle Tierbademittel nehmen. Nach dem warmen Abduschen empfiehlt sich zum Erreichen eines glänzenden Haarkleides das Abspülen mit Töpfers Kleiebad.

Bei stoffwechselbedingten Störungen (Haar stumpf und brüchig, ständiger Ausfall) kann die Zufütterung von rohem Eigelb oder des Medikaments Murnil und Mineral- bzw. Vitaminzusatz empfohlen werden. Tierarzt berät. Rötungen und kleine Pusteln an einzelnen Stellen mit Wundpuder (M.-P.-Puder o. ä.) behandeln. Treten Störungen des Allgemeinbefindens hinzu (z. B. Fieber), ist eine Infektionskrankheit anzunehmen; sofort zum Tierarzt!

Trockene oder nässende Hautentzündungen größeren Ausmaßes, auch flächenweiser Haarausfall, die oft Pilze als Ursache haben, erfordern zur speziellen Behandlung Laboruntersuchungen. Bei fettigen und ranzig riechenden Talgdrüsenabsonderungen (Seborrhoe) kann ein Badeversuch mit speziellem Haarshampoo (z. B. Ellsurex) gemacht werden, dazu täglich ein Löffel Becel-Margarine als Diätmaßnahme.

Hartnäckige Verschuppung läßt sich mit einem alten einfachen Rezept oft gut beeinflussen: Acid. salicyl, 1,0 – Resorcin 2,0 – Ol. ricini 5,0 – Spir. vini ad 100,0 (90 Prozent), damit täglich ein- bis zweimal einreiben. Sogenannte Lederohren (haarlose Behänge), beim Teckel öfter vorkommend, können mit einer Rezeptur von Olivenöl und Salicylspiritus, unterstützt von Vitamin B_{12}, gut behandelt werden.

Verletzung, Hitzschlag, Vergiftung

Bei Verletzungen (Autounfall, Riß-, Stich- oder Schußverletzungen) Hund auf gesunde Seite lagern, Schmutz, Fremdkörper (vor allem aus dem Fang) entfernen. Starke Blutungen durch Druckverband, an den Läufen durch Abbinden (Gummischlauch, Leine, Gürtel o. ä.) zum Stehen bringen, andere Verletzungen Notversorgung (Autoverbandkasten!). Bei Laufbruch oder Verdacht auf sonstige Frakturen weich lagern, Kissen, Lodenmantel o. ä. locker um verletzten Lauf legen, seitlich abstützen. Vorsichtig zum Tierarzt.

Abb. 29. Gedankenlosigkeit ist meist die Ursache, wenn Hunde im sonnenbeschienenen Auto schmachten. Dunkle Wolken, es ist kühl, da kann nichts passieren – doch plötzlich reißt die Bewölkung auf, und die Sonne brennt auf den Wagen, dessen Innenluft sich sehr schnell erhitzt. Also: vorausdenken, das Auto im Schatten abstellen (die Sonne „wandert") und ein oder zwei Fenster etwas öffnen

Hitzschlag und Schock-Zusammenbrüche gehen mit Krämpfen, Zittern, starkem Hecheln einher. In Schatten oder kühlen Raum, Halsung entfernen. Kaltwasserumschläge um die Läufe, Eisbeutel auf Stirn und Herzgegend. Bei Bewußtlosigkeit, Krampf, Fieber und Erbrechen sofort Tierarzt hinzuziehen!

Verdacht auf Vergiftung besteht bei Erbrechen, Krampfanfällen, Lähmungen, Blutungen und plötzlichem Haarausfall. Magenspülung und weitere Maßnahmen können nur vom Tierarzt durchgeführt werden! Ist umgehende Hilfe nicht möglich, zunächst Öl oder salinische Abführmittel (z. B. Salzlösung), auch Milch und, noch besser, Tierkohleaufschwemmung eingeben.

Vergiftungsgefahren drohen u. a. durch: Rattengift, Schädlingsbekämpfungsmittel (besonders Schneckengift), Unkrautvertilgungsmittel, Human-Medikamente (Durchfalltabletten, Beruhigungsmittel, Antidiabetika, Aufputschmittel uva.), Giftweizen, bleihaltige Stoffe (Linoleum, Farbanstrich, Isoliermaterial), Auto-Antifrostflüssigkeit (Tankstellen!), Trockenreinigungsspray (zerstäubte Nerzölpartikel schädigen Lunge), auch Pflanzen wie Rhododendron und Goldregen (Welpen).

Erkältungskrankheiten

Bei leichter Erkältung, die sich z. B. nach der Wasserarbeit, feuchtem Wetter bei Treibjagden o. ä. durch Husten oder Niesen äußert (Hund vorbeugend immer trockenreiben!), warm halten, löffelweise etwas Kinder-Hustensaft geben. Stets Temperatur messen, keine Selbstbehandlung sofern Fieber! Bei sich ständig wiederholenden Hustenanfällen (chronische Bronchitis) ebenfalls keine Selbstbehandlung, da der Zustand gefährliche Folgen haben kann. Plötzlich auftretender Reizhusten deutet auf Fremdkörper im Nasen-Rachen-Raum.

Leichte Erkältung der Nieren oder Blase zeigt sich durch öfteres Wasserlassen unter leichter Schmerzempfindung. Wärme (Wärmflasche, Heizkissen unter Aufsicht), Einflößen von Blasentee über die Lefzentasche. Zustand muß kurzfristig behoben sein. Andernfalls, vor allem bei stärkeren Schmerzen, Fieber, Blut im Harn oder sehr trübem Harn, schnellstens zum Tierarzt (Harnprobe auffangen und in einem Fläschchen mitnehmen). Man achte darauf, ob der Hund viel Wasser braucht.

Wurmbefall

Über die Entwurmung der Zuchthündin und der Welpen (Spulwurmbefall) wird im Kapitel „Zucht“ informiert. Neu ist im Rahmen der Bandwurmbekämpfung, auch des für den Menschen gefährlichen dreigliedrigen Bandwurms (Echinococcus), der Einsatz von Mebendazol (Telmin-KH), Bunamidin (Scelaban) und Droncit. Gegen sämtliche Wurmarten bei jährlich einmaliger Routineanwendung hilft Lopatol. Alle Mittel nur über tierärztliche Verschreibung. Neu erworbene Welpen sollten noch einmal entwurmt werden (Spulwurmmittel), im übrigen aus hygienischen Gründen alljährlich.

Kreuzotterbisse

In unseren Breiten ist als einzige Schlange die Kreuzotter giftig. Wird ein Hund von ihr gebissen, setzt die Wirkung des Giftes schnell ein. Es kommt zu einer rapiden Verschlechterung des Allgemeinzustandes. Auffallende erste Symptome sind Kratzen und Beißen an der Bißstelle sowie Erbrechen und Unruhe. Dann zeigen sich Kreislaufschwäche und später Lähmungserscheinungen. Bei Verdacht sollte man sofort den Tierarzt anrufen und ermitteln, wo ein polyvalentes Antiserum zu erhalten ist, das unter die Haut rings um die Bißstelle zu injizieren ist. Kann das nicht schnell genug beschafft werden, wird der Tierarzt, z. B. bei einem Biß in den Lauf, diesen abbinden, die Wunde breit öffnen und ausbluten lassen. Dann empfiehlt es sich, sie mit ein- bis zweiprozentiger Kaliumpermanganatlösung zu umspritzen. Kreislaufmittel, Antibiotika, Tetanusserum tragen dazu bei, ernstliche Folgen der Giftwirkung zu verhindern. Manchmal kommt es zu einem Schock, den der Tierarzt mit Glukocorticoiden und Infusionen wie bei einem Unfall behandelt.

Beißereien unter Jagdhunden

führen oftmals dazu, daß man ineinander verbissene Raufer zu trennen hat. Mit Gewalt und Schlägen ist nie etwas zu erreichen, im Gegenteil, die Hunde fassen dann um so wütender zu. Man kann sich auf folgende Arten helfen, die sich in vielen Fällen bewährten. 1. Hochheben der Hunde an Rute oder Hinterläufen. 2. Ein Wasserguß (notfalls ein Glas Bier) über die Köpfe, besser in Fang und Nase; mitunter wirkt ein dünner Strahl auf eine bestimmte Kopfpartie (Gehirn). 3. Eine Handvoll Erde, den Hunden in die Lefzen gedrückt. 4. Ein Flintenschuß, denn die Jagdpassion ist meist größer als die Rauflust. 5. Brennendes Papier, in der Nähe der Köpfe gehalten. 6. Pfeffer.

Fütterung

Ernährungswissenschaftler können uns heute bis in diffizile Einzelheiten sagen, wie das Hundefutter beschaffen sein soll. Die Futtermittelindustrie hat sich erfreulicherweise diese Forschungsergebnisse zunutze gemacht.

Fertigfutter

Es gibt heute Allein-Fertigfutter in ausgewogener Zusammensetzung. Werbeaufwendig angepriesen, gelobt von firmengebundenen Tierärzten, angereichert mit lockenden Aromastoffen (für den Hund), appetitlich wirkenden ungefährlichen Farbstoffen (für den Menschen), versehen mit verführerischen Menüaufschriften – viele Hundehalter zeigen sich kritisch, unsicher und reserviert. Fairerweise sei aber betont, daß man einen Hund mit manchen Allein-Fertigfuttern heute besser und ausreichender ernähren kann, als wenn man lediglich Muskelfleisch und gereinigte Schlachtabfälle verwendet.

Aber nur solche Fertig-Zubereitungen, die den Bedarf an allen erforderlichen Nährstoffen (meist Schlachtabfälle, ergänzt durch andere geeignete Futtermittel sowie Mineralstoffe und Vitamine) auf Dauer zu decken vermögen, können als Vollnahrung gelten. Langfristige Großversuche bewiesen, daß manche Trocken-Alleinfutter bei genügender Wasserzufuhr langfristig alle Nährstoffbedürfnisse zu decken vermochten.

Dosenfleisch-Zusammensetzungen erfüllen jedoch nicht immer die Ansprüche, die man an eine Vollnahrung stellen muß. So soll Dosenfleisch (genauso wie selbst zusammengestelltes Fleischfutter) beispielsweise nicht immer ausreichende Mengen Biotin (Vitamin H) enthalten. Dieses Vitamin hat aber offenbar beim Hund einen starken Einfluß auf die Funktion der Haut und damit auf die Qualität des Haarkleides. Fehlt es, können sich Störungen im Stoffwechsel von Haut und Haar einstellen. Hier läßt sich durch rohes Eigelb oder ein Medikament (z. B. Murnil) Ergänzung schaffen. Wer den Hund mit Fertigfutter ernähren will, was sich besonders für Reisen oder Jagdhütten-Aufenthalte empfiehlt und in vielen Stadthaushalten unausweichlich ist, sollte seine Auswahl nach folgenden Gesichtspunkten treffen (und die auf den Packungen aufgedruckte Zusammensetzung prüfen): Allein- bzw. Vollnahrung, ausgewogener Gehalt an Eiweiß und Kohlehydraten, ergänzt um Mineralstoffe, Vitamine und Spurenelemente.

Natürlichere Ernährung

Dennoch, vergessen wir einmal die Vorteile, die uns das Fertigfutter bietet. Erinnern wir uns daran, daß der Hund vom Wolf abstammt, der nach dem Reißen der Beute alles fraß, was diese ihm bot: Muskelfleisch, Organe, Innereien einschließlich der Därme mit ihrem pflanzlichen Inhalt, Knorpel und Knochen, ferner verwesende Kadaverreste.

Artgemäß wäre es für den Hund, seinen Bedarf an Eiweiß, Fett, Kohlehydraten, Vitaminen und Mineralstoffen auf solch natürliche Weise zu decken, denn der Wildtierkörper enthält im Grunde alles, was der Fleischfresser benötigt, um gesund und leistungsfähig zu sein. Unsere Vorfahren berücksichtigten in Anlehnung an diese natürlichen Verhältnisse ganz empirisch vieles von dem, was heute wissenschaftliche Erkenntnis ist.

Allerdings nicht alle Züchter. Wer Junghunde im wesentlichen mit Kartoffeln, Kleie und Milch ernährte, erfuhr schnell, daß er seine rachitischen, aufgeschwemmten, unter Mangelerscheinungen leidenden krankheitsanfälligen Hunde nicht verkaufen konnte. Wer aber die Wolfabstammung bedachte und nach urtümlichen Fleischfresseransprüchen weitgehend natürlich fütterte, hatte überwiegend gesunde, leistungsfähige Jagdhunde.

Es ist auch heute noch so, und die Forschung bestätigt es: Umständlicher, wissenschaftlich tabellarisch aufgeschlüsselter Ernährungsaufwand ist überflüssig, wenn man den Jagdhunden z. B. unaufgebrochenes Schalenwild (oder nicht ausgeweidetes Vieh) in den Zwinger wirft und ihnen den Kadaver zur selbständigen „Verwertung" überläßt. Dadurch würde man den Hunden alles bieten, was sie wie der Urahn Wolf benötigen. Aber wer kann das?

Nun, auch heute haben viele Jäger noch die Möglichkeit, ihre Hunde weitgehend natürlich zu ernähren, und wir sollten für unsere Jagdhelfer, die in oft hartem Einsatz körperliche Spitzenleistungen vollbringen müssen, solch naturgegebenes Frischfleisch-Futter nicht in Vergessenheit geraten lassen. Was ist dabei zu beachten, um unter den heute oft eingeschränkten Verhältnissen Mangelerscheinungen zu vermeiden?

Die Tagesration sollte aus zwei Drittel rohem Fleisch (Eiweiß, Protein) und einem Drittel aus pflanzlichen Stoffen (Kohlehydrate) bestehen. Was ist im einzelnen darunter zu verstehen?

Tierische Futtermittel: Schieres Muskelfleisch (Freibank), auch Herz, vor allem aber regelmäßig ungereinigte Blättermagen, Pansen und auch Därme. Die Betonung liegt dabei auf „ungereinigt", die darin noch enthaltenen pflanzlichen Stoffe sind bereits vorverdaut, und der Hund erhält zudem vielerlei Mineralstoffe, Spurenelemente und Vitamine (vor allem Vit. B). Ab und zu etwas frische Leber versorgt mit den Vitaminen A, D, E (wirkt roh abführend, gekocht stopfend). Milz ebenfalls nicht regelmäßig geben, sie ist sehr hormonreich und wirkt abführend. Nieren und auch Geschlechtsteile von Schlachtvieh sind nährstoffreich.

Gelegentliche Beimengung von frischem und geronnenem Viehblut oder Wildschweiß versorgt mit Eisen und Natrium und empfiehlt sich vor allem bei Knochengabe, um harten Kot zu vermeiden. Euter eignet sich gut, säuert aber rasch wegen der Restmilch. Lunge empfiehlt sich bei verfetteten Hunden (viel Volumen, sättigt schnell), in diesem Fall aber besser kochen.

Alle ungekochten Fleischbestandteile können mitunter mehr oder weniger anbrüchig sein, sollten manchmal sogar bewußt im Verwesungszustand gegeben werden, da das Körpereiweiß schon in Aminosäuren, die der Hundekörper benötigt, umgewandelt, praktisch vorverdaut ist. Gelegentlich etwas Fettgewebe, sofern nicht ohnehin durch diese oder jene Fleischbestandteile schon gegeben, denn es enthält essentielle Fettsäuren (Vit. F) und die Vitamine A, B, E und K; bei schwerer Arbeit im Winter etwas mehr Fett.

Weiche Knochen spenden Kalk und Phosphor (wichtig vor allem in der ersten Lebenshälfte, später reduzieren), ebenso Knorpel wie z. B. Luftröhren von Schlachtvieh (Ringe aber aufschneiden, da sie sich strangulierend über die Hundezunge stülpen können). Auf splitternde Röhrenknochen ist zu verzichten, wenngleich für Magen und Darm kaum Verletzungsgefahren bestehen, sofern man dem Futter Balg- bzw. Gefiederabfälle beimengt, die als Ballast gleichzeitig darmreinigend wirken. Wenn der Körper zu wenig Mineralstoffe erhält, dann entnimmt er Kalzium aus dem Skelett, und es kommt zur Knochenerweichung, bei Junghunden zu rachitischen Erscheinungen. In der Wachstumszeit empfiehlt es sich, auch bei vielseitiger Fütterung, zeitweise ein Kalk-Vitaminpräparat zu geben. Futtermittelfirmen preisen viele solcher Mischungen an, man sollte des Guten nicht zuviel tun, denn natürliche Ernährung deckt den Bedarf weitgehend ab.

Wissenswert ist, daß der Hund sich mit Vitamin C selbst mit Hilfe seiner Darmbakterien versorgt. Kochen zerstört übrigens viele lebenswichtige Stoffe, wie z. B. Vitamine. Um dem anfangs bereits erwähnten Biotin-Mangel (Vitamin H) vorzubeugen, sollte auch erwachsenen Hunden regelmäßig rohes Eigelb ins Futter gemengt werden; ohne das Eiweiß, da dieses im Darm Vitamine bindet.

Roher oder gekochter Fisch ist ein hervorragendes eiweißreiches Futter, kann zeitweise als Fleischersatz dienen. Käse verdirbt nicht die Nasenleistung, Weißkäse (Quark) ist auch für Hunde bestes eiweißreiches Nahrungsmittel, gewürzter Käse sollte allerdings ausscheiden. Während junge Hunde durchaus häufig Milch erhalten können, wird man vom zweiten Lebensjahr an weitgehend darauf verzichten, weil die Verdauung sonst wie bei Suppenfütterung zu träge wird. Der Darm kann dabei ohne viel Arbeit Nährstoffe aufnehmen, Neigungen zu Darmkrankheiten und Verfettung stellen sich ein.

Wenn Hunde gelegentlich Gras aufnehmen, so hat das nichts mit Wetterwechsel zu tun, sie suchen instinktiv Ballaststoffe für die Verdauung, mitunter ist das ein Anzeichen von Magen-Darm-Störungen.

Nun zu den pflanzlichen Stoffen des Beifutters. Im Gegensatz zum Menschen vermag der Hundekörper pflanzliche Nahrungsmittel mit hohem Rohfaseranteil nur wesentlich schlechter zu verwerten. Es ist deshalb auf niedrigen Rohfasergehalt zu achten (höchstens zehn Prozent). Bei speziellen Hundeflocken wird dies von den Herstellern in der Regel berücksichtigt. Haferflocken sollten entspelzt sein, Futterreis geschält. Gelegentliche Zugabe (besonders bei Junghunden) von geriebenen Mohrrüben, gehacktem Spinat oder Salat ist wichtig, viele Hunde suchen sich selbst Äpfel, Pflaumen und Erdbeeren.

Süße Sachen (Zucker) schaden nicht, wenn sie selten gegeben werden. Salz ist in seinen Bestandteilen Natrium und Chlorid in allen tierischen Körperflüssigkeiten enthalten, so z. B. im Blut von Schlachttieren und im Darminhalt. Das Salz wirkt mit bei der Steuerung von Stoffwechselvorgängen. Erhält ein Hund zu wenig Salz, dann wird das Wasserbindungsvermögen im Körper herabgesetzt, und er zeigt quälenden Durst. Dieser läßt schlagartig nach, wenn der Mangel durch Salzgabe ausgeglichen wird. Ausgewachsene Hunde haben einen täglichen Kochsalzbedarf von etwa 0,3 Gramm pro Kilo Körpergewicht. Bei der erwähnten vielseitigen Fütterung wird der Salzbedarf in der Regel gedeckt.

Ältere Hunde müssen fettärmer gefüttert werden, sie erhalten mehr mageres Fleisch und Gemüse (nie Hülsenfrüchte wie Erbsen, Bohnen), verteilt über mehrere tägliche Mahlzeiten. Hunde mit lebhaftem Temperament sowie solche, die in der Jagdpraxis sehr gefordert werden, haben einen größeren Energieverbrauch, ihr Futter muß gehaltvoller sein als bei Haushunden. Je mehr Einsatz, desto mehr Fleisch! Im allgemeinen empfiehlt sich für alle Hunde ein Fastentag pro Woche in Angleichung an die Lebensweise ihrer Ahnen, damit der Verdauungsapparat auch hin und wieder zur Ruhe kommt. Die Futtermischung muß stets handwarm sein, niemals darf direkt aus dem Kühlschrank gefüttert werden. Schließlich sei noch betont, daß es besser ist, auf Reste menschlicher Speisen zu verzichten, da diese zumeist gewürzt sind.

Ohne Nahrung kann ein Hund u. U. mehrere Wochen überleben, ohne Wasser aber nur wenige Tage. Wasser sollte also stets erreichbar sein (im Winter mehrmals täglich geboten und gleich wieder entfernt werden). Ältere Hunde benötigen aufgrund von Organveränderungen mehr Flüssigkeit als junge.

Möglichkeiten der Vorratshaltung

Pansen, Blättermagen o. ä. lassen sich vor allem im Hochsommer bei normaler Lagerung nur kurze Zeit aufbewahren. Man kann die Fäulnis aber auf einfache Weise hinauszögern, indem man den Vorratsbehälter zu etwa drei Viertel mit Fleisch füllt, dieses mit einem Stein beschwert und bis obenhin Wasser hinzugießt. Der Behälter wird an einem schattigen Ort aufgestellt. Das Wasser sollte möglichst täglich abgegossen und erneuert werden. Die Schlachtabfälle (außer Leber, Lunge, Milz und Nieren) halten sich auf diese Weise auch bei hochsommerlichen Temperaturen über eine Woche lang. Die verlängerte Haltbarkeit wird durch den regelmäßigen Wasserwechsel, also das Abschwemmen der Fäulnisbakterien, erreicht. Da durch die Wässerung ein Teil des Vitamin- und Mineralstoffgehaltes verlorengeht, muß dieses durch ein entsprechendes Mischpräparat ausgeglichen werden.

Rationeller Einkauf von Fleisch und Schlachtabfällen, wenn mehrere oder größere Hunde kostensparend gefüttert werden sollen, wird besonders günstig durch die Vorratshaltung in der Tiefkühltruhe ermöglicht. Gefrieren stoppt einen eventuellen Fäulnisprozeß, es kann ihn aber nicht rückgängig machen. Darum ist es wenig sinnvoll, bereits verdorbenes Frischfleisch, Innereien und Organe einzufrieren. Dieses Futter überläßt man besser sofort den Hunden, die es sich teils sogar noch einbuddeln und später im fortgeschrittenen Verwesungszustand fressen.

Frischfleisch teilt man am besten in Portionen von höchstens einem Kilogramm, verpackt diese in Kunststoffbeutel und friert sie – am besten durch Schockgefrieren – in der Tiefkühltruhe sofort ein. Bei etwa minus 20 °Celsius hält sich das Fleisch dann bis zu zwölf Monaten. Auf keinen Fall darf Frischfleisch – weder für den Menschen noch das Tier – im Drei-Sterne-Fach des Kühlschrankes eingefroren (wohl aber tiefgefrorenes aufbewahrt) werden.

24 Stunden vor Verwendung soll der Auftauprozeß beginnen, wobei der Kunststoffbeutel natürlich zu entfernen ist. Schnelleres Auftauen kann auch im kalten (besser nicht heißen) Wasser erfolgen. Selbstverständlich muß das Futter im Futternapf die gewohnte Temperatur haben, zu kaltes oder gar eisiges Futter verursacht schwere Schäden im Magen und Darm.

So mancher Hundehalter trocknet den Pansen an der Luft, um ihn länger aufbewahren zu können. Zu diesem Zweck schneidet man schmale Streifen, die über eine Schnur gehängt und Luft/Sonne ausgesetzt werden. Die Pansenstücke werden dann trockenhart, vor dem Verfüttern muß man sie einweichen.

Wissenswertes vom Jagdhund

Wer Hunde zu leistungsfähigen Helfern im Jagdbetrieb ausbilden, sie führen oder sogar züchten will, sollte über einige Grundkenntnisse des Körperbaus, der Sinnesleistungen und für den Jagdgebrauch wesentlicher Eigenschaften verfügen sowie um die Bedeutung der im jagdkynologischen Bereich verwendeten Begriffe wissen. Die folgenden Erläuterungen beschränken sich unter Verzicht auf wissenschaftliche Terminologie und detaillierte Darstellung auf eine Informationsauswahl zur Nutzanwendung in der Praxis.

Der Körperbau und seine Beurteilung

Der Kopf soll bei den meisten Vorstehhundrassen ,,trocken" sein, frei von überflüssigen Fettpolstern und lockerer faltenreicher Haut. In Länge und Stärke muß er zur Relation der Körperform stehen, wobei bei den einzelnen Rassen zumeist erkennbare Unterschiede zwischen Hündinnen- und Rüdenkopf erwünscht sind. Der Rüde soll in der markanteren Ausprägung als Geschlechtstyp erkennbar sein. Oberkopf breit und flach gewölbt, Mittelfurche erkennbar, aber nicht sehr tief, Stirnabsatz nicht zu scharf gewinkelt, flach zum Nasenrücken verlaufend. Nasenkuppe pigmentreich dunkel.

Für die Praxis außerordentlich wichtig ist, daß der Fang mit Ober- und Unterkiefer eine ausreichende Länge besitzt und kraftvoll angelegt ist, um dem Zufassen und Apportieren genügen zu können. Deshalb sollte der Fang bzw. Unterkiefer nicht stark keilförmig verlaufen, sondern vernünftige Breite aufweisen. Bei einigen Rassen hat sich gezeigt, daß eine relative Kiefer- und Nasenbeinverkürzung Krankheitsdisposition hinsichtlich verkleinerter Stirn- und Nasennebenhöhlen sowie fehlerhaftem Zahnschluß zur Folge hat. Bei langschädeligen Rassen ist die Kiefermuskulatur im allgemeinen beträchtlich kräftiger ausgebildet als bei mehr rundschädeligen Hunden. Die Lefzen sollen im allgemeinen möglichst fest anliegen.

Als Augenfarbe ist zumeist braun erwünscht und das helle ,,Greifvogelauge" verpönt. Die Augenlider sollen gut schließen. Ein abnormes Auseinanderklaffen der Lidspalte (Ektropium), besonders bei Rassen mit lockerer Haut zu finden, und andererseits eine

Verengung der Lidspalte unter Einrollung der Lidränder (Entropium) sind fehlerhaft, zumal es dadurch leicht zu (auch chronischen) Entzündungen kommt. Besonders beim sogenannten „offenen Auge" erfolgt ständig Reizung durch sich ansammelnden Staub oder andere Fremdkörper (bei der Haltung solcher Hunde sollte auf Hütteneinstreu zugunsten fester Liegeunterlage verzichtet werden).

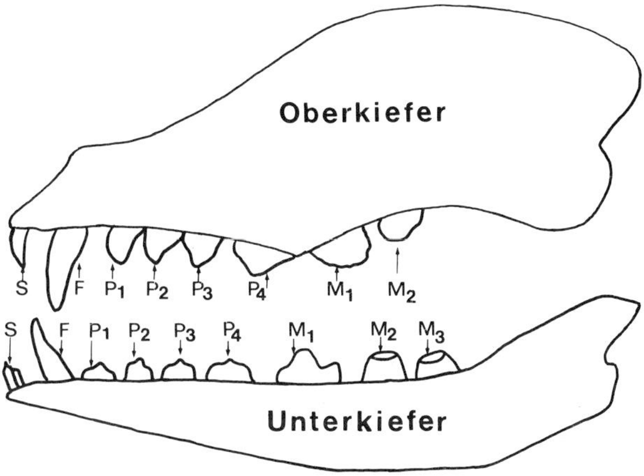

Abb. 30. Schematische Seitenansicht des Hundegebisses mit Schneidezähnen (S), Fangzähnen (F), Prämolaren (P) und Molaren (M)

Die Behänge haben im Zusammenhang mit der Gebrauchstüchtigkeit nur insofern Bedeutung, als sie nicht zu lang sein dürfen (lappige Behänge werden leicht wundgeschlagen, es kommt häufig zu Ekzemen, ungünstiger Behaarung und einer besonderen Neigung zu Gehörgangsentzündungen aufgrund stärkerer Sekretbildung, begünstigendem Milbenbefall und mangelndem Luftzugang). Bei vielen Rassen wird besonderer Wert darauf gelegt, daß der Behang hoch angesetzt ist.

Dem Gebiß gilt allgemein besondere Aufmerksamkeit. Der Hund hat in der Regel 28 Milch- und 42 Dauerzähne, die zum wünschenswerten Scherengebiß schließen. Nur die letzten Molaren sind etwas zur Kaubewegung geeignet, ansonsten ist das Hundegebiß lediglich zum Beißen und Reißen entwickelt. Nach den ersten drei zahnlosen Wochen kommt es im zweiten Monat zur Ausbildung des Milchgebisses. Der Zahnwechsel erfolgt etwas unterschiedlich, beginnt zumeist mit drei Monaten und schließt im sechsten bis siebten Lebensmonat ab. Die Schneidezähne werden zuerst gewechselt, zuletzt kommen die hinteren Molaren zum Vorschein. Diese und der erste Prämolar sind im Milchgebiß noch nicht vorhanden.

Als z. T. fehlerhafte Gebißstellung im Unterschied zum korrekten Scherengebiß gelten: Zangengebiß (wobei die Schneidezähne genau aufeinander stoßen und sich deshalb zu schnell abnutzen; wird nicht bei allen Rassen als fehlerhaft gewertet), Vorbiß (verlängerter, vorstehender Unterkiefer), Rück- oder Unterbiß (kürzerer zurückstehender Unterkiefer).

Weitere Gebiß- bzw. Zahnanomalien treten häufiger auf, wenn auch bei den einzelnen Rassen unterschiedlich. Das Fehlen mehrerer Zähne kann u. U. den Jagdgebrauch beeinträchtigen und hat meist Zuchtausschluß zur Folge. Sofern jedoch lediglich der erste Prämolar nicht ausgebildet ist, sollte dem bei züchterischer Auslese keine große Bedeutung beigemessen werden, denn nach heutigen Erkenntnissen scheint es sich um eine entwicklungsgeschichtliche Rückbildung zu handeln, wie sie auch bei anderen Fleischfressern zu beobachten ist und sogar für Urhunde nachgewiesen wurde. Zusätzliche Zähne, vor allem bei den Schneidezähnen, aber auch überzählige Prämolaren, treten bei manchen Rassen öfter auf.

Im Rahmen zuchtausschließender Bestimmungen gab es oft Streit, ob ein fehlender Zahn ursprünglich vorhanden war. Wer bei seinem für die Zucht vorgesehenen Hund den Verlust (Ausbrechen) eines Zahnes feststellte, kann die Zahnanlage innerhalb der ersten folgenden drei Wochen durch eine Röntgenaufnahme belegen lassen. Späterhin ist das Ergebnis mit zunehmender Ausheilung der knöchernen Alveole fraglich.

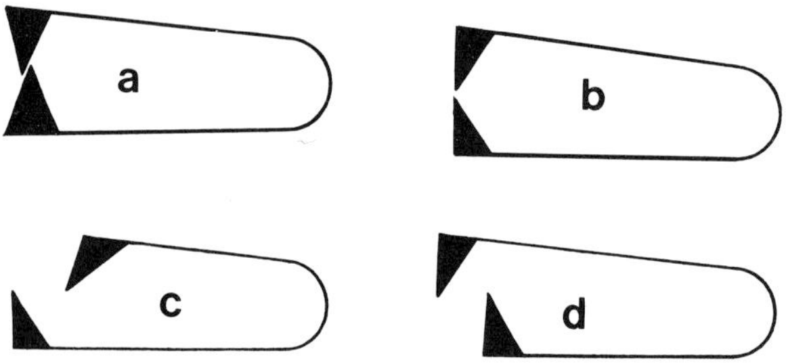

Abb. 31. Schema verschiedener Gebißstellungen. a = Erwünschtes Scherengebiß; b = bedingt korrektes Zangengebiß (wegen zu schneller Abnutzung bedenklich, Vorsicht bei Zuchtverwendung); c = Vorbeißer (fehlerhaft); d = Rückbeißer (fehlerhaft)

Die Halslänge, bei den einzelnen Rassen variierend, muß den Gesamtproportionen entsprechen. Es sind in der Regel sieben Halswirbel vorhanden. Allgemein müssen Wirbel und Muskeln des Halses, der weniger horizontal, sondern mehr vertikal getragen werden sollte, kräftig entwickelt erscheinen, da dieser Körperteil wichtige Funktionen ausübt: Er ermöglicht die notwendigen schnellen, kraftvollen Kopfbewegungen, das Fassen, Halten und auch Töten der Beute sowie das Tragen von der Gesamtkonstitution angemessenen Gewichten. Die Steigerung der Schwere des Apportierbockes schafft bei ausreichender Übung die erforderliche Bemuskelung.

Die Leistungsfähigkeit des Widerrists beruht auf günstiger Schulterverbindung durch kräftige Muskeln an starken und genügend langen Dornfortsätzen. Für ein leistungsfähiges Gangwerk ist es wichtig, daß der Widerrist etwas höher ist als die Kruppe, denn hinten überbaute Hunde können nicht wünschenswert raumgreifend und ausdauernd laufen.

Der Brustkorb muß vor allem bei Rassen, die in der Sucharbeit ein beträchtliches Laufpensum zu absolvieren haben, als Träger von Herz und Lunge geräumig und mehr oval sein, da ein runder Brustkorb die Ausdehnung beeinträchtigt. Hier spielt also bei der Beurteilung nicht nur die Breite und Tiefe eine Rolle, sondern die Ausdehnungsfähigkeit bei starker Beanspruchung. Die Rippen müssen lang und weniger nach außen als nach hinten ausgebogen sein. Sogenannte Wespentaille liegt dann vor, wenn die letzten Rippen nicht weit genug herabreichen und nicht genügend Abstand zum Becken haben, ein Mangel, der sich auf die Ausdauer auswirkt. Hunde, die hochläufig wirken, haben meist zu wenig Brusttiefe; steht der untere Rand der Brust dem Erdboden näher als dem Widerrist, ist der Hund „zu niedrig gestellt" – hier ist der Rassetypus zu berücksichtigen. Im übrigen darf die Brust aber wiederum nicht so breit sein, daß die Ellenbogen der Vorderläufe nach außen gedrängt werden, wodurch sich die Läufe nach innen drehen. Bei zu schmaler Brust werden die Ellenbogen angepreßt, und damit drehen sich Läufe und Pfoten nach außen, und der Hund steht, wie man sagt, „französisch".

Ein fehlerfrei ausgebildeter Rücken ist für den Arbeitshund besonders wichtig. Er soll gerade und fest sein, auf keinen Fall eingesenkt oder aufgezogen. Im ersten Falle spricht man von Senkrücken, im letzteren von Karpfenrücken oder bei zu stark gewölbter, nur schwerfälligen Galopp ermöglichender Nierenpartie von Katzenbuckel. Der gerade und stramm erscheinende Rücken wirkt in der Regel für starke, kräftige Rückenmuskeln, die man besonders in der Nierengegend leicht abtasten kann, weil das Fehlen der Rippen an dieser Stelle ein besseres Erfassen der Muskulatur ermöglicht. Bei der Formwertbeurteilung wird deshalb oft von kräftiger Nierenpartie gesprochen.

Die Rückenmuskeln übertragen die Bewegung der Hinterhand auf die Vorderhand (Schubkraft), sind also für die Vorwärtsbewegung sehr wichtig und verleihen bei genügender Ausformung dem Hunde das federnde, raumgreifende Gangwerk, das seine Bewegung so mühelos raumgreifend erscheinen läßt. Auf Elastizität des Rückens kommt es besonders an, um einen leichten Unterschub der Hinterhand beim weiten Galoppsprung zu ermöglichen. Hier sei noch einmal erwähnt, daß der Hund vorn (Widerrist) gegenüber der Kruppe nicht überbaut sein darf. Das Schulterblatt und mit ihm die Vorderläufe sind mit dem Rumpf ja nur durch Muskeln und Bänder verbunden, und wenn diese Verbindung zu locker ist, so läßt sich der Rumpf zwischen den Schulterblättern herunterdrükken, worauf zu achten ist. Dieser Mangel tut dann natürlich der Kraft und Ausdauer Abbruch. Beim Druck auf den Widerrist wenden sich die Ellenbogen nach außen, weil sie von der tiefertretenden Brust auseinandergedrückt werden. Auch die Kruppe, die den Rücken fortsetzt, darf bei Belastung nicht viel nachgeben. Sie geht in die Rute über, bei der die Anzahl der Wirbel bei den einzelnen Rassen variiert. Hoher Rutenansatz ist im allgemeinen für solche Rassen erwünscht, deren Ruten kupiert werden. Bei sehr steiler Rutenhaltung kann die Kruppe verkürzt und in ihrer Funktion nicht optimal sein (zu wenig Ansatz für Muskulatur).

Die Wirbelsäule entspricht zusammen mit dem Brustbein, den Rippen, den Bauchmuskeln und dem Becken einer Brückenkonstruktion, als Pufferkissen wirken die sogenannten Zwischenwirbelscheiben. Diese bewegen sich in ihren Gelenken, die oberhalb des Wirbelkanals mit dem Rückenmark gelegen sind, gegeneinander. Diese Zwischenwirbelscheiben (Bandscheiben) bauen sich aus einem äußeren Faserknorpel und einem inneren Gallertkern auf. Bei manchen Hunden, insbesondere Teckeln, kommt es in dem Faserring relativ frühzeitig zu degenerativen Prozessen, die sich in schmerzhafter Erkrankung bzw. Lähmung (z. B. Teckellähme) bemerkbar machen können. Rauhhaartekkel, die aufgrund lange zurückliegender Terrier-Einkreuzung keine überdurchschnittliche Rückenlänge aufweisen, sind weniger gefährdet als z. B. Langhaarteckel.

Der Vorderhand fällt die Aufgabe zu, den von der Hinterhand ausgeführten Teil der Vorwärtsbewegung gut auszunutzen und durch weites Ausgreifen nach vorn zu vervollkommnen. Das erreicht sie in bester Weise, wenn sie imstande ist, den Oberarm möglichst zu strecken, so den Unterarm hoch zu erheben und weit nach vorwärts niederzusetzen, um einen möglichst weiten Vortritt zu erzielen. Die besten Vorbedingungen dafür sind ein langes, schräg gelagertes Schulterblatt und ein langer Oberarm.

Ist der Winkel zwischen Schulterblatt und Oberarm zu groß, so spricht man von steiler Schulter; bei ihr ist die Schrittweite erheblich kleiner. Der untere längere Teil wird mit dem Vorderlauf gehoben. Je länger Schulterblatt und Oberarm, je schräger ihre Lage, desto größer die Erhebung des Laufes nach vorn (Schulterfreiheit). Die Länge der mit einem Schritt zurückgelegten Strecke wird umso kleiner, je mehr der Schulterwinkel den Idealwinkel übersteigt.

Die Hinterhand liefert dem Hunde die treibende Kraft bei der Vorwärtsbewegung. Ihre Leistung bedingt die Größe der Wegstrecke, die der Hund mit einem Schritt zurücklegt. Je größer die Strecke ist, desto weniger Schritte braucht der Hund für eine bestimmte Entfernung, und umso geringer ist die Muskelarbeit, desto größer seine Ausdauer. Vorbedingungen für gute Leistung der Hinterhand sind auch wieder lange Knochen und günstige Winkelung. Der Hund muß imstande sein, den Hinterlauf weit unter den Rumpf zu schieben, denn er hat dadurch eine große Schrittweite und somit einen mächtigen Nachschub.

Die Vorderläufe müssen stark und kräftig sein und vom Ellenbogengelenk abwärts gerade verlaufen. Die Hinterläufe sollen von hinten betrachtet weder faßbeinig noch kuhhessig erscheinen (was den O- oder X-Beinen bei Menschen entspricht). Die Pfoten sollen kurz, rund und mit gewölbten, geschlossenen Zehen versehen sein und unempfindliche Sohlen besitzen. Gutgerundete Pfoten nennt man Katzenpfoten, flache, die mit zu langen Zehen versehen sind, dagegen Hasenpfoten. Die darüber befindliche Fessel (Mittelfuß) soll nicht steil erscheinen und weder ein- noch auswärts gerichtet sein, da der Hund sonst bodeneng oder bodenweit steht.

Die Behaarung des Jagdhundes ist dann als gut anzusehen, wenn sie ihn in ausreichendem Maße gegen Witterungsunbilden schützt, andererseits aber auch nicht behindert, wie es bei manchen Rassen z. B. durch zu starke Behaarung (störende Eisbildung im Winter an den Läufen) der Fall sein kann. Man unterscheidet Kurz-, Stichel-, Draht-, Lang- und Stock- oder Harschhaar. Die Strukturunterschiede können sich bei rauhhaarigen Rassen verwischen. Die Färbung ist, wie manches andere, Geschmackssache. Viele Waldjäger werden einen gedecktfarbenen Hund bevorzugen, viele Feldjäger eine hellere Behaarung.

Man unterscheidet Sinnes-, Grannen- und Wollhaare. Die Sinneshaare, mit Nervenfasern verbunden, leiten Tasteindrücke. Sie befinden sich in geringer Anzahl am Kopf. Die Grannenhaare bilden die Oberschicht, während die Wollhaare, zumeist als Unterwolle bezeichnet, sich darunter befinden. Die Grannen- oder Deckhaare geben also mehr mechanischen, die Wollhaare vor allem Wärmeschutz. Beim vernünftig gehaltenen, also auch der Witterung ausgesetzten Jagdhund erfolgt im Frühjahr der Wechsel zum dünneren und kürzeren Sommerhaar, im Herbst zum dichteren und längeren Winterhaar. Obwohl dieser Wechsel sich bei vielen Hunden (Haltung in der Wohnung) nicht mehr so scharf ausgeprägt abzeichnet, erfolgt doch zu den genannten Zeiten die stärkste Haarung.

Zur Beurteilung funktionsgerecht wünschenswerten Körperbaus sowie auch der rassetypisch gefälligen Erscheinung ist noch folgendes wissenswert. Vor allem die größeren Gebrauchsrassen sind Lauftiere. Deshalb darf das Gebäude des Hundes nicht nur in Ruhigstellung, sondern muß auch in der Bewegung geprüft werden. Die Beurteilung beginnt mit der Musterung im Stand. Vorbedingung ist, daß der Hund richtig aufgestellt ist. Er sollte in ganz natürlichem Verhalten auf allen vier Läufen stehen, zwischendurch zu ein paar Schritten animiert werden, um die Stellung mehrfach zu überprüfen. Durch zufälliges Verschieben eines Laufes, Drehen des Kopfes o. ä. kann ungünstige Winkelung der Läufe und damit fehlerhafte Stellung vorgetäuscht werden. Stellt er z. B. einen Vorderlauf etwas vor, so erscheint durch die damit verbundene Streckung des Oberarmes die Schulter steiler.

Am leichtesten bringt man den Hund dadurch in eine günstige Ausgangsstellung, indem man ihn leicht an der Halsung anhebt und dann mit einem kurzen Ruck nach vorn die Vorderläufe wieder auf den Boden stellt. Bei der Prüfung der Allgemeinerscheinung, der Ausprägung der einzelnen Körperteile und ihres Verhältnisses zueinander ergibt sich dann letztlich auch ein Gesamteindruck, der im sehr positiven Sinne gern als ,,Adel" bezeichnet wird. Die Bemuskelung bzw. Kondition ist zu berücksichtigen, vor allem aber natürlich das Alter des Hundes. Junge, noch nicht ausgereifte Hunde sind mit aller Vorsicht zu beurteilen.

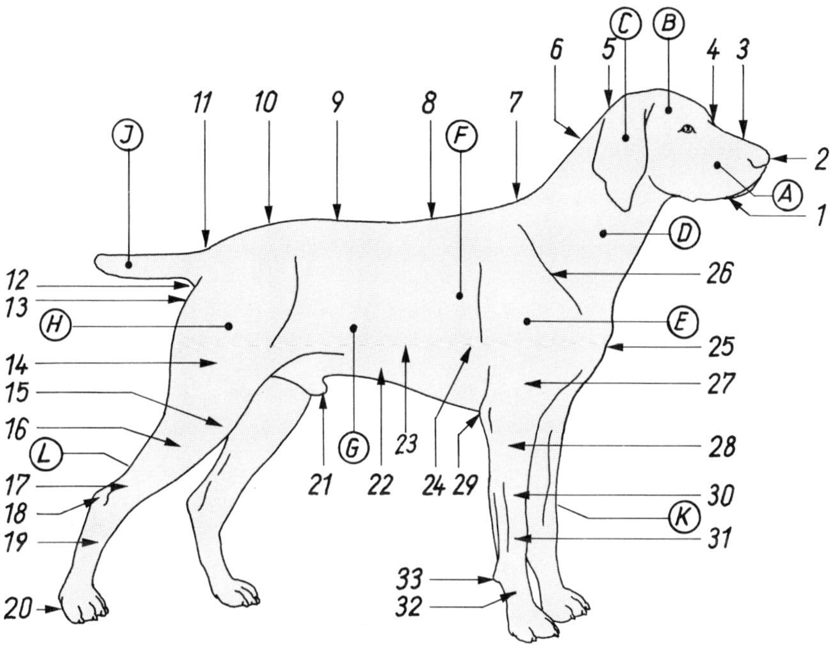

Für das Gebäude des Hundes sind folgende Hauptbezeichnungen gebräuchlich:

A Fang	E Schulter	I Rute
B Oberkopf	F Brustkorb	K Vorderlauf
C Behang	G Flanke	L Hinterlauf
D Hals	H Keule	

Neben diesen Hauptkörperteilen unterscheidet man noch Vorderhand (Kopf bis zum Widerrist, Brust sowie Vorderläufe) und Hinterhand (Kruppe und Hinterläufe).

Einzelne Körperteile werden wie folgt benannt:

1 Lefze
2 Nasenkuppe
3 Nasenrücken
4 Stirnabsatz
5 Hinterhauptbein
6 Nacken
7 Widerrist
8 Rücken
9 Nierenpartie
10 Kruppe
11 Rutenansatz
12 Weidloch
13 Schnalle (oder Nuß) bei Hündin
14 Backbein
15 Kniegelenk
16 Unterschenkel
17 Sprunggelenk
18 Ferse
19 Hintermittelfuß
20 Ballen
21 Feuchtglied (und Hoden, auch Geschröte oder Kurzwildpret) beim Rüden
22 Bauch
23 Bauchrippen
24 Brustrippen
25 Vorderbrust (Stich)
26 Schulterblatt
27 Schultergelenk
28 Oberarm
29 Ellbogen
30 Unterarm
31 Vorderknie
32 Vordermittelfuß
33 Hackenbeinwarze

Abb. 32. Der Körperbau des Hundes

Geprüft wird bei Zuchtschauen auch das Gebiß, bei Rüden das Vorhandensein der Hoden, und das Haar ist zu beurteilen. Hierbei ist der Standard der jeweiligen Rasse zugrunde zu legen, der auch bestimmte Ansprüche an die Augenfarbe und die Schulterhöhe stellt (letztere mit unterschiedlichen Mindest- und Höchstwerten bei Rüde und Hündin). Bei der offiziellen Formbewertung anläßlich einer Zuchtschau wird man dann erleben, daß Rüden und Hündinnen getrennter Beurteilung unterliegen – und daß dem Formwertrichter im Rahmen des Standards durchaus noch ein Spielraum persönlichen „Geschmacks" bleibt.

Um das richtige Schultermaß zu erhalten, stellt man den Hund in natürlicher Haltung, nicht mit hochgezerrtem Kopf, am besten an eine Wand, legt über den Widerrist, der naturgemäß den höchsten Punkt des Rückens darstellt, ein Winkelmaß und stellt die Entfernung bis zum Erdboden fest.

Einen sehr wesentlichen Teil der Bewertung des Hundes macht die Beurteilung in der Bewegung aus. Zu diesem Zweck wird er an kurzgefaßter Leine im Schritt und Trab geführt. Wir betrachten dabei den Hund von der Seite, beurteilen Vortritt der Vorderhand, Nachschub der Hinterhand, prüfen die Bewegung des Rückens. Dann lassen wir den Hund gerade auf uns zukommen und beachten, wie er die Vorderläufe nach vorn wirft, ob sie ihre Funktion in wünschenswerter Stellung korrekt erfüllen, und schließlich beobachten wir den Hund von hinten. Hier kommt es besonders auf Stellung und Gebrauch der Hinterläufe an, ob er sich faßläufig oder kuhhessig bewegt oder vielleicht zu eng tritt. Auch auf schaukelnde Bewegungen und rollenden Gang ist zu achten, dies fällt vor allem durch eine beständig ausgiebige Verschiebung des Haarbalges seitwärts über den Rücken von der einen zur anderen Seite auf. Man erlebt es mitunter bei unproportioniert langen, überbauten Hunden, die im Rücken weich sind, aber auch bei zu feisten Hunden.

Jedem Interessierten kann nur empfohlen werden, an einer Zuchtschau teilzunehmen, bei der sogenanntes „offenes Richten" gehandhabt wird, also die Vorzüge und Nachteile der vorgestellten Hunde öffentlich erläutert werden. Dies ist außerordentlich lehrreich und ermöglicht im Zusammenhang mit dem Standard, der vom jeweiligen Zuchtverein erhältlich ist, und dem für den Arbeitswert, aber auch für die Schönheit geschulten Blick, das Gebäude eines Hundes zu beurteilen. Die sichere Bewertung setzt sehr große Erfahrung und Übung voraus, anleitende Beschreibungen vermögen diese Praxis nicht im mindesten zu ersetzen.

Erfahrung mit Pferden kann den Blick schärfen zum Erkennen von Gebäudefehlern beim Hund. Dabei muß man jedoch folgende Unterschiede berücksichtigen. Das Pferd hat einen sehr versteiften Rücken, während dieser sich beim laufenden Hund elastisch mitschwingend bewegt. Das Skelett des Pferdes wird durch sehr starke Sehnen und Bänder zusammengehalten, während diese beim Hund nur relativ schwach ausgebildet sind und sein Körpergerüst vor allem durch starke Muskeln Halt bekommt und den Bewegungsablauf dadurch geschmeidiger erhält. So ist der Hund also in seinem ganzen Körper sehr viel beweglicher mit der natürlichen Folge, daß die Haltung und Funktion der einzelnen Körperteile sich mit dem Ermüden von Muskeln stärker verändern können.

Nun für den Jagdhundhalter noch Wissenswertes über die inneren Organe. Wie ihre Wolfahnen und auch Vollblutpferde, die als Lauftiere Höchstleistungen vollbringen müssen, haben insbesondere die größeren Leistungsrassen das relativ größte Herzgewicht. Dieses Organ kann vor allem bei Vorstehhunden, denen durch spezielles Training für Feldprüfungen ungewöhnliche Laufleistungen abverlangt werden, zur Übergröße entwickelt sein; ähnlich dem „Sportherz" des Menschen. Mitunter hat das in der Mitte des Lebens krankhafte Erscheinungen zur Folge, die sich auch auf die Lunge auswirken.

Das ist eine Folge von Überforderungen, die sogar bei in Großstädten gehaltenen Jagdhunden, die nicht regelmäßig angemessenes Bewegungstraining erhalten, auftreten, wenn sie bei Aufgang der Niederwildjagd ohne Vorbereitung plötzlich ein sehr großes Laufpensum bewältigen müssen.

Die Milz kann sehr schnell große Mengen gespeicherter roter Blutkörperchen, die dann als Sauerstoffträger eine große Rolle spielen, in die Blutbahn schütten.

Der Magen des Hundes ist außerordentlich erweiterungsfähig, denn bei den Hundevorfahren erfolgte die Nahrungsaufnahme sehr unregelmäßig. So erscheint es unnatürlich, ausgewachsene Jagdhunde in vermenschlichender Weise mehrmals am Tag regelmäßig zu füttern. Auch auf das andere Extrem, nämlich nur alle paar Tage zu füttern, sind unsere Hunde nach der langen Haustier-Anpassung nicht mehr so eingerichtet wie ihre Wolfahnen, so daß ein unmäßiges Überfressen in seltenen Fällen zu sogenannten Magenverdrehungen, wobei auch die Milz in Mitleidenschaft gezogen wird, führen kann, vor allem bei älteren Hunden; ohne sofortige tierärztliche Hilfe hat das oft den Tod zur Folge.

Den meisten Platz in der Bauchhöhle beansprucht die Leber. Der Hund besitzt eine Gallenblase, seine Bauchspeicheldrüse und die Nieren sind relativ klein. Sehr dehnungsfähig ist die Harnblase. Die Hoden steigen erst mit zwei bis drei Monaten aus der Bauchhöhle in den Hodensack, selten bleiben sie oder auch nur einer von ihnen aufgrund von Entwicklungsstörungen in der Bauchhöhle. Diese als Kryptorchismus bekannte Erscheinung, die die Zeugungsfähigkeit herabsetzt oder ganz unmöglich macht, ist vererblich und führt deshalb zum Zuchtausschluß mit Auswirkung auch auf die Elternhunde.

Während der Rüde das ganze Jahr über deckwillig ist – seine Geschlechtsreife beginnt etwa im sechsten Monat und geht mit dem Anheben des Hinterlaufes beim Nässen einher – tritt die erste Hitze bei der Hündin im Alter von sechs bis zwölf Monaten auf und dann späterhin in der Regel zweimal jährlich, zumeist in den Monaten Januar/Februar und August/September. Die Hitze dauert etwa drei Wochen. In der ersten Woche zeigt sich eine leichte Schwellung und Rötung der Schnalle, in der zweiten nimmt die Schwellung zu, und der Ausfluß rötet sich. In der dritten Woche ist die Hündin unter sämigem Ausfluß (meist 10. bis 14. Tag) deckfähig. Bei den einzelnen Rassen gibt es individuelle Schwankungen.

Die heiße Hündin bringt dem Besitzer manche Probleme. Zur Abwehr von Belästigung durch Rüden können bei ersten Anzeichen der Hitze Chlorophyll-Präparate verabreicht werden. Es gibt auch andere Geruchstilger, z. B. in Sprayform, die an „neuralgischen Punkten" des Grundstücks zusätzlich verwendet werden können, um eine Rüdeninvasion vorbeugend zu verhindern. Am besten wird die Hündin in dieser Zeit nicht direkt von ihrem Unterbringungsort an der Leine ausgeführt, sondern man fährt mit ihr im Wagen woanders hin. Nach einer unerwünschten Paarung läßt sich das Austragen eines Wurfes verhindern, wenn an bestimmten Tagen nach dem Deckakt Hormoninjektionen gegeben werden. (Es genügt auch eine Depotinjektion, aber dann genau am vierten Tag.) Öfter sollte man dieses Verfahren jedoch nicht anwenden, weil es Gebärmuttererkrankungen zur Folge haben kann. Das gleiche gilt für eine vorbeugende Injektion, durch die sich das Eintreten der Hitze verhindern läßt (mit zeitweilig krassem Leistungsabfall muß gerechnet werden).

Von den Drüsenfunktionen ist hier erwähnenswert, daß Ballendrüsen Stoffe für Duftmarken absondern, der Nasenspiegel Drüsen zur Feuchthaltung enthält und im Haarbalg Talgdrüsen zur Haut- und Haareinfettung dienen. Die Analbeuteldrüsen am After liefern u. a. Markierungsstoffe. Bei letzteren Drüsen kann es durch Verstopfung zu Entzündungen kommen, die das sogenannte Schlittenfahren der Hunde auslösen.

Das Schwitzen, also die Schweißabsonderung, erfolgt nicht über derartige Drüsen, sondern durch Wasserabdunstung über die Lunge und die Zungenoberfläche beim Hecheln, dessen Intensität je nach Wärmeüberschuß mit bis zu mehreren Hundert Atemzügen in der Minute wechselt.

Die Sinnesleistungen

Der Hund lebt in einer Geruchwelt, er ist ein ausgesprochenes Nasentier. Dies zeigt sich physiologisch schon bei dem mit Schleimhaut-Sinneszellen besetzten Riechfeld in der Nasenhöhle, das rund dreißigmal größer ist als bei Menschen, und das Riechzentrum im Gehirn wird in der Relation noch weitaus leistungsfähiger eingeschätzt. Mit der sogenannten Schnüffelfrequenz paßt sich der Hund den unterschiedlich starken Gerüchen bzw. Wittrungen an. Je schneller die Luft durch die Nase bewegt wird, desto mehr Duftmoleküle können von den Sinneszellen erfaßt werden.

Der bewegliche und feuchte Nasenschwamm ermöglicht die Aufnahme von Wittrung auch über größere Entfernung mittels der Luftströmung, wie es z. B. für Vorstehhunde

Abb. 33. Es empfiehlt sich, beim jungen Vorstehhund zuerst die in der Anlage vorhandene Vorsteheigenschaft zu entwickeln und zu festigen, ehe die Einarbeitung auf der Hasenspur beginnt. Das Verfolgen von Wildspuren reizt die meisten Hunde ganz besonders, und Hetzen sind insbesondere dann unvermeidbar, wenn man schließlich nach den ersten zügelnden Versuchen am langen Riemen zum freien Ausarbeiten der Spur übergeht. Bei passionierten, temperamentvollen Hunden überlagern instinktiver Hetz- bzw. Beutetrieb zu leicht die Vorsteheigenschaft. Diese muß in erlernbarer Selbstbeherrschung gefestigt sein, sonst stößt der Hund das Federwild (zu früh) heraus oder prellt nach

besonders wichtig ist. Bei der Fährten- bzw. Wundfährtenarbeit vermag der Hund Einzelwittrungen aus Geruchgemischen zu differenzieren, u. a. abhängig von den Wetter- bzw. Temperaturverhältnissen, die die Intensität der Gasentwicklung beeinflussen.

Dies bedarf allerdings in Vervollkommnung herausgezüchteter Anlagen bzw. besonderer Befähigungen einer intensiven Übung, denn Nasenqualität ist nicht mit Nasenleistung im unterschiedlichen Gebrauchssinne unter den verschiedensten Gegebenheiten gleichzusetzen. Da die Geruchseindrücke jedoch beim Hund als einem ausgesprochenen Nasentier die wichtigste Stellung einnehmen, kommt es bei zweckgerichteter Förderung zu einer Erfahrungsspeicherung, die den für die Praxis wichtigen zielgerichteten Nasengebrauch im Gedächtnis verankert und sogar trotz zeitweise mangelnder Betätigung über Jahre hinaus erhält.

Hier kann es entsprechend späterer Einsatzschwerpunkte wichtig sein, ob z. B. ein Vorstehhund den Nasengebrauch zuerst prägend im Feld an Rebhühnern oder auf Spur bzw. Fährte erlebt und übt. Wie sehr der Hund durch seine Nase die Umwelt beurteilt, zeigt sich auch in den interessanten Reaktionen, wenn der vertraute Führer plötzlich anstatt in Jagdkleidung nackt oder in einem neuen Anzug erscheint – der Geruch sowie auch das Erscheinungsbild der Kleidung spielten erfahrungsgemäß oftmals die zunächst ausschlaggebende Erkennungsrolle.

Die Augen des Hundes erfassen zwar aufgrund ihrer seitlichen Stellung am Kopf ein weiter nach hinten reichendes Blickfeld als die des Menschen, sind aber für scharfes Formensehen weniger geeignet als für das Erkennen von Bewegungen. Der Hund ist ein ausgesprochener Bewegungsseher und stellt sich deshalb z. B. auf Armzeichen, wie wir es uns bei der Ausbildung auch auf größere Entfernung zunutze machen, gut ein, erkennt aber manchmal seinen Herrn erst auf ganz kurze Entfernung. Man darf den Hund aufgrund seiner Augenkonstruktion als von Natur aus weitsichtig bezeichnen. Eine lichtreflektierende Schicht im Augenhintergrund erleichtert das Sehen in der Dämmerung. Nach bisherigen Untersuchungen scheint das Hundeauge nur wenig oder gar keine Farbtüchtigkeit zu entwickeln, es unterscheidet im wesentlichen nach Graustufen.

Das Gehör des Hundes ist leistungsfähiger als das des Menschen, etwa fünfzehnmal besser, soweit man das ganz allgemein sagen darf. Es nimmt Töne bis in den Ultraschallbereich hinein wahr, deren Schwingungsanzahl für uns unhörbar ist. Auch das Unterscheidungsvermögen und die Ortung von Geräuschen sind beim Hund viel besser als beim Menschen. Zusammen mit dem Anpassungsvermögen an den Herrn kann eine beträchtliche Anzahl Worte differenziert erfaßt werden, wobei der Grundton des Sprechens, Lautstärke und Klangfarbe dem Hund auch mehr oder weniger ernstgemeinte Bedeutung und Stimmung signalisieren, häufig unter Mitberücksichtigung von Gebärden.

Dieses Aufnahme-, Unterscheidungs- und Reaktionsvermögen machen wir uns für die Erziehung und Ausbildung zunutze. Hierzu gleich ein grundsätzliches Wort: Der Rufname wie die einzelnen Kommandos sollten in der Klangfarbe deutlich abgesetzt sein, und zwar scharf, aber nicht übermäßig laut gesprochen werden. Es muß für die Zwangsdurchsetzung, wie sie immer wieder in besonderen Situationen erforderlich ist, ein Steigerungsspielraum bleiben. Außerdem sind im Umgang Wesensunterschiede zu berücksichtigen (weiche und harte Hunde).

Der Geschmacksinn ist dem Geruchsinn eng verbunden. Das Geschmacksorgan ist die Zunge, deren Schleimhaut die spezifischen Empfindungen, die mit der Aufnahme wasserlöslicher Stoffe verbunden sind, nach Wahrnehmung und Unterscheidung weiterleitet. Die Tätigkeit des Geschmacksinns erleben wir besonders bei der Futteraufnahme mit der Folge oft erstaunlicher Reaktionen.

Triebhandlungen und Verhaltensstörungen

Wolf bzw. Urhund waren im Sinne der Arterhaltung nur dann lebensfähig, wenn ihr Instinktverhalten sich den natürlichen Umweltverhältnissen anpaßte. Die Trieb- bzw. Instinkthandlungen, also angewölfte Verhaltensweisen, äußern sich im Zusammenwirken mit Reizen der Umwelt, wobei Lernvermögen und Erfahrung im Zeitraum der Nutzbarmachung für menschliche Ziele die Entwicklung beeinflußten.

Die Erfahrungen, die ein Hund im Laufe seines Lebens sammelt, kann er an seine Nachkommen nicht weitergeben. Durch natürliche oder bewußte Selektion (Zuchtwahl) ist es aber möglich, anlagenbedingte Befähigungen für das wünschenswerte Sammeln und Verknüpfen von Eindrücken zu steigern. So wurden vom Menschen über viele Generationen bestimmte Anlagen gefördert, die zusammen mit dem Lernvermögen dazu führten, daß Jagdhunde sich viel besser als früher für manche Aufgaben im Revier eignen. Im Welpenalter erleben wir ursprüngliche Triebe noch besonders deutlich.

Die Anpassung an den Menschen und dessen Lebensbereich, die Nutzbarmachung der Triebe und Veranlagungen müssen voraussetzen, daß der Hund die Menschenwelt auf seine Weise und in enger Verbindung mit seiner eigenen Triebwelt erlebt. Wer ihn bei der Haltung oder Ausbildung in Gefühlen und Reaktionen vermenschlicht, begeht grundlegende Fehler. Für den Hund ist der Mensch ein „Rudelkumpan", und dessen Vorstellungen wird er in Rangunterordnung nur dann folgen, wenn er die Überlegenheit in einfühlsamer Weise, aber nachdrücklich immer wieder erfährt. So sieht der Hund seinen Lebensbereich als Rudel-Territorium an, das er gemäß seinem Instinktverhalten mit Duftmarken kennzeichnet und durch Ruheplätze, Fraßstelle, Wege und vieles mehr für sich erschließt, dann auch verteidigt. Er übernimmt z. B. auf der Jagd bestimmte Aufgaben – aber nicht etwa aus Zuneigung zu seinem Herrn, sondern auf der Basis natürlichen Triebverhaltens, das der Mensch im gewünschten Sinne beeinflußt.

Abb. 34. Der Hetztrieb überlagert sehr oft die Vorstehanlage. Deshalb muß der Hund konsequente Haltschulung absolvieren, denn nur wenn er auf Trillerpfiff zusammenklappt, lassen sich Hasenhetzen verhindern und die Arbeit am Federwild besser fördern

Ursprüngliches Verhalten erleben wir oft bei der Futteraufnahme besonders deutlich, aber auch bei der Fortpflanzung. Die damit verbundenen Reize sind so stark, daß z. B. selbst ein ungewöhnlich gehorsamer Hund dann jegliche Ausbildung vergißt. Ansonsten kann der Mensch aber die urtümliche Rudelzucht und -ordnung mit fester Hand ersetzen, um Ungehorsam im menschlichen Sinne, das Herumstreunen und selbständige Jagen (wie wir es auch heute immer wieder bei Hunden, die ohne genügende Aufsicht leben oder nicht straff genug geführt werden, sehen) zu verhindern oder zu beeinflussen.

Dem Hund ist es nicht gegeben, wie ein Mensch zu denken. Dies müssen wir uns immer wieder vergegenwärtigen und nach oft sehr individuell nötigen Verständigungsmöglichkeiten suchen. Die konsequente Anleitung mit bestimmten Zielvorstellungen und das häufige Üben sind die Grundlage. Wenn wir einen Hund vor Lernaufgaben stellen, wie es die Ausbildung für den Jagdbetrieb erfordert, zwingen wir ihn durch bestimmte Sinnesreize in Beanspruchung seines Gedächtnisses bewußt zu speziellen Verhaltensweisen. Wenn man berücksichtigt, daß er keine Zielvorstellungen im menschlichen Sinne hat und deshalb auch nicht unsere Kombinationsgabe besitzt, darf man auch nicht unterstellen, daß er bestimmte Handlungen bereut und aufgrund „schlechten Gewissens" zur Besserung fähig wäre. Obwohl die gedrückte Haltung es manchen vermuten läßt, ist der Hund zu einem „schlechten Gewissen" nicht fähig, einsichtiges Erkennen eines Fehlverhaltens ist bei ihm nie die Grundlage einer Besserung, der Hund erfaßt lediglich aus Gebärden oder Stimme, daß Strafe im Anzug ist. Die Verbindung eines Fehlverhaltens mit Strafe kann der Hund in seiner triebhaften Reaktion nur dann verknüpfen, wenn wir geschickt vorgehen und das Fehlverhalten unmittelbar – am besten weniger durch Strafe als durch zielgerichtetes Üben – beeinflussen.

Bei vielen Hunden, am wenigsten bei den Jagdhunden, wurden die angewölften Instinkthandlungsketten im Zuge der Haustierentwicklung entweder unterbrochen oder gingen gänzlich verloren. Züchtung und Ausbildung haben den Ablauf natürlicher Lebenssicherungsaufgaben des Beuteerwerbs beim Jagdhund unterbrochen, um durch Nutzbarmachung seiner Instinkte und Sinne in den Besitz des Wildes zu kommen. Verfolgen, Fassen, Töten und Auffressen wurden von uns so beeinflußt, daß sie entsprechend dem Jagdbetrieb in ganz bestimmten, den Umständen entsprechenden Verhaltensweisen abzulaufen haben oder zu unterlassen sind. Soweit nicht die Auslesezucht bestimmte Merkmale in den Vordergrund gestellt hat, wie z. B. als Hemmfaktor das Vorstehen, müssen wir viele andere triebhaften Reaktionen durch Ausbildung abwandeln.

Die komplizierte Klaviatur der Triebe in Verbindung mit unseren Wünschen bereitet dabei immer wieder Schwierigkeiten, wie es sich häufig besonders drastisch bei Hetzern und Anschneidern zeigt, die jedoch nicht verteufelt werden dürfen, denn ihr Verhalten ist vielfach eine Folge mangelhafter Erziehung bzw. Haltung (Fütterung!).

Typische Beispiele für ursprüngliche, über viele Generationen des Haustierwerdens erhaltene Instinkte sind die Unterwerfungsgestik kämpfender Hunde, aber auch das noch weitgehend unerforschte Heimfindevermögen. Von letzterem weiß man heute aufgrund von speziellen Untersuchungen, daß es besonders solchen Hunden am häufigsten gelingt, über weitere Entfernungen zu ihrem gewohnten Lebensbereich zurückzufinden, die eine ihrem natürlichen Anlagenrepertoire entsprechende ungestörte Jugendentwicklung erlebten und die in der sozialen Rangordnung einen oberen Platz einnehmen. Hunde, die in ihrer gewohnten Umgebung nicht das instinktive Revierverhalten zeigen und auch jedem fremden Menschen gegenüber sofort unterwürfig-vertraut sind, haben diese Fähigkeit weitgehend verloren bzw. passen sich in der fremden Umgebung schnell den neuen Verhältnissen an und akzeptieren sie. Solche von Jugend auf „geknechteten" Hunde sind oft auch in anderer Weise wesensgestört.

Verhaltensstörungen zeigen sich zunehmend auf dem Gebiet unnatürlicher Aggressivität gegenüber anderen Hunden oder auch Menschen. Wie bei fast jedem Tier kennen wir auch beim Hund, wenngleich in vielerlei domestikationsbedingten Abstufungen, die natürliche Fluchtreaktion und Fluchtdistanz, Verhaltensmechanismen, die bei Unterschreitung der Distanz bzw. Fluchtverhinderung in „Notwehr-Angriff" umschlagen können, also zur Abwehrreaktion. Vermenschlicht wird bei dieser tierpsychologisch erklärlichen Zwangsreaktion oft fälschlich von Angriffslust gesprochen, zumal nicht bemerkte Haltungs- oder Ausbildungsfehler und andere Umwelteinflüsse sowie auch (degenerative) Erkrankungserscheinungen (deren Disposition vererblich sein kann) häufig nicht erkennbar sind.

Die Verhaltensforschung hat uns gezeigt, wie vielfältig die Ursachen für uns zunächst unerklärliches Agressionsverhalten sein können: In einen Zusammenhang mit dem Fluchtverhalten tritt der sogenannte Angstbeißer, entweder als Rückfall in atavistisches Verhalten oder bedingt durch schädigende Umwelteinflüsse, z. B. in der Entwicklungszeit; dies kann auch in einer Berührungsscheue, deren Vererbbarkeit vermutet wird, ausgeprägt sein. Die Entwicklung oder Änderung der Rangordnung verursacht in sehr unterschiedlicher Weise Aggressionsäußerungen. Plötzliches Beißen und sogar lebenslanges Fehlverhalten können ihre Ursache in mangelhafter Jugendsozialisierung (Kettenhunde sind ein typisches Beispiel) oder in ungenügender bzw. unzweckmäßiger Durchsetzung menschlicher Überlegenheit haben.

Im Zusammenhang mit Besitzwechsel ist ungeklärte Rangordnung oft ausschlaggebend dafür. Es gibt Beispiele, daß bei Haltung mehrerer starker Rüden unter ungünstigen Verhältnissen solche Aggressionserscheinungen sich krankhaft steigerten und sich schließlich gegen den Besitzer wendeten, wenn dieser seine Überlegenheit einbüßte (was schon der Fall sein kann, wenn er einmal seine aufrechte Imponierstellung, z. B. durch Sturz, verliert oder vertretungsweise andere Menschen mit den Hunden fertigwerden müssen). Energieansammlung bei wenig verhaltensgerecht im Zwinger untergebrachten Hunden führt mitunter zu übersteigerten Aggressionserscheinungen.

Der Beutebesitz-Instinkt äußert sich bei Fütterung und Jagd. Die Bewachung dieses im Ursprung lebenswichtigen Eigentums des Hundes kann sich bei ungünstigen Umweltverhältnissen und aufgrund ungeklärter Rangordnung bis zu sehr krassen Ausprägungen steigern. In schweren Fällen solcher Hypertrophie mußten Hunde verschiedenster Rassen getötet werden, und der Verdacht auf eine erbliche Grundlage dieser Erscheinung wird immer häufiger ausgesprochen. Deshalb sei insbesondere davor gewarnt, mit solchen Hunden weiterzuzüchten. Bei manchen Rassen hat sich ganz klar gezeigt, daß derart übersteigerte Aggression in bestimmten Erblinien gehäuft auftrat. Solche Hunde reagierten z. T. unberechenbar bei der Fütterung und verteidigten erlegtes Wild mitunter auch gegenüber ihrem Herrn blindwütig.

Die Beschützerinstinkte von Hündinnen, die zeitweilig selbst ihren Besitzer nicht an die Wurfkiste lassen, sind ein natürliches Verhalten und treten mitunter nur bei scheinträchtigen Hündinnen abartig in Erscheinung. In letzterem Falle kann der Tierarzt helfen. Bei Rüden steigert sich die sexuelle Erregung in Ausnahmefällen so stark, daß diese Hunde auch gegenüber Menschen gefährlich werden. Durch Hormonbehandlung oder Kastration ist in schwierigen Fällen Abhilfe möglich. Sofern in der Jugendentwicklung eine besonders starke Prägung auf den Besitzer erfolgte, kann es zu Aggressionen kommen, wenn andere Menschen oder Hunde gewissermaßen störend in die enge Beziehung eintreten. Das tierische Verhalten bleibt dann unberechenbar und steigert sich in Konfliktsituationen, die kaum vorhersehbar sind.

Angewölfte Instinkte, die hier unter dem Gesichtspunkt Aggressionen erwähnt wurden, können sich also durch verschiedene Einflüsse (ungünstiges Aufzuchtmilieu, Fehlprägung, falsche Erziehung oder Ausbildung, krankhaftes Sexualverhalten, Gehirnerkrankungen, hormonale Fehlregulation sowie erbliche Veranlagung) zu extremen Auswüchsen steigern. Mitunter ist eine Therapie möglich. Der Besitzer muß aber dann Anhaltspunkte geben, ob der Hund Erscheinungen von Angst oder Scheue zeigt, ob die Aggression während oder nach der Geschlechtsreife erstmals auftrat, vielleicht mit der Anwesenheit einer heißen Hündin oder mit einer Veränderung der Umgebung des Hundes zusammenhängt (Besitzwechsel, Abreise oder Tod des vertrauten Menschen, Zukauf eines anderen Hundes, Wechsel im Lebensraum). In vielen Fällen reicht es aus, konsequente Erziehungsmaßnahmen zur Unterordnung des Hundes und die Wiederherstellung und Festigung der Rangordnung Führer – Hund durchzusetzen.

Erschwerend in der Praxis ist oft sogenannte Raufsucht bei manchen Rüden, die sich gegen andere Rüden richtet. In solchen Fällen half mitunter die Anwendung des im Kapitel ,,Ausbildungshilfsmittel" erläuterten Funkimpulsgerätes, wobei der aggressive Hund einen maulkorbartigen Halfter und den Empfänger trägt, so daß er beim Angriff auf andere Rüden durch leichten Stromstoß an zurückhaltende ,,Umgangsformen" gewöhnt werden kann; dies ist aber nur bei Raufern ohne krankhafte Grundlagen erfolgversprechend und auch nur dann, wenn der Führer umsichtig-konsequent vorgeht.

Wesensfestigkeit, Wesensschwäche, Härte, Schärfe

Erziehung und Ausbildung, wie wir sie für den Jagdhund anstreben, müssen dessen Wesen und Verhaltenseigentümlichkeiten in ihren unterschiedlichen Ausprägungen berücksichtigen. Der große Rahmen der Eigenschaften ist im Verlaufe jahrzehntelanger züchterischer Bemühungen abgesteckt, aber vererbliche negative Erscheinungsformen und auf den Hund vielfältig einwirkende Umwelteinflüsse erfordern bei Zucht und Ausbildung Beachtung. Von ,,Wesensmängeln" ist bei Anhängern der meisten Rassen immer häufiger die Rede, wobei es eine alte, von der Verhaltensforschung bestätigte Tatsache ist, daß die meisten Verhaltensstörungen weniger auf angewölfter Wesensschwäche basieren, sondern ihre Ursache zumeist auf schädigenden Umwelteinflüssen beruht; zu letzteren sind auch unzweckmäßige Einwirkungen durch den Menschen bei Aufzucht, Erziehung und Ausbildung zu rechnen.

Die Erörterung all solcher Fragen und die Nutzbarmachung von Erkenntnissen hat wenig Sinn, wenn fachkynologische Begriffe unterschiedlich und mit wechselnder Bedeutung verwendet, vielleicht gar verwirrend oder falsch gesehen und angewandt werden. Deshalb bemühte sich in den letzten Jahren ein Ausschuß des Jagdgebrauchshundverbandes, dem erfahrene Jagdkynologen und Verhaltensforscher angehörten, einige wesentliche Begriffe zu definieren und für die Praxis zu erläutern. Nachfolgend kurz einige Ergebnisse dieses Bemühens.

Wesen ist die Gesamtheit der angewölften und erworbenen Verhaltensweisen eines Hundes. Vor allem für den Züchter ist es wichtig, aber außerordentlich schwierig festzustellen, ob erwünschte oder unerwünschte Verhaltensweisen ererbt oder erworben sind. Der Jäger muß bei der Wahl eines Welpen auf gute Leistungszucht achten, um größtmögliche Gewähr für die gewünschten, erblich fixierten Anlagen zu haben.

Im Gegensatz zu diesen Grundlagen vermag er jedoch den zweiten Teil des Wesens – nämlich die Verhaltensweisen, die sich der Hund nach und nach aneignet – positiv oder negativ zu beeinflussen und zu entwickeln. Wenn er sich im Umgang mit seinem Hund nicht einfühlsam verhaltensgerecht benimmt, kann es zu Störungen außerordentlich verschiedenartiger Formen kommen.

Wesensfestigkeit erkennt man ganz allgemein daran, daß der Hund eine innere Ausgewogenheit zeigt, eine Art Gelassenheit, die selbst bei Eintreten außergewöhnlicher Umwelteinflüsse bestehenbleibt oder sich schnell wieder einstellt. Wie ein Hund auf Umweltreize reagiert, hängt in erster Linie von seinen Nerven ab. Hunde, die selbst außergewöhnlichen Umwelteinflüssen gegenüber, sei es im dichtesten Stadtverkehr mit all seinem Lärm oder im Revier und auf der Jagd, im ganzen Wesen ein ausgewogenes, nicht so leicht beeinflußbares Erscheinungsbild zeigen und den Anforderungen vernünftiger Ausbildung wie praktischer Einsätze gewachsen sind, kann man als wesensfest bezeichnen. Die Ruhe im Umgang und bei der Arbeit, die mit Phlegma oder Trägheit nichts zu tun haben darf, muß als Ausdruck seelischer Balance erkennbar sein.

Wesensschwäche ist im Gegensatz dazu ein Zustand angewölfter und erworbener oder auch nur erworbener nervöser Reizbarkeit oder überempfindlicher Reaktion auf alles Ungewöhnliche. Krasse Formen sind z. B. Geräuschempfindlichkeit, Angstzustände bei Umweltwechsel, Gewitterscheue, Angstbeißen o. ä. Viele solcher Erscheinungen von Wesensschwäche beruhen auf dem Fehlverhalten des Besitzers im Umgang mit seinem Hund.

Das Wesen kann so labil sein, daß selbst vollkommen richtige Aufzucht, Erziehung und Ausbildung nicht den gewünschten Erfolg bringen, es kann aber andererseits auch so gefestigt sein, daß falsches Vorgehen kaum bleibende Verhaltensstörungen auslöst. Dazwischen ist eine breite ,,Wesenspalette", und es hängt vom Geschick des Hundebesitzers ab, sich in der Wahl seiner Mittel variierend anzupassen und auf das Wesen seines Hundes einzustellen, um das Ziel – einen brauchbaren Jagdhelfer zu erhalten – zu erreichen.

Oft wird vom Temperament gesprochen. Der rassetypische Arbeitsstil unserer Jagdhundrassen zeigt sich bei gleichen Wesensanlagen in unterschiedlichen Formen der Erregbarkeit (Ansprechbarkeit, Stärke und Geschwindigkeit der Reaktionen, äußere und innere Reize). Das Temperament wird, wie auch das Wesen, sowohl von verschieden hohen Reizschwellen als auch von rassetypischen Hemmungen und Enthemmungen beeinflußt. Es ist je nach Zuchtzielen bei den Rassen sehr unterschiedlich erwünscht, wie die sehr gegensätzlichen Beispiele z. B. des Pointers und des Schweißhundes erkennen lassen. So finden die erwünschten Temperamente zwangsläufig in den Anforderungen der Prüfungsordnungen der einzelnen Zuchtvereine in Form von Bezeichnungen, wie Art der Suche, Arbeitsfreude und Jagdpassion, Ausdruck und Wertung. Die Arbeitsweise z. B. eines Vorstehhundes ist deutlich temperamentabhängiger als die eines Schweißhundes.

Jahrzehntelange züchterische Förderung des Reaktionsvermögens und der körperlichen Schnelligkeit kann zu Erscheinungen der Übererregbarkeit führen, zu einem sehr hohen Grad der Empfindsamkeit gegenüber Reizen, und somit Ausbildung und Führung für den Durchschnittsjäger erschweren. Oft wird dann von einem nicht ausgeglichenen Nervenkostüm gesprochen, eine Bezeichnung, die im Begriff Wesen aufgehen sollte. Besser verzichtet sei auch auf das Wort Charakter wie andere Bezeichnungen, die als vermenschlichende Ausdrücke eine irreführende sittliche Wertung erhalten und nicht geeignet sind, das natürliche Wesen eines Hundes zu erfassen, zu deuten und in der jagdkynologischen Praxis verhaltensgerecht zu kennzeichnen.

Härte mit Schärfe gleichzusetzen, hat besonders viel Verwirrung gebracht und zu sehr unterschiedlicher Anwendung und Auslegung geführt. Härte ist die Fähigkeit, unlustvolle Empfindungen und Erlebnisse, wie Schmerz, Strafe, Niederlage im Kampf, hinzunehmen, ohne sich im Augenblick oder auf Dauer wesentlich beeindrucken zu lassen. Gewiß gibt es Grenzbereiche im Übergang zur Schärfe, aber ein harter Hund muß nicht auch unbedingt ein scharfer Hund sein (und umgekehrt). Da in der rauhen Praxis Härte letztlich Voraussetzung für erfolgreichen Einsatz im Revier ist, kommt dem frühzeitigen Erkennen beträchtliche Bedeutung zu, zumal auch die konsequente Ausbildung im oft notwendigerweise bewußt herbeigeführten Widerstreit zwischen Lust und Unlüst eine gewisse angewölfte Härte voraussetzt.

Schon in der Junghundzeit kann und sollte die Härte etwas gefördert werden, denn es hat sich durch Versuche herausgestellt, daß Hunde, die nie unlustvollen Einwirkungen ausgesetzt wurden, diese später auch nicht ertrugen, also nicht ausreichend Härte zeigten. In vernünftiger Anpassung an die Entwicklung des Junghundes muß er schon frühzeitig die Auseinandersetzung mit seiner Umwelt kennenlernen, um sein Selbstbewußtsein zu steigern.

Das Gegenteil von Härte, Weichheit, trifft man bei Hunden, die sich von unlustvollen Empfindungen oder beängstigenden Erlebnissen stark und nachhaltig beeindrucken lassen und demgemäß für Gebrauchszweke nur bedingt oder gar nicht verwendbar sind. Bei einigen Rassen, denen sich das Interesse der Allgemeinheit zuwandte, wird diese Weichheit zwangsläufig gefördert, weil sie der Eignung zum unkomplizierten „Familienhund" entgegenkommt. Die Führigkeit eines Jagdhundes hat im Grunde mit Weichheit nichts zu tun. Der verantwortungsbewußte Leistungszüchter muß danach trachten, nicht mit sehr weichen Hunden zu züchten.

Schärfe ist generell die Bereitschaft zur kämpferischen Auseinandersetzung. Hier unterscheiden wir Wildschärfe, Raubwild- und Raubzeugschärfe, Mannschärfe (und natürlich gibt es auch die Bereitschaft zur Schärfe gegenüber Artgenossen). Wildschärfe ist die Fähigkeit des Hundes, krankes Niederwild zur Strecke zu bringen, also stärkeres Schalenwild zu stellen, geringes niederzuziehen und abzutun. Raubwild- und Raubzeugschärfe ist die Veranlagung des Hundes, Raubwild und Raubzeug bei der Jagdausübung zumindest zu stellen oder schnell und sicher zur Strecke zu bringen. Mannschärfe ist die Bereitschaft des Hundes zur kämpferischen Auseinandersetzung speziell mit dem Menschen oder auch die Eigenschaft, Drohungen durch Menschen aktiv entgegenzutreten.

Alle Formen dieser Schärfe sind angewölft, sie können fördernd oder hemmend beeinflußt werden, und sie beruhen auf den ursprünglichen Anlagen des Nahrungserwerbs (Beutetrieb), des Sozialverhaltens (Arterhaltung, Rangkämpfe, Schutztrieb) und des Fortpflanzungsverhaltens (Rivalenkämpfe). Im allgemeinen zeigen Rüden mehr Schärfe als Hündinnen. Wildschärfe ist beim Jagdhund unbedingt erforderlich, Raubwild- und Raubzeugschärfe sowie teils auch Mannschärfe (Jagdschutz) erwünscht. Die im Wesen begründete Kampfstimmung, die sich normalerweise nach kurzer Zeit wieder harmonisiert, kann jedoch bei wesensschwachen bzw. erb- oder krankheitsgeschädigten Hunden zur blindwütigen Raserei ausarten (siehe voriges Kapitel).

Waidmännische Ausdrucksformen

Alles, was mit der Jagdkynologie im Zusammenhang steht, unterliegt, wie im Waidwerk, der Gebundenheit fachsprachlicher Bezeichnungen. Wieviel schöner und treffender sind die Ausdrücke *Fang, Rute, Spurlaut* – als Schnauze, Schwanz und Fußabdruckgebell. Im

Laufe langer Entwicklungszeit wurden nicht nur klangvolle, sondern vor allem praktische, aussagekräftige Fachausdrücke geprägt, die auch mancherlei ganz spezielle Abwandlungen erlauben.

Dieses Buch will und muß auch darüber kurz einführend orientieren, weil ohne das Beherrschen dieser Synonyme nur unvollkommenes Nutzbarmachen der Anleitungen möglich ist. Die nachfolgende Zusammenfassung der wesentlichsten Bezeichnungen kann das „Wörterbuch der Jägerei" von Altmeister Frevert nicht ersetzen, aber sicherlich in der gewählten Einbettung in mancherlei Zusammenhänge auch schon Grundwissen für die Ausbildung und Führung vermitteln.

Der Jagdhund sollte aus gutem *Zwinger* kommen mit nachweisbarer *Abstammung* (Stammbaum/*Ahnentafel*), nach leistungsstarken Ahnen *gezogen (gezüchtet)* sein, ist leichten oder schweren *Schlages*, sollte ein *gutes Gebäude, dichte Jacke* (gute Behaarung) besitzen, *rauhes, kurzes* oder *langes* Haar aufweisen, kann *stichel-, stock-* oder *drahthaarig* sowie *hochläufig* sein, trägt eine *kupierte* oder *lange* Rute, eventuell mit *Fahne* (herabhängende lange Haare). Er *frißt, schöpft* Wasser, *feuchtet* oder *näßt* und *löst sich (Losung)*.

Der Rüde *deckt* (oder *belegt*) die *(in die Hitze getretene* oder *gekommene) heiße* Hündin, sobald sie *färbt* (Schweißaustritt aus Schnalle), beide *hängen* dabei *(Deckakt)*. Die Hündin *geht* dann *dick* (oder *ist tragend), wölft* (oder *wirft*) ihren *Wurf Welpen*, die nach einem Jahr zu *Jährlingen* herangewachsen sind. Der Vorstehhund steht nach Vollendung des ersten Lebensjahres (also in seinem zweiten Lebensjahr) im ersten *Feld*, der Schweißhund im ersten *Behang* usw.

Jagdhunde sollen gute *Anlagen* haben, auch wachsam sein und *anschlagen* (mißtrauisch Laut geben), mit gutem *Gangwerk* laufen; sie müssen *abgerichtet* oder *ausgebildet* (nicht dressiert) und *eingearbeitet* werden, dürfen nicht *streunen* oder im Zwinger *verliegen*. Sie *äugen, nehmen wahr*, sind *wild-, raubzeug-, mannscharf*, manche werden bei unzweckmäßiger Ausbildung *harthörig* oder *handscheu*. Sie *klagen, winseln, heulen, schweißen* bei Verletzungen, sie sind *wasserfreudig* oder *-scheu, schwimmen, jagen* am Wild, *versagen* auch einmal; sie *geben Laut*, haben einen *guten* (weit hörbaren), *lockeren* oder *losen* (bellen leicht), auch *groben* (tiefen) *Hals*. Sie *verfangen* (verbeißen) sich untereinander und im erlegten Wild.

Erster der Meute ist der *Kopfhund* (im übertragenen Sinne ein harter, manchmal auch seinem Führer überlegener Hund). Nur *schußfeste* Hunde sind zu gebrauchen, *schußscheue* oft wertlos, *schußempfindliche* häufig zu korrigieren, *schußhitzige* durch konsequentes Üben *schußruhig* zu machen. *Waidlaut* (unerwünscht) ist ein Hund, der im Bau oder auf der Wundfährte, ohne am Wild zu sein, oder bei der Suche, ohne sich auf einer Spur zu befinden oder Wild zu eräugen, Laut gibt.

Der Jagdhund trägt ein *Halsband* oder eine *Schweißhalsung*, er wird *an die Leine genommen* oder *geschnallt, an-* oder *abgehalst*, bei Meutehunden auch *an-* oder *abgekoppelt*. Man *führt* ihn an kurzer oder langer Leine, er *geht bei Fuß*, ist *leinen(riemen)führig* bzw. *-gängig, schneidet sich ab* (wenn er die Leine durchbeißt), macht *Halt* oder *Down*, läßt sich *ablegen*, hat guten oder schlechten *Appell* (Gehorsam). Er muß in Feld, Wald, Wasser und auf der Schweißfährte *arbeiten*, darf nicht am Führer *kleben*, soll *revieren*, das Wild *suchen, aufstöbern, hochmachen*, dann *jagen* oder auch *schonen*, hat erlegtes Niederwild zu *bringen* bzw. zu *apportieren*, muß es *ausgeben*, darf es weder *knautschen* (stark drücken) noch *rupfen* (an Balg, Decke oder Gefieder). Sehr selbständige, schlecht *abgeführte* oder wenig geführte Hunde sind oft nicht *leicht-* sondern *schwerführig*.

Der Vorstehhund braucht eine *gute Nase* (Wittrungsvermögen), *reviert* in kurzer oder weiter *Quersuche* unter Wind, sucht *flott* oder *stochernd*, mit *hoher* oder *tiefer* (ungünstig) *Nase, markiert* kurz Wittrung, hat Hühner *in der Nase, zieht an, steht vor, steht durch* (am festliegenden Wild, bis der Führer herankommt), *zieht nach, rückt* vielleicht zu dicht *auf*. Das Wild *läuft ab*, er *umschlägt* und *holt* sich *Wind*. Er *sekundiert*, wenn er mit einem anderen Hund zusammen sucht und auf dessen Vorstehen ebenfalls verhält (ohne selbst Wildwittrung zu bekommen); er *steht mit*, wenn die Wildwittrung ihn dabei auch erreicht und zum Vorstehen veranlaßt. Bei noch nicht gefestigter Vorstehanlage oder ungezügelter Jagdpassion *springt* er *ein* (*stößt* das Wild vorzeitig *heraus*) und *prellt* sogar *nach* und *hetzt*.

Ein guter Gebrauchshund sollte bei Treibjagden *bogenrein* sein, darf nicht weit *überjagen* (in andere Treiben hinein, er *greift* krankes Wild, *tut es* mitunter (vor allem Raubwild) *ab*, soll aber *hasenrein* (treffender *hasengehorsam*) sein, sich also nach guter Ausbildung am gesunden Wild *abpfeifen* lassen. Wenn er erlegtes Wild einbuddelt, nennt man ihn *Totengräber*, frißt *(schneidet)* er es an, ist er ein *Anschneider*.

Voraussetzung für die Nachsuche kranken Schalenwildes ist die *Riemenarbeit*, besser nicht auf *warmer* (frischer), sondern *kalter* Wundfährte. Der Schweißriemen wird *ab-* und später wieder *aufgedockt*, der Hund am Anschuß bzw. auf der Wundfährte *angesetzt*; er *fällt* sie *an, nimmt* sie *auf, kommt ab, verläßt* oder *verliert* sie, *bögelt* sich *ein, hält* die Fährte und *hängt* ihr *nach, überschießt* einen Haken, *arbeitet* Widergänge *aus, verweist* Pürschzeichen (z. B. Schweiß), *bringt* die Fährte gut *fort, faselt* oder *schwärmt* einmal mit hoher Nase, folgt dann einer *Verleitung* und *changiert* auf eine Fährte gesunden Wildes. Davon wird er *abgezogen* (sonst bei Arbeitsunterbrechung *abgetragen*), der Führer *greift zurück, setzt* den Hund neu *an*, dieser *kommt* nicht mehr *ab, legt* sich *in den Riemen* (zieht heftiger voran), *müdet* das Wild *auf*, wird am Wundbett *geschnallt* und *hetzt stumm* (unerwünscht), *fährtenlaut* oder *sichtlaut*.

Wenn er nicht *nachgibt* (müde wird), hetzt er das Wild *zu Stande, stellt es, gibt (oder ist) Standlaut*, wird vielleicht *abgeschlagen, geschlagen* oder *geforkelt*. Dem Fangschuß folgen *Abliebeln, Zuspruch, Genossenmachen*. Manche Hunde sind *Totverbeller* am zur Strecke gebrachten Wild oder *Totverweiser* (holen ihren Herrn mit bestimmtem Ausdrucksverhalten zum Stück).

Bei Saujagden *sprengen* die Hunde eine Rotte aus dem Kessel, und es kommt zur *Bail* (auch *Ball* oder *Keif* genannt), wenn sie eine Sau *gestellt* haben und *verbellen*; sobald sie aufhören, Laut zu geben, dann *brechen* sie *die Bail*. Das *Brackieren* ist weiträumiges Jagen mit *spursicheren* und *-treuen* Bracken. Die Arbeit unter der Erde verlangt *raubwildscharfe* Erdhunde, die passioniert in die Röhren *schliefen*, das Raubwild *sprengen* oder anderenfalls im Bau lautgebend *vorliegen*, so daß ein *Einschlag* gemacht werden kann. Vor allem wenn das Raubwild nicht *springen* will, werden die Hunde mitunter *geschlagen*, erhalten *Schmisse*.

Entwicklung, Erziehung und Förderung des Junghundes

Hat es Zweck, den Junghund sich jagdlich selbst entwickeln zu lassen? Früher war man in weiten Kreisen dieser Meinung und stand auch auf dem Standpunkt, der Jagdhund sei vor Vollendung des ersten Lebensjahres noch nicht reif für eine fördernde Hinführung zur jagdlichen Ausbildung. Es war mit ein Anliegen dieses dereinst von Anhängern der Parforce-Dressur heftig befehdeten Buches, sich aus empirischer tierpsychologischer Erfahrung dagegen zu wenden.

Natürlich gibt es unter den großen und kleinen Gebrauchshunden eine Anzahl, die nicht speziell erzogen und ausgebildet wurde und im Jagdbetrieb dennoch brauchbar ist. Hin und wieder war auch von einigen die Rede, die ohne besondere Abrichtung sogar die schwere Meisterprüfung der Vorstehhunde, die Verbandsgebrauchsprüfung mit ihren rund 30 Leistungsfächern, bestanden. Gewiß war das ein Zeichen hoher Veranlagung und besten Jagdverstandes. Aber man darf solche Ausnahmen nicht verallgemeinern, zumal man gewiß sein kann, daß diese Hunde von besonders erfahrenen und verständnisvollen Jägern in wildreichen Revieren geführt wurden, wo z. B. das Hasenhetzen bei Tagesstrecken von mehreren Hundert Stück schnell von selbst unterblieb. In der Regel muß man davon ausgehen, daß auch oder gerade hervorragend veranlagte Jagdhunde (die meist sehr temperamentvoll-passioniert sind) ohne systematische Erziehung, Einarbeitung und Führung, ohne häufig wiederholte Übungen und Nachhilfen nicht praxisreif werden.

Wir kennen die unschönen Bilder auf Treibjagden, wenn Jagdhunde ihre Ausbildung und deren Besitzer ihre Erziehung vergessen. Dies ist zwangsläufig die Folge, wenn die vierläufigen Helfer nicht konsequent, längerwährend und sachkundig ausgebildet wurden. Dem Hunde ist es nicht angewölft, nur im Nutzen des Menschen liegende Handlungen auszuführen. Vieles, was wir von ihm verlangen, mag zwar im Grunde seinen Anlagen entsprechen, wird aber so abgewandelt, wie es für vernünftigen Einsatz im Jagdbetrieb nötig ist. So erfüllen manche Anforderungen den Hund mit Unlust. Wäre das Gegenteil der Fall, dann wären Erziehung und Ausbildung überhaupt überflüssig. Wieviel Mühe und Arbeit ist aber damit verknüpft, den Hund so weit unserem Willen unterzuordnen, bis er in der ihm zugedachten Helferrolle wirklich nützlich ist!

Greifen wir als Beispiel nur das Bringen heraus. Liegt es nicht in seinem natürlichen Verhalten begründet? Zeigt sich nicht schon bei den meisten Welpen eine gewisse Bringfreude? Nun, das stimmt! Wenn diese Veranlagung aber nicht systematisch für unsere Ziele entwickelt und ausgebaut wird, hat man einen Hund, der solange bringt, wie es ihm Freude bereitet, aber in dem Augenblick verweigert, wenn ihn das Apportieren mit Widerwillen erfüllt (z. B. bei Gegenständen, die ihm unsympathisch sind, oder wenn er schlicht nicht mehr mag). Der Besitzer ist somit auf das Wollen oder Nichtwollen angewiesen, ganz wie der Hund aufgelegt ist. Er hat, wenn der Jagdhelfer das Muß-Bringen nicht kennenlernte, keine Möglichkeit, den Hund zur Ausführung zu zwingen. Warum nicht? Weil dieser den Zwang nicht erfahren hat!

In älteren Abrichtungsanleitungen, auf die sich manche Jäger leider noch immer stützen, wird gepredigt, der junge Hund solle vor dem zehnten oder zwölften Monat noch nicht gezielt mit einer seinem Entwicklungsstand angepaßten Anleitung an spätere Aufgaben herangeführt werden, sondern er müsse erst in ungebundener Freiheit, die in frisch-fröhlichem Hasenhetzen Ausdruck findet, zur Weckung der Anlagen kommen, oder er solle sogar das erste Lebensjahr im Zwinger verbringen.

Wer danach verfährt, verpaßt die wichtige Jugendzeit, in der der Hund seine prägenden Eindrücke erhält und im gewünschten Sinne erzieherisch beeinflußt werden kann! Nur die frühzeitig beginnende Schulung vermag, gegebene Anlagen in der wichtigen Entwicklungszeit zu wecken und zu fördern, um sie dann durch geeignete Ausbildung in eine gebundene Leistungsform zu bringen. Dies ist auch bedeutsam, wenn wir die relativ kurze Lebensspanne berücksichtigen, in der uns ein Hund leistungsfähig zur Verfügung steht. Ihn aus sich selbst heraus entwickeln zu lassen, heißt besonders in der heutigen Zeit, die zumeist nicht mehr Praxis in Hülle und Fülle beschert, ihn verrohen zu lassen. Zwar mag er sich schließlich im engeren Umgang im Haus und als Begleiter soweit erzogen zeigen, daß er nicht unangenehm auffällt, aber in jagdlicher Hinsicht bleiben solche Hunde roh, weil ihre Anlagen nicht in die richtigen Bahnen gelenkt wurden, weil sie keinen Ernst kennenlernten und demgemäß zu keiner Arbeit angehalten werden können, die ihnen nicht zusagt.

Der eine will vielleicht nicht erneut ins Wasser, um weitere Enten zu holen, der andere läßt den Hasen liegen, weil ihn etwas anderes interessiert, der nächste will nicht mehr länger abgelegt ausharren und macht sich selbständig, und von schußruhigem Verhalten wollen die meisten nichts wissen, wenn Knall und flitzendes Wild die Sinne reizen. Nur zweckmäßige Erziehung und systematische Ausbildung mit wohlabgewogenem Zwang erzielen den brauchbaren Jagdhund!

Im letzten Jahrzehnt hat die Verhaltensforschung all jene bestätigt, die in Anpassung an den Entwicklungsstand des Hundes schon vom Welpenalter an prägenden Einfluß nahmen. Wann kann das beginnen?

Ausnutzung der Entwicklungsphasen

Die Entwicklung des Welpen durchläuft verschiedene Phasen. Nach der Nesthockerzeit ist schon die zweite Phase, sobald sich die Lidspalten öffnen, mit der zweiten und dritten Lebenswoche für uns interessant. Denn dann entwickeln sich Sehfähigkeit und Gehör, und in der dritten Woche benutzt der Welpe bereits intensiver seine Nase. Er beginnt also, seine Umwelt mit den Sinnesorganen wahrzunehmen, zeigt ein zunehmendes Bewegungsbedürfnis und vermag bereits erste Eindrücke zu verarbeiten. Der Züchter hat erschreckende Einflüsse zu vermeiden, z. B. laute Geräusche und andere Erlebnisse, die Schockwirkung haben können.

In der sich anschließenden Prägungsphase (etwa vierte bis einschließlich siebte Woche) zeigen sich bereits viele natürliche Verhaltensweisen des Hundes, und Umwelteindrücke können ihn sehr beeinflussen. Die Verhaltensforschung bezeichnet diese Zeit als Lernphase, in der zeitweiliger Kontakt der Welpen zum Menschen von Bedeutung ist. Wenn es an diesem Kontakt mangelt, kann bereits in früher Jugend der Grund für Verhaltensstörungen gelegt sein, also z. B. ein scheues Verhalten gegenüber Menschen. Wir haben es in der Hand, bereits jetzt die für späteres gemeinsames Jagen wichtige Partnerschaft, wie sie Mensch und Hund sinnvoll verbinden sollte, ganz natürlich entstehen zu lassen. Es ist wichtig, daß die Welpen nicht nur *einen* Menschen kennenlernen, sondern schrittweise auch andere.

Der Jäger, der sich bereits zu dieser Zeit nach einem Welpen umschaut und seine Wahl trifft, tut also sehr gut daran, mit diesem bereits möglichst oft vor der achten Lebenswoche Kontakt aufzunehmen, also häufiger den Züchter aufzusuchen. Er sollte sich auf den Boden setzen und mit „seinem" Welpen spielen, und wenn dieser sich ihm ohne Scheu nähert, Hände und Gesicht belecken will, dann darf man das als günstiges Zeichen für einen wünschenswerten Entwicklungsstand werten. Vor der Übernahme läßt sich ein simpler „Wesenstest" vornehmen: in die Hände klatschen, Kochtopfdeckel fallenlassen o. ä., aber nicht ganz nah am Welpen. Überwindet er diese Überraschung schnell, sei man zufrieden.

In der sich anschließenden Sozialisierungsphase (etwa achte bis zwölfte Woche) lernt der Hund all das, was ihm als höher entwickeltem Säugetier in seiner Sippengebundenheit eigen sein muß. Jetzt sollte die erste leichte erzieherische Beeinflussung erfolgen, denn der aufwachsende Junghund sucht und braucht wie in der natürlichen Entwicklung als Rudeltier die Autorität des Führers. Wächst er in dieser Zeit isoliert unter Hunden auf, dann orientiert er sich in seinem Sozialverhalten an der Autorität eines erwachsenen Hundes, und es ist später nicht einfach für den neuen Besitzer, diese prägende Ausrichtung auf einen Hund als „Rudelführer" dann auf die Person des Menschen umzustellen.

Andererseits wäre es aber auch nicht unbedingt gut, wenn der Welpe schon früh *nur* mit dem Menschen als ausschließlichem Erzieher zu tun hat, denn dann stellt er sich zu einseitig in der Entwicklung seines Sozialverhaltens auf diesen ein und tut sich vielleicht später im Umgang mit anderen Hunden schwer.

Abb. 35. Schon der Welpe sollte mit dem nassen Element vertraut werden. Anfängliche Scheu vor dem Wasser verliert sich meist schnell, wenn ein anderer Hund, der Führer oder ein „menschlicher Spielgefährte" mit hineingeht

In diesem zweiten bis dritten Monat seiner Jugend lernt er spielerisch. Er erfährt im Spiel mit dem Menschen, daß er ihn niemals besiegen kann und dieser stets die führende Oberhand hat. Viele Besitzer eines Welpen machen aus Unwissenheit oder Zeitknappheit den Fehler, ihren Hund in dieser Zeit ausschließlich der Obhut der Ehefrau und der Kinder zu überlassen. Sie sollten sich stattdessen bewußt viel mit dem Welpen abgeben, damit er den Jäger, mit dem er später zusammenarbeiten soll, in der wichtigen Entwicklungsphase als Herrn anerkennen und respektieren lernt. Das besonders ausgeprägte Lernvermögen ist jetzt bereits zu nutzen, um den Welpen mit Führerfährten und Futterschleppen, mit diesem oder jenem Wild vertraut zu machen, was mit Lob und Belohnungen zu verbinden ist.

Von der 13. Woche ab kann die Schulungszeit einsetzen, entsprechend der z. B. bei Wildhunden sich nun vollziehenden Entwicklung des Hineinwachsens in die Jagdgemeinschaft als Rudelgehilfe. Dies ist der allerspäteste Termin, zu dem der Welpe in die Hände seines künftigen Besitzers kommen sollte. Eine spätere Übernahme versäumt die so überaus wichtige Möglichkeit, in der aufnahmefähigsten Zeit Erwünschtes zu lernen, das sich späterhin nur sehr bedingt nachholen oder korrigieren läßt. Wer die wichtigen Monate ungenutzt verstreichen läßt, hat es viel schwerer, denn der spätere Lernerfolg, die Hinwendung zu den angestrebten Aufgaben, hängt von dem in dieser Zeit entwickelten Zusammenspiel zwischen Mensch und Hund ab. Die folgenden Kapitel geben dafür Anregungen.

Dabei ist die Förderung der Freude an allen spielerischen Aufgaben sehr wichtig. Man muß sich stets vergegenwärtigen, daß z. B. im Wolfrudel schon nach vier Monaten die ernsthaftere Zusammenarbeit, die „Ausbildung" zum Jagen in der Gemeinschaft einsetzt. Dem Junghund, der nun bereits in seiner Gesellenzeit stehen sollte, ist vielfältige Gelegenheit zu geben, sich mit den künftigen Aufgaben, vor allem in Förderung des Nasengebrauchs, vertraut zu machen und im stufenweisen Erleben des Wildes sein Selbstbewußtsein zu stärken, wobei gleichzeitig der Besitzer einfühlsam seine Autorität festigen muß.

Der Welpe kommt ins Haus

Wenn es irgend möglich ist, sollten wir den Welpen selbst beim Züchter abholen, und zwar möglichst früh am Tag, damit er Zeit hat, sich schon ein wenig mit seinem neuen Heim vertraut zu machen.

Ob mit der Bahn oder im Auto, der Transport sollte in einer großen Tasche erfolgen, die offen bleibt. In der Bahn stellen wir sie neben uns und üben beruhigenden Handkontakt aus. Im Auto steht die Tasche am besten vor dem Beifahrersitz. Manche Welpen rollen sich friedlich darin zusammen, andere sind sehr unruhig. Am besten ist es, wenn ein Begleiter sich während der Fahrt etwas um den Hund bemüht. Der umsichtige Züchter wird die Welpen vor der Abgabe schon mehrfach zusammen über erst kurze Strecken im Auto befördert haben, so daß sie an den Fahrzeugtransport gewöhnt sind, und er wird den Junghund am Morgen der Abholung nicht mehr gefüttert haben; um beides sollte man ihn zuvor bitten.

Der erste Tag im neuen Heim bedeutet für den Welpen eine gewaltige Umstellung. Er befindet sich in anderer Umgebung unter ihm fremden Menschen, vermißt Hündin und Geschwister, fühlt sich vielleicht sehr verlassen und muß die Eindrücke seines neuen Lebensbereiches verkraften. Man mute ihm nur das Notwendigste zu. Der neue Besitzer – also der Jäger und weniger die Familienmitglieder – sollte sich gleich zu Anfang liebevoll mit ihm beschäftigen. Hier ist es für die Kontaktförderung sehr vorteilhaft, wenn man sich auf den Boden setzt und dem Hund dadurch die Angst vor dem „großen Menschen" nimmt. Wer sich so verhält und den Kleinen zudem „kommen" läßt, also nicht sehr aufdringlich „zupackend" um seine Gunst buhlt, wird schon am ersten Tag die erforderliche Vertrauensgrundlage erreichen.

Die Umstellung gelingt am einfachsten, wenn der Welpe die erste Zeit im Haus leben darf. Muß er sofort im Zwinger untergebracht werden, verbringe man an den folgenden Tagen viele Stunden bei ihm. Die Erkundung des neuen Lebensbereiches sollte möglichst nur in Gesellschaft seines Herrn erfolgen. Verkriecht er sich anfangs aus Angst und beobachtet das Leben seiner neuen Umgebung aus einem Schlupfwinkel, so lasse man ihn zunächst gewähren, setze sich dann aber schließlich in seiner Nähe auf den Boden und locke ihn mit Futterbrocken und spiele mit ihm.

Bei späterer Steigerung soll er seine Umwelt besser kennenlernen. Wenn man ihn im Zwinger sich selbst überläßt, wird er u. U. lebensuntüchtig und findet nicht das gewünschte Verhältnis zum Menschen, der ja als Meutekumpan und schließlich Rudelführer den Übergang zu neuen sozialen Bindungen nach der Trennung von Hündin und Geschwistern erreichen muß.

Welpen wollen und müssen spielen. Das Spiel vermittelt ihnen in dieser Jugendzeit schon viele Lebensgrundlagen. Man darf das aber nicht nur den Kindern überlassen, vor allem ist deren Verhalten gegenüber dem Welpen aufmerksam zu beobachten. Kinder neigen dazu, den Hund sehr stark zu beherrschen und sogar ihre Aggressionen an ihm auszulassen. Entsprechend aufklärende Erläuterungen, wie sie sich dem Welpen gegenüber zu verhalten haben, sind wichtig! Dies gilt auch für das Anfassen des Hundes und insbesondere das Hochheben, das anfangs möglichst dem Jäger überlassen sein sollte. Es darf nicht überraschend erfolgen, am besten schiebt man die eine Hand unter das Hinterteil, die andere unter die Brust; unterlassen werden muß das Hochheben an den Läufen oder einseitig stets durch Griff ins Nackenfell. Liebkost wird der Hund nur dann, wenn er diese Zuneigung sucht.

Das Vorausdenken ist in jeglichem Umgang und allen Erziehungsschritten wichtig! Es beginnt schon bei der Überlegung, ob der neu einzugewöhnende Welpe vielleicht Schockwirkungen ausgesetzt sein könnte (plötzliches Zusammentreffen mit Hauskatze oder älterem Hund, Gebrauch des Staubsaugers in seiner Nähe, Zuschlagen von Türen, unverhoffte Besucher, mit Gegenständen werfende Kinder usw.).

Zu den ersten wichtigen Entscheidungen im neuen Lebensbereich gehört die Wahl der Lagerstätte. Im Zwinger ist es die Hütte mit Liegeplatte aus Holz, im Haus eine Kiste mit Einschlupfloch oder ein Hundekorb. Der Welpe kann sich so, wenn ihn etwas ängstigt, zurückziehen, und niemand darf ihn aus diesem sicheren Hort herausholen, damit er sich anfangs einer Zufluchtstätte gewiß ist. Die Kiste hat im „Nagealter" Vorteile, späterhin genügt ein Korb oder eine Matte; anfangs erleichtert es die Gewöhnung, wenn ein abgelegtes wärmendes Kleidungsteil mit dem Geruch des Jägers (= Herrn) die Unterlage bildet. An diesen Platz ist der Hund zu gewöhnen. Wenn er ihm nicht zusagt und er sich eine andere Lagerstelle wählt, sollte man ihm nach Möglichkeit entgegenkommen und dort – zumindest vorläufig – die „Hundeecke" einrichten.

Es muß selbstverständlich sein, daß der junge Hund sich anfangs nicht selbst überlassen bleibt, sondern unter einer gewissen beobachtenden Aufsicht steht. Dadurch wird das Verschlucken von Gegenständen verhindert, und man kann die Stubenreinheit frühzeitig fördern.

Er näßt und löst sich anfangs unwillkürlich, hat über diese körperlichen Funktionen noch nicht die wünschenswerte Kontrolle. Unser eigenes Verhalten kann das beeinflussen: Sofort nach dem Schlafen und etwa zehn Minuten nach der Futteraufnahme ist der Welpe nach draußen zu bringen; sofern dabei mehrere Räume zu durchqueren sind, führt man ihn nicht an der Leine, sondern trägt ihn, weil er sich sonst zu leicht schon „unterwegs" näßt oder löst. Draußen wird der Hund stets an der gleichen Stelle abgesetzt, wo die Erde öfter umzugraben ist; der frische Erdgeruch, vielleicht auch ein wenig altes Stroh, sind dem Zweck förderlich.

Sobald der Welpe zu anderer Zeit mit der Nase am Boden in der Wohnung unruhig umhersucht, werten wir dieses Verhalten zweckmäßigerweise als Alarmzeichen und befördern ihn ebenfalls hinaus. Durch solches Verhalten tritt mit der Zeit eine Gewöhnung ein, und der Hund drängt von selbst nach draußen, wobei es günstig ist, wenn wir von Anfang an jedes Hinaustragen mit dem einleitenden, fragend gesprochenen Wort „Raus?" begleiten. Glauben wir späterhin aufgrund seines Verhaltens, daß er sich entleeren muß, so wird das ihm mittlerweile vertraute Wort „Raus?" entsprechendes Benehmen (Laufen zur Tür) auslösen und uns Bestätigung geben.

Je aufmerksamer wir bei dieser anfänglichen Gewöhnung sind, desto seltener gibt es eine „Panne". Tritt sie gelegentlich ein, dann haben Strafen keinen Sinn. Lediglich wenn der Hund auf frischer Tat ertappt wird, kann er einen Klaps bekommen und ist nach draußen zu befördern. Die Stelle seines Fehlverhaltens wird dann mit einem scharfen Desinfektionsmittel verwittert (z. B. Sagrotan), weil es dem Hund eigen ist, sonst später immer wieder dieselben Stellen zu benutzen. Notfalls kann man ihn auch zeitweise, wenn er länger im Hause ist, an seiner Lagerstätte anbinden (Wirbel zwischen Halsband und Leine). Denn der Hund trachtet danach, seine Ruhestätte nicht zu beschmutzen, wird also recht unruhig und gibt uns durch dieses Verhalten ein Zeichen.

Unsinnig ist es, ihn mit seinem Näschen in den eigenen Kot zu stoßen, wie es leider immer noch vorkommt. Wer so handelt, vergegenwärtige sich einmal, ob ein Menschenbaby aus derartiger Barbarei die gewünschten Schlüsse für richtiges Verhalten ziehen würde . . .

Viele Welpen neigen dazu, an allen erreichbaren Gegenständen ihre wachsenden Zähnchen zu üben. Wer immer wieder einen weichen größeren Kalbsknochen, der nicht verschluckt werden kann, bereit hält, schont Teppiche, Stuhlbeine und Schuhe. Das langgedehnte Wort „Pfui" mit drohendem Zeigefinger muß dem Welpen in seiner Bedeutung schon bald klarwerden. Um aber richtig Einfluß nehmen zu können, ist natürlich zumindest anfangs möglichst ständige Beaufsichtigung erforderlich.

Nun lernen die kleinen Burschen aber leider auch schnell, daß sie unserem Einfluß entzogen sind, wenn sie sich allein im Raum wähnen, und fallen mit Vergnügen über alles her, was für ihre Zähne erreichbar ist. Nach dem Motto „Der Klügere gibt nach" überlassen viele ihrem Junghund z. B. einen alten Hausschuh, mit dem er sich vergnügen darf. Gelingt es, die Aktivität darauf zu begrenzen, mag es gut sein. Häufig ist es damit aber nicht getan.

In solchen Fällen half dann oft eine Mausefalle, dem Hund das Nagen zu verleiden. Man stellt sie im Schuh fängisch, aber so, daß das empfindliche Näschen des neugierigen Hundes nicht getroffen werden kann, sondern der Bügel vor der Nase lediglich mit abschreckender Wirkung zuschnappt. Der Schuh steht also als „Falle" so im Zimmer, daß man ihn nach dem Hinausgehen durch das Schlüsselloch beobachten kann. Sobald der Hund sich damit beschäftigen will und die Mausefalle zuschnappt, geht man sogleich wieder ins Zimmer, sagt „Pfui" und weist den Welpen auf seinen Lagerplatz. Vieler Wiederholungen bedarf es meistens nicht. Er lernt, daß wir auch dann auf ihn einwirken können, wenn wir augenscheinlich nicht gegenwärtig sind.

Bevor der Welpe uns zum Sammeln erster Eindrücke ins Revier begleiten darf, vermag er in Wohnung, Haus und Garten noch manches zu lernen. Für viele erzieherische Maßnahmen und Wirkungen ist Gewöhnung die wichtigste Grundlage. Schon in ganz früher Jugend können wir unseren Einfluß nachhaltig geltend machen, Neigungen anregend beleben und zur Entfaltung bringen, unerwünschtes Verhalten wirksam beeinflussen und ohne fühlbaren Zwang leiten.

Das schließt z. B. auch Gewöhnung an die Futterzeit ein. Der Junghund hat sich auf eine bestimmte Stunde einzustellen und weiß bald, daß es zwischendurch kein Futter gibt. Er lernt also einzusehen, daß Heulen und Jammern die Futterschüssel nicht füllen –

ein winziger erster Schritt, nur eine Kleinigkeit, die aber für die Erziehung schon von Bedeutung ist. Dürfen die Hunde nie anfangen, das zu tun, was sie später einmal zu lassen haben, so erspart man ihnen – und sich selbst – die große Mühe des Umlernens.

Es hat große Vorteile, wenn man den Welpen im Hof oder Garten umherspringen lassen kann, denn Bewegung ist gesundheitsfördernd.

Natürlich ist es schon in diesem Stadium notwendig, daß das kleine Kerlchen nicht ganz sich selbst überlassen bleibt. Der Welpe bekommt also bald eine Halsung, ein ganz einfaches verstellbarcs Halsband (keine sogenannte Würgehalsung, die sich bei Zug verengt). An das Halsband wird er sich schnell gewöhnen, aber „Theater" gibt es meist, wenn man versucht, ihn an die Leine zu nehmen: Er springt wie wild umher, wälzt sich auf der Erde, setzt sich und stemmt sich mit den Vorderläufen dagegen, so daß man ihn kaum vom Fleck bringt. Man spare nicht mit guten Worten und bemühe sich, den Junghund immer wieder an sich zu locken. Schon in diesem Stadium der Entwicklung haben wir die Möglichkeit, ihn die Erfahrung machen zu lassen, worin er seinen Vorteil erblickt. Will er sich also nicht an die Leine nehmen lassen, so geben wir ihm einen Leckerbissen und locken ihn dadurch heran, wodurch sich die Hemmungen überwinden lassen. Natürlich muß er, wenn er anfangs hin und wieder angeleint wird, größeren Spielraum als später haben, denn es gilt ja zunächst, ihn überhaupt mit der bereits eine gewisse Einschränkung ausübenden Leine vertraut zu machen.

Der erste Spaziergang mit dem angeleinten Hund sollte deshalb nur kurz sein. Man führt ihn auch an den folgenden Tagen nur vielleicht 20 bis 50 Meter umher und achtet darauf, daß er die Leine nicht zu sehr als Zwang empfindet, was sich durch öfteres Heranlocken und Leckerbissen erreichen läßt. Sodann werden die Übungen auf etwa eine Viertelstunde ausgedehnt. Zwischendurch erhält der Hund wieder seine volle Freiheit und darf sich austoben. Natürlich geht er an der Leine noch bei weitem nicht so, wie wir es haben wollen. Man kann dies aber ohne besondere Zwangsausübung ein wenig fördern, indem wir z. B. an Gartenmauern oder Häusern vorbeigehen, so daß er nach links kaum Spielraum hat. Damit sollten wir zunächst zufrieden sein, denn trotz der Gewöhnung an die Leine müssen in dieser frühen Jugendzeit die Freude und der vertraute, liebevolle Kontakt zum Menschen im Vordergrund stehen. Dadurch, daß der junge Hund bereits etwas an die Leine gewöhnt wird, legen wir die erste Grundlage – aber auch nicht mehr –, ihn unserem Willen unterzuordnen, damit er fernerhin besser geleitet und erzogen werden kann.

Dazu gehört in dieser ersten Einwirkungszeit auch schon das Herankommen – früher sagte man Hereinkommen – auf Ruf und Pfiff. Als Rufwort wird zunächst der Name des Hundes benutzt, liebevoll lockend gesprochen. Das Herankommen ist stets mit einem Leckerbissen zu belohnen. Diese gewöhnenden Übungen haben schließlich den Erfolg, daß der Welpe bei Ertönen seines Namens sofort aufmerksam wird und herankommt. Es unterstützt die Absicht sehr gut, wenn wir seinen Namen in mehrfacher Wiederholung stets dann lockend aussprechen, sobald es zur üblichen Zeit Futter gibt. Ein „Vorteil" muß also anfangs immer damit verbunden sein, dann erleben wir bald, daß der Welpe auf Anruf freudig angesprungen kommt.

Klugerweise verzichten wir aber auf die Durchsetzung, wenn wir bemerken, daß er durch irgend etwas Interessantes abgelenkt ist. Denn in diesem Stadium können wir uns noch nicht durchsetzen, also das Befolgen des Kommandos erzwingen, und deshalb ist es sinnvoll, ihn nur dann intensiv heranzulocken, wenn er sich nicht gerade mit etwas beschäftigt, das ihn besonders reizt. Dadurch vermeiden wir, daß er uns „überhört", was er ja später nicht mehr darf.

Förderung im Welpenalter

Sorgt man dafür, daß das junge Pflänzchen, der künftige Baum, nur gerade wachsen kann, so hat man dereinst nicht einen krummen Stamm erst gerade zu biegen. Denn manch einer ist zu stark und läßt sich später nicht biegen, und ein anderer zerbricht bei dem Versuch. Dies gilt auch für den Hund.

Wichtig ist, daß wir uns bei der notwendigen frühzeitigen Beeinflussung richtig verständlich machen. Deshalb komme ich zu der Forderung, daß der, der sich der Erziehung des jungen Hundes widmet, in erster Linie bestrebt sein muß, sich auf den Junghund einzustellen, um ihm entsprechend dem Lebensalter nur das an Erlebens- und Erfahrungsgewinn zu ermöglichen, was der kleine Bursche bei einfühlsamer Darbietung verarbeiten kann. Der Erzieher muß stets selbstkritisch prüfen, welche Möglichkeiten und Mittel angebracht sind, um das Verstehen des Hundes zu erreichen und seinem Naturell aus Versehen nicht unverständlich oder schroff entgegenzutreten. Der junge Hund soll in seinem Erzieher schon von frühester Jugend an einen Freund, nicht aber einen Despoten erblikken!

Deshalb ist die Beachtung seiner Aufnahmefähigkeit wesentlich, wobei es sehr individuell zu handeln gilt. Was heißt das anderes, als den Hund in seinem Wesen zu erfassen trachten, seine Anlagen und Neigungen zu studieren. Das heißt, ihn in seinen Reaktionen auf das Dargebotene und unsere Forderungen zu beobachten, um die Ziele zu fördern, die entsprechend seinem Anlagen- und Erfahrungsstand zu erreichen sind! Zugleich müssen wir allem entgegenwirken, was die wünschenswerte Entwicklung hemmen könnte.

Hier dürfen nie „Schablonen" im Vordergrund stehen, und bei Abwägung aller Hinweise, die dieses Buch gibt, ist stets zu berücksichtigen, ob der Hund für die Unterweisung reif ist, ob er vielleicht entsprechend bestimmter Veranlagungen oder manchmal auch fehlerhaften menschlichen Vorgehens abgewandelter Anleitung bedarf, dies und jenes häufiger zu wiederholen ist oder zunächst gar zurückgestellt werden muß. Das Fortschreiten erzieherischer Einwirkung ist unter Zugrundelegung des Reagierens des Hundes auf unsere Anforderungen ganz individuell seiner Reife anzupassen.

Natürlich erlebt jeder, daß er auch beim sehr gut veranlagten Hund hin und wieder auf Widersätzlichkeiten stößt, und Fehler wie Unarten werden sich in unterschiedlicher Weise bemerkbar machen. Zielgerichtetes, länger währendes Üben ist aber allemal besser als eine Strafe. Wir müssen nach Möglichkeiten suchen, uns verständlich zu machen und den Hund in Aussparung von Situationen, die Fehlverhalten mit sich bringen, also ohne Konfrontation, unauffällig in die richtige Richtung zu lenken.

Selbstverständlich ist eine wichtige Aufgabe der Erziehung auch der Gehorsam, also die Unterordnung. Was helfen Veranlagung und Passion, wenn der Hund nicht früh gelernt hat zu folgen, wenn er sich unserem Willen nicht fügt. Aber es wäre grundverkehrt, wollten wir unsere „Oberhoheit" schon in früher Jugend drastisch hervorkehren. Alles, was wir unternehmen, ist nur Mittel zum Zweck, wir dürfen also auf keinen Fall etwas verlangen, von dem uns der klare Menschenverstand sagen muß: „Es übersteigt das Vermögen des Hundes, unsere Absichten zu erkennen." Deshalb seien Maßnahmen, die mit deutlichem Zwang verbunden sind, auf die spätere Zeit konsequenter Ausbildung verwiesen.

Eine Hündin überraschte mich im Alter von neun Wochen, als sie im Flur des Hauses mit ihrem Näschen regelrecht eine „Milchspur" verfolgte. Hier war im Hausflur Milch verschüttet worden. Ich ließ die kleine Naschkatze ruhig gewähren und machte aus der Not eine Tugend. So spritzte ich täglich – sie wurde im Zwinger gefüttert – zu ihrem

Schüsselchen eine Art Futterschleppe. Gefräßig wie sie war – auch später lassen sich futtergierige Hunde günstig „motivieren", z. B. bei der Einarbeitung auf der Schweißfährte –, reagierte sie wunschgemäß: Ich setzte sie am Beginn der Duftschleppe an, und sie schnupperte sich bis an ihren Futternapf, dessen Inhalt sie dann fraß.

Als sie drei Monate alt war, bewältigte sie bereits eine 60 Schritt lange Futterschleppe spielend. Man muß sich vorstellen, daß 60 Schritt für einen drei Monate alten Hund bereits eine beachtenswerte Leistung sind. An sich wäre die Sache ja gar nicht weiter bemerkenswert, wenn die Futterschleppe immer an gleicher Stelle begonnen und zum selben Ziel hingeführt hätte. Ich wechselte aber täglich die Richtung und ging auch dazu über, den Futternapf immer an einen anderen Ort zu stellen. Da dieser Spaß – für mich war es ja bereits ein Förderungshilfsmittel – immer zur üblichen Futterstunde vor sich ging, so war natürlich ihr Interesse groß. Jedenfalls hatte die Hündin eine günstige Beeinflussung ihres Nasengebrauchs durch die Futterschleppe empfangen und wurde schon in ihrer frühesten Jugend derart passioniert, mit tiefer Nase mancherlei Duftspuren zu folgen, daß ich Bedenken bekam, ob sich diese Neigung nicht auf die spätere Feldarbeit des Vorstehhundes abträglich auswirken würde. Die vielen Preise, die sie dann aber mit hoher Nasenführung errang, bewiesen, daß dies nicht der Fall war.

Abb. 36. Wie Kinder in vorsichtiger Zurückhaltung gegenüber neuen Begegnungen ihre ersten Eindrücke sammeln, so benimmt sich der noch welpenhafte Junghund am erlegten Wild, sei es am ersten Fasan, dem wittrungsintensiven Schwarzwild oder dem Reh. Geschicktes Verhalten des Führers läßt Junghunde schnell mit den Wildarten vertraut werden, vor allem dann, wenn ein älterer Jagdhelfer wie selbstverständlich ein Beispiel gibt

Eine andere Hündin zeigte von Jugend an sehr lockeren Hals, der häufig auf die Nerven ging, denn sie spektakelte bei jeder Gelegenheit. Blieb man mit der Futterschüssel vor dem Zwinger stehen, dann gab sie so lange Laut, bis sie ihr schließlich gereicht wurde.

Ich ging dazu über, die Futterschüssel mit einer Rehdecke zu „verkleiden“ und sie ihr so darzubieten. Natürlich sprang sie, als ich damit den Zwinger betrat, an mir hoch und versuchte, an der Rehdecke herumzuzerren, was ich mit „Platz“ und „Pfui“ verwies. Nach dreimaliger Wiederholung ließ sie das bereits und gab nur kräftig Hals, denn sie wußte, unter der Rehdecke stand die volle Futterschüssel, sie durfte aber nicht zufassen, solange diese von der Rehdecke verhüllt war. Sie war gerade vier Monate alt, da konnte ich die Rehdecke im Garten hinlegen, wo ich wollte – es geschah stets zur Futterstunde –, sie verbellte sie so lange, bis ich die Schüssel abdeckte.

Auf der Futterschleppe arbeitete diese Hündin auch sehr passioniert, was mich natürlich veranlaßte, am Ende derselben die mit der Rehdecke überzogene Futterschüssel hinzustellen. Natürlich ging sie zunächst mit wahrer Berserkerwut auf die Decke los, um sie wegzuzerren. Dabei achtete ich darauf, daß sie mit der Zeit etwas Abstand wahrte. Aber sie verbellte – und machte eines Tages ein sehr dummes Gesicht, als ich die Rehdecke wegzog und sie keine Futterschüssel vorfand. Doch ich hatte vorgesorgt, denn meine Tasche barg einige Wurststückchen, die sie sehr zu schätzen wußte und dann erhielt. Damit hatte ich den Grundstein für ihre späteren Leistungen als Totverbeller gelegt. Man sieht an diesem Beispiel, wie sich besondere Befähigungen erkennen und fördern lassen.

Auch die Bringfreude läßt sich gut anregen. Mit wenigen Monaten haben meine Hunde schon Krähen, Eichhörnchen, Kaninchen, Iltisse und Wiesel in Hof und Garten umhergeschleppt. Viele stürzten sich bereits in dieser Zeit begeistert auf einen Fuchs oder auf eine im Revier erbeutete verwilderte Katze, schüttelten sie oder wollten sie forttragen. Da ich das Vertrautwerden mit vielerlei Tieren schon als Erziehungsmaßnahme ansah, habe ich es bei meinen Hunden nie kennengelernt, daß sie dieses oder jenes nicht aufnehmen wollten. Was ihnen neu war und zunächst vorsichtig beäugt wurde, band ich kurzerhand an einen Bindfaden und zog es hinter mir her. Das wirkte Wunder!

Die kleinen Kerlchen wurden sehr lebendig, fegten mir nach, suchten das Wild oder Raubzeug zu packen und zerrten daran herum, daß ich Mühe hatte, es am Bindfaden zu halten – bis ich es schließlich freigab und ein kräftiger Welpe es in Besitz nahm. Immer wieder erinnerten mich die Junghunde an junge Füchse am Mutterbau, die es ebenso machen. In diesem Spiel liegt für sie die Vorbereitung für den Kampf ums Dasein, bei unseren Hunden die prägende Hinführung zu späteren Aufgaben.

Solche Vorübungen beeinflussen die geistige Entwicklung, fördern Lust, Freude (und Frechheit in Form von Selbstbewußtsein) und sind gleichzeitig Schulung für die Entwicklung des Nasengebrauchs, Entfachung der Bringfreude und Bringbegierde, Anregung zum Lautgeben und somit Förderung des Halses; allgemein ein für das Ausbildungsziel zweckgerichtetes Vertrautwerden mit allem Nutz- und Raubwild.

Junghunde stecken voll überschüssiger Lebensenergie, auch wenn sie sich noch so tollpatschig benehmen. Gerade durch die frühzeitige Weckung der Anlagen werden sie geistig und körperlich rege. Wenn man sie beschäftigt, dann erstarken sie im Körper und Wesen. Solche Beschäftigung ist mit Bewegung verbunden, und diese Betätigung ist Voraussetzung für wünschenswertes Gedeihen. Wer die beschriebenen Beispiele auf alles andere, was sich in der Entwicklungszeit bieten läßt, überträgt und anwendet, wird erstaunt sein, um wieviel mehr solche Welpen anderen gleichartigen, denen es aber an ähnlicher Hinwendung mangelt, psychisch und physisch überlegen sind. Bei der relativen Kurzlebigkeit unserer Hunde ist das für den schnellstmöglichen Einsatz im Jagdbetrieb von sehr großem Wert.

Vor Übertreibungen, den Junghund durch sehr viel Bewegung zu kräftigen, sei gewarnt. Maßhalten ist anfangs sinnvoll. Zunächst kürzere und dann ausgedehnte Spaziergänge sowie Reviergänge genügen. Niemals gleich losmarschieren, wenn er vollgefressen ist! Die weichen Läufe sind der doppelten Anstrengung, die Bewegung und erhöhtes Gewicht verursachen, noch nicht gewachsen.

In der frühen Jugend sollte der Hund dabei oft unangeleint sein und sich nach Gefallen den Sinnesreizen hingeben, natürlich an solchen Orten, an denen er nicht durch Straßenverkehr gefährdet ist. Man verschone ihn mit Rufen und Mahnen, lasse ihn gewähren. Es lohnt nicht die Aufregung, wenn er einem Vogel nachsetzen will oder andere Dinge tut, die dem Spieltrieb entspringen.

Abb. 37. Zum Aufnehmen und Tragen von Wild – Züchter und Ausbilder haben immer ein paar Übungsstücke in der Gefriertruhe – läßt sich selbst der zunächst abgeneigte Welpe verleiten, wenn die Gegenwart anderer Hunde den „Beuteneid" auslöst. Dieser spielerischen Hinführung muß aber später konsequente Apportierschulung folgen, sonst wird die für den Jagdbetrieb erforderliche Zuverlässigkeit nicht erreicht

Natürlich sollte man es schon beeinflussen, falls er Miene macht, auf Hausgeflügel loszugehen. Wenn die Gefahr besteht, ist es besser, bereits vorzubeugen. Man nehme ihn an die lange, dünne Feldleine und führe ihn ans Hühnergeflügel. Sobald er es hetzen will, wird er mit Leinenruck und dem ihm bereits vertrauten Mißfallenswort „Pfui" gezügelt. Ansonsten ist er bei solchen Gängen stets vor Übermüdung zu hüten. Es ist geschickt, ihn auf dem Hinwege frei laufen zu lassen, auf dem Rückweg, wenn er bereits etwas ermüdet ist, aber anzuleinen, wodurch sich die Leinenführigkeit fördern läßt. Vermieden werden sollte stets, den sichtlich ermüdeten Hund vor sich hertrotten oder hinterherbummeln zu lassen. Wenn man sieht, daß er im Bewegungsdrang nachläßt, dann sollte man ihn anleinen, damit er sich ganz natürlich an die gewünschte Leinenführigkeit gewöhnt.

Geht er schließlich einigermaßen gut an der Leine, dann bleibt man eines Tages plötzlich stehen, und während man mit der linken Hand die Leine kurz faßt, kommt die Aufforderung: „Setz dich!" Dabei zwingt man ihn gleichzeitig durch einen Druck mit der rechten Hand auf die Kruppe zum Setzen nieder.

Auch hier sei wieder betont: Je häufiger man auf solchen Spaziergängen oder bei der Mitnahme ins Revier übt, desto fester sitzt die Lektion später. Wenn der Hund bereits in früher Jugend, in der er besonders aufnahmefähig ist, sich durch unsere Beeinflussung auf manches einstellt, was wir späterhin von ihm erwarten, so gewöhnt er sich ganz zwangsläufig über einen viel längeren Zeitraum an die Anforderungen, als wenn alles zusammengefaßt erst im Stadium konsequenter Ausbildung von ihm verlangt wird.

Die Freiheit im Garten oder einem Revierteil, wenn wir ihn öfter von der Leine lassen, macht ihn mit vielerlei Ablenkungen vertraut. Lernt er schon als Welpe das kennen, was seine spätere Aufmerksamkeit erregen könnte, so wird er nicht mehr beim Ansichtigwerden eines Vogels, Schmetterlings außer sich vor Aufregung und Begierde sein. Er wird sich dann in der Ausbildungszeit, wenn wir mit ihm wirklich intensiv arbeiten wollen, nicht mehr den Hals aus dem Leibe drehen, wenn er derartige Verleitungen bemerkt, denn das sind für ihn altbekannte Erscheinungen geworden, die ihn nicht mehr besonders reizen.

Deshalb sollte sich die Jugenderziehung auch darauf erstrecken, ihn frühzeitig mit der Natur bekannt und vertraut zu machen, ohne daß man schulmeisternd streng einwirken muß. Wenn einmal die Passion durchgeht, dann lassen wir ihn gewähren. Haben wir aber den Eindruck, daß sich daraus eine Unart entwickelt, so hilft z. B. die lange Feldleine, ihn zu zügeln.

Eindrücke und Anleitungen im Revier

Der Hund soll also in den ersten Lebensmonaten seine Sinne entdecken, den Gebrauch der Anlagen üben und lernen. Unser Einfluß muß sich darauf beschränken, Eindrücke zu bieten, die dafür nützlich sind, und unzweckmäßige Einflüsse fernzuhalten. Es gilt, spielerisch fast unmerklich zu steuern und die erwachenden Interessen in die von uns gewünschten Bahnen zu lenken. Deshalb stehen im ersten halben Jahr Anleitung und Förderung im Vordergrund, kein Ausbildungszwang!

Betrachten wir diesen Grundsatz am Beispiel eines Revierganges, bei dem uns der drei, vier oder fünf Monate alte Junghund begleitet. Er kennt bereits seinen Namen oder einen Komm-Pfiff, den wir gebrauchten, wenn wir ihm unser Erscheinen oder die Fütterung ankündigten. So läuft er auch beim beginnenden Reviergang willig heran und läßt sich in eine andere Richtung ablenken – nachdem wir riefen, als plötzlich am Dorfrand eine starke Katze auftauchte, die dem neugierigen Junghund übel mitspielen würde, käme es zur Begegnung. Das könnte in diesem Alter ein Schockerlebnis für den Hund sein mit unerwünschter Wirkung für lange Zeit, vielleicht für das ganze Leben.

Der vor uns forthüpfenden Amsel darf der Welpe aber nachspringen, das weckt den Fangtrieb. Aha, dort sind Teichhühner am Graben. Ob er sich dafür interessiert? Die Rute geht hin und her, plumps, da ist der Hund im Wasser. Das war eine gute Gelegenheit, ihn mit dem nassen Element vertraut zu machen. Die Wittrung hatte ihn so abgelenkt, daß er gar nicht recht bemerkte, wie naß er wurde. Leider gibt es immer noch Menschen, die ihren Hund gewaltsam ins Wasser ziehen oder werfen, damit er es kennenlernt und zu schwimmen beginnt. Dann ist die Verwunderung stets groß, wenn der Hund sich zunehmend wasserscheu zeigt (siehe Kapitel „Wasserarbeit").

Weit vor uns hoppelt ein Hase davon, der Hund sieht ihn nicht. Gut so, soll er gleich mal seine Nase in die Sasse stecken. Da geht die Rute aber hin und her! Das Näschen am Boden, stochert der Kleine aufgeregt ein Stück auf der Spur voran. Das ist sinnvolle Nasenübung, aber dem Hasen selbst wollen wir vorläufig noch aus dem Wege gehen, er ist zu einladend für eine überstürzte Sichthetze, die intensive Beschäftigung mit der Spur vergessen läßt.

Besonders das Kaninchen, das vor uns über den Weg flitzt, meiden wir. Dieses Wild hat schon manchen Hund in frühester Jugend so stark gefesselt, daß es die ursprüngliche Interessenvielfalt sehr einseitig überdeckte. Wenn es sich um ein Kaninchenrevier handelt, in dem es alljährlich große Beute zu machen gilt, sollten wir vielleicht – sofern wir einen ,,Kaninchenhund" benötigen – anders vorgehen. In den meisten Fällen steht aber zunächst der Test der Anlagen auf der anzustrebenden Jugendprüfung im Vordergrund, und wenn es Hühner zu suchen oder die Hasenspur zu arbeiten gilt, dann sollten wir den sinnesreizenden Kontakt mit Kaninchen vermeiden.

Der Welpe wird bei solchen Reviergängen zusehends freier, klebt nicht mehr so an den Stiefeln. Soll er ruhig, seinem Selbstbewußtsein tut das gut. Entfernt er sich mal zu weit, tritt man in Deckung und versteckt sich. Bald vermißt er seinen Herrn, rast kopflos umher und sucht ihn. Hunde, die schon Übung auf der Futterschleppe hatten, nehmen aber bald die Nase herunter, folgen der Spur ihres Führers und finden ihn. Das sollte man öfter üben, denn für die Jagdpraxis ist es sehr nützlich, wenn der Hund seinen Herrn zu finden weiß.

Die nächsten Reviergänge bringen vielleicht noch andere Eindrücke. Hin und wieder kommt der Hund an die Leine, vor allem bei Ermüdungserscheinungen, und fast unmerklich gewöhnt er sich daran, ohne zu ziehen oder zurückzubleiben, neben seinem Herrn zu laufen.

Vielleicht ist auch der Sohn oder die Tochter bei solch einem Reviergang dabei und zieht einen geschossenen Eichelhäher an einer Schnur fort. Wir nehmen dann die lange Feldleine, und der Hund soll auf der Schleppe suchen, was er meist begeistert tut. Natürlich darf er den Häher dann ,,greifen". So nimmt er ohne jeden Zwang auch zum erstenmal Beute auf, lernt spielerisch ,,apportieren", wobei wir ihn zwar mit der langen Feldleine zu uns heranziehen, aber dabei beachten, daß das nicht die Freude an solcher Betätigung mindert. Richtig eifersüchtig wird der Kleine, wenn ein Freund vielleicht mit einem älteren Hund dazukommt, der auch mal apportieren darf. Der Welpe beobachtet das dann, und wenn wir ihm anschließend wieder Freiheit geben, will er natürlich sofort das Wild in seinen Besitz bringen. So gewöhnt er sich auch an die lange Feldleine, und der fremde Hund animiert ihn, den Bringgegenstand in Besitz zu nehmen und zu seinem eigenen Herrn in Sicherheit zu bringen. Schließlich kann man zu mancherlei die Anforderungen steigernden Übungen übergehen, mitunter auch schon etwas Nachdruck ausüben, wenn der halbjährige Junghund sich gefestigter zeigt.

Wer einen Welpen auf solche Weise in früher Jugend schon ein wenig ,,abführt", muß dessen Verhalten ständig beobachten, um ihn nicht zu überfordern. Klappt etwas nicht, suche man die Ursache stets bei sich selbst. Die Kunst des Variierens ist sehr wichtig, wenn man einmal nicht weiterkommt. Wer nur nach Schema vorgeht, ohne sich auf die wechselnden Situationen, Verhaltensbesonderheiten und überraschenden Reaktionen seines Hundes einzustellen, dazu vielleicht noch unbeherrscht ist, tut seinem Hund und letztlich sich selbst keinen Gefallen. Dies gilt besonders für die folgende Zeit der konsequenten Ausbildung.

Die im Frühjahr gewölften Welpen sind im Herbst rund ein halbes Jahr alt. Oft geht die Jagdzeit an ihnen vorüber, ohne daß sie Kontakt mit Natur, Wild und Jagd bekommen – selbst das Wachsen der Beziehungen zum Herrn wird hinausgeschoben. Dabei könnten sie in diesem Alter bei den vielerlei Jagdgelegenheiten zur Herbst- und Winterzeit bereits manches erfahren, das sich prägend, anlagenfördernd und erzieherisch auswirkt. Es ist falsch, damit zu warten, bis die Junghunde das erste Lebensjahr vollendet haben, wir sollten die Möglichkeiten, sie mit Natur, Wild und Jagd vertraut zu machen, frühzeitig nutzen. Allerdings jagen wir mit ihnen zunächst allein, und das Beutemachen muß zweitrangig sein!

Abb. 38. Tauben zu bringen, macht Spaß! Den Ausbilder eines Jagdhundes erfreuen solche Bilder weniger. Die Federn der Ringeltaube sitzen sehr locker. Deshalb sollte man für Übungen anderes Wild wählen und die auf der Jagd erlegten Tauben lieber selbst aufnehmen. Wer dies nicht bedenkt, verführt den noch nicht ausreichend geschulten Hund zu unerwünschtem Verhalten und gefährdet den Abrichtungserfolg

Vorauszugehen hat zunächst, daß man gelegentlich einen Freund bittet, etwa hundert Meter abseits einen Schuß abzugeben. In dem Moment lenke man den vielleicht erschreckten Hund gleich ab, indem man mit ihm spielt oder ihn zu irgend einer interessanten Aufgabe animiert. Hat man den Eindruck, daß weitere Schüsse zur Gewöhnung an den Knall nicht schaden, wird das an den folgenden Tagen wiederholt, wobei sich je nach Reaktion des Hundes vielleicht die Entfernung schon schnell verringern kann.

Durch weitgehende Freiheit haben wir erreicht, daß er nicht an den Stiefeln „klebt“, sondern seinen Aktionsradius mehr und mehr erweitert – schon eine gute Vorbereitung auf die Jugendprüfung im nächsten Frühjahr. So gewann er auch viele Eindrücke, wurde freier und selbständiger in seinem Verhalten. Bald waren ihm die Kühe auf der Weide selbstverständlich, sein Interesse für Wildwittrung wuchs, er nahm von sich aus jede Deckung am Wegrand an, weil er erfahren hatte, daß es darin häufig besondere Überraschungen für seine Sinne gab. Dieses Verhalten, die zielbewußte Suche, will man ja im Hinblick auf die Jagdpraxis erreichen.

Vorausgesetzt, der Hund zeigt sich bei der Schußabgabe nicht mehr ängstlich, läßt sich nun ein Erlebnis von nachhaltiger Wirkung planen: Wir suchen ein Kaninchen oder einen Hasen, der sich in der Sasse drückt. Mit dem frei kurz vor uns suchenden Hund gehen wir darauf zu und trachten danach, daß der zukünftige Jagdhelfer das hochwerdende Wild sofort sieht. Meist wird er ihm folgen, aber auch wenn er das noch nicht tut, schießt man den Hasen in Sichtweite des Hundes. Flitzt er sofort auf das rollierende Wild zu, darf man zufrieden sein. Verhält er verdutzt, laufen wir schnell auf die Beute zu, worauf der Hund folgt, und beschäftigen uns ausgiebig damit, dadurch Interesse weckend und anfängliche Ängstlichkeit gegenüber dem vielleicht noch mit den Läufen zuckenden Hasen überwindend.

Vorher wurde erwähnt, daß man den Hund von verlockenden Kaninchen oder Hasen zunächst fernhalten soll. Für die ersten Anfänge gilt das, wenn man aber für den Hund, der vielleicht ein Dreivierteljahr alt ist, im ersten Lebensherbst Praxismöglichkeiten nutzen will, sollte man dies in einigen wenigen Fällen tun, aber in Berücksichtigung der Tatsache, wie er sich zuvor in seinem Gesamtverhalten gezeigt hat. Ist er vorsichtig-zurückhaltend, kann solches Üben nur förderlich sein. Ist er aber überaus passioniert mit starkem Folgedrang, sollte man ihn zunächst möglichst von Wildanblick fernhalten, lediglich für Geläuf und Spuren interessieren und mittels der langen Feldleine zum ruhigen Folgen auf diesen Duftbahnen anhalten. Die gesamte Förderung ist eine „Klaviatur" der Trieblenkung im von uns gewünschten und ratsam erscheinenden Sinne, wobei es sehr individuell entsprechend der Veranlagung des Hundes zu handeln gilt.

Die aufregenden Begebenheiten fördern bei weniger selbstbewußten Hunden, denen es an Wildfolgedrang mangelt, im allgemeinen den Sucheifer. Es können sich Schleppen mit Hase, Eichelhäher, Taube – und was sich sonst gerade im Verlauf von Reviergängen bietet – anschließen. Während der Hund im Wagen abgelegt ist und uns nicht sehen kann, ziehen wir solch ein Schleppstück zunächst nur zehn Meter weit, legen es ab und lassen den Hund dann an der langen Leine der Wittrungsbahn bis zum Ende folgen, wo er sehr gelobt wird. Solche Anforderungen wird man im ersten Lebensjahr hinsichtlich der Entfernung nur langsam steigern, allerdings durchaus schon mal einen Haken einlegen. Mehrere derartige Schleppen an einem Tag sind jedoch nicht ratsam, denn bei häufiger Wiederholung kann diese Aufgabe ihren Reiz für den noch spielerisch veranlagten Junghund verlieren. Er soll ja zunächst nur ein wenig vertraut gemacht werden mit späteren Anforderungen und seine Nase gebrauchen lernen.

Durch die Folge an der langen Feldleine auf der Hasenspur ist der Nasengebrauch sehr zu fördern, eine Möglichkeit, die man schon nutzen sollte, wenn man den Junghund nach der Winterpause auf der Jugendsuche führen will, denn das zeitige Frühjahr vor der Prüfung bietet in manchen Jahren bei zunächst mangelhaftem Bewuchs nur begrenzte Möglichkeiten. Je sicherer der Hund durch solches Üben an der langen Feldleine im Herbst schon wird, desto leichter hat man es im folgenden Frühjahr.

In Fortsetzung der Futterschleppen und kurzen Wildschleppen, die sich auf Reviergängen bereits ergaben, kann man bei passender Gelegenheit im Herbst oder Winter anläßlich des Rickenabschusses auch schon kurze „Nachsuchen" durchführen. Wenn man z. B. ein Kitz erlegt hat, lasse man es unaufgebrochen am Platz, schärfe ein Stückchen der Decke ab (oder verwende einen Lungenfetzen o. ä.), ziehe eine Schnur hindurch, mache das Schleppstück am Aufbruch schweißig und schleife (oder tupfe) es fünfzig oder hundert Meter weit vom Reh fort. Das Ende wird mit etwas Rehhaar zum Anfang der Arbeitsstrecke, dem „Anschußplatz". Von dort aus muß der an der leichten, dünnen Feldleine suchende Hund das Wild finden.

Wenn er am Stück ankommt, „überschlagen" wir uns vor Freude und loben ihn (Lekkerbissen!) so stark, als ob er eine überaus wichtige Tat vollbracht hätte. Er darf das Wild bewinden, soll aber nicht an der Decke rupfen, und es schadet keinesfalls, wenn man ein Stückchen Wildpret abschärft und ihn damit genossenmacht. In ähnlicher Weise lassen sich mancherlei Gelegenheiten während der Jagdausübung im Herbst nutzen.

Mit dem Ende der beschriebenen Entfaltung im Revier, des Vertrautwerdens mit vielem, was darin kreucht und fleugt, mit ersten Gelegenheiten zur Übung und zum Beutemachen, sollte dann hin und wieder etwas mehr Augenmerk auf Gehorsam gelegt werden. Der Junghund darf sich nicht zum Hetzer entwickeln, eine Gefahr, die sich durch Spurarbeit und Wildanblick ergeben könnte. Wenn sich Jagdpassion und Selbstbewußtsein schon recht stark zeigen, wird es angebracht sein, bereits jetzt unsere Vorstellungen, wann der Hund folgsam zu sein hat, etwas mehr durchzusetzen.

Hier leisten ein Katapult und Schrote aus einer geöffneten Patrone gute Dienste. Zumindest auf kürzere Entfernung – ohne Wildanblick – kann man durch mehrmalige Anwendung erreichen, daß der Hund, wenn er nicht gerade durch stark verleitende Sinnesreize abgelenkt ist (dann sollten wir darauf verzichten), den „Komm-Pfiff" regelmäßig respektiert. Es muß ihm nur bewußt werden, daß wir ihn auch dann erreichen und unseren Willen durchsetzen, wenn er sich nicht an der Leine befindet.

Er soll also möglichst nicht erfahren, daß er sich der Einwirkung entziehen kann. Kommt es doch mal dazu, übergehen wir es in dieser Jugendzeit, denn das ist besser, als aus Ungeduld und Verärgerung im falschen – zu späten – Augenblick strafend einzuwirken.

Welch trauriger Anblick, wenn ein Jäger seinem Hund lockend gute Worte gibt: „Ach, Falkochen, komm schön her!" Aber Falko denkt gar nicht daran, zu seinem Herrn zu kommen und springt immer um diesen herum, wohl wissend, daß er beim Herankommen Schläge erhält. Wenn man einen Hund so weit gebracht hat, daß er nicht mehr herankommen will, dann spielt man eine recht traurige Rolle. Ein Armutszeugnis für den Erzieher, ein gestörtes Vertrauensverhältnis. Es zeigt, daß der Ausbilder nicht geschickt genug war.

Nur liebevolle Behandlung kann in einem solchen Fall, wenn er einmal eingetreten ist, die Lösung sein. Man trachte bei Spaziergängen danach, den Hund so oft wie möglich heranzurufen, lobe ihn stets, und wenn er wirklich mal Dummheiten macht, drücke man ein Auge zu, nähere sich ihm unauffällig, setze sich auf den Boden – man wirkt dadurch weniger bedrohlich –, locke den Hund in aller Ruhe heran und leine ihn an. Zeigt er sich dennoch ängstlich, dann gehe man einfach fort, wobei man den Hund nachruft. Sobald er beobachtet, daß sein Herr sich entfernt, wird er folgen und kann dann unter lobend-lokkendem Zuspruch angeleint werden, wobei es eine Belohnung gibt und er abgeliebelt wird – auch wenn man wegen des Fehlverhaltens noch so „kocht". Andere Maßnahmen wären gänzlich ungeeignet und würden nur noch viel größere Schwierigkeiten bringen.

Stets sage man sich, daß strafendes Einwirken, wenn es nicht der Tat auf dem Fuße folgt und von der Unmöglichkeit des Entziehens begleitet ist, keinen Sinn hat, denn aufgeschoben ist aufgehoben. Nie sollte man sich dazu hinreißen lassen, mit etwas zeitlichem Abstand strafend bzw. korrigierend tätig zu werden, denn der Hund begreift den Zusammenhang nicht mehr, er wird nur handscheu.

Bei allen untugendhaften Entgleisungen, die wir zu beeinflussen versuchen, sollten wir uns vor Augen halten: Die Erziehung darf niemals auf Kosten der Passion bzw. Betätigungsfreude vorgenommen werden. Es ist viel besser, einen jungen, temperamentvollen Hund, dem der Schalk aus den Augen guckt, für die Praxis vorzubereiten als eine Schlafmütze, die bei jedem Worte eine Wasserlache zurückläßt. Ein junger Hund darf Temperament und Passion besitzen und kann doch gut erzogen sein. Ist das der Fall, haben wir unser Ziel erreicht. Verständige Behandlung stärkt das Vertrauen. Es ist kein Kunststück, einen jungen Hund zu strafen, es ist aber eine zwingende Notwendigkeit, sich zu beherrschen. Die Selbstbeherrschung ist ein Grundgeheimnis der Erziehung, denn nur folgerichtige Einwirkung zeitigt das gewünschte Ergebnis.

In diesem Sinne ist der heranwachsende „Flegel" auch bei seinem Verhalten in Wohnung und Haus zu betrachten. Es war bereits die Rede von der Gewöhnung an einen bestimmten Platz, den aufzusuchen man nun den Hund auch mit einem bestimmten Kommando zwingen können muß. Er macht sich in der Familie leicht unbeliebt, wenn er überall im Heimbereich umherlungert und mit Vorliebe in der Küche auftaucht. Viele Düfte verleiten ihn, sich zu bedienen. Inzwischen wird er erfahren haben, daß er das in unserer Abwesenheit nicht darf, versucht es aber dennoch. Wir überlassen es am besten nicht der Hausfrau, sich gegen unerwünschtes Verhalten zu wehren, sondern bemühen uns, die Grenzen anfangs selbst durchzusetzen.

Der Hund muß lernen, daß er die Grenze zur Küche zu respektieren hat und auch vom Tisch nichts stiebitzen darf. Wenn Düfte ihn reizen, greift er nur zu gern zur Selbsthilfe, und ehe man sich versieht, wird er zum „Dieb“. Solche ungezügelte Naschhaftigkeit kann sehr viel Unfrieden stiften, und deshalb tut der Jäger, wenn er die Gunst der Dame des Hauses im Verständnis für den Jagdhund nicht verlieren will, gut daran, Unarten schon im Entstehen zu unterdrücken und dem Hunde möglichst keine Gelegenheit zu geben.

Das Aufsuchen der Küche verleidet man am besten durch ein mit der Gerte unterstütztes bestimmtes Kommando, so daß der Hund bald von selbst an der Küchentür die gebotene Zurückhaltung zeigt. Die bereits erwähnte Mausefalle, auf dem Tisch beködert aufgestellt, hat sich sehr bewährt. Am Aufjaulen des Tunichtgutes wird man bald bemerken, daß er dem gutgemeinten Trick zum Opfer gefallen ist. So hilft man „Dieben“ auf den rechten Weg.

Vor allem dem in der Stadt wohnenden Jäger ist es oft nicht möglich, seinem Junghund stets die wünschenswerte Bewegung zu verschaffen. Hier erweist sich die sogenannte „Übungsangel“ als sehr nützlich, deren Verwendung, auch im Zusammenhang mit mancherlei anderen Vorteilen, im Kapitel „Ausbildungshilfsmittel“ beschrieben ist. Für ausgesprochenes Lauftraining bietet sich das Fahrrad an, aber erst nach dem achten Lebensmonat. Neben dem Fahrrad – es ist auch späterhin ein hervorragendes Hilfsmittel, einerseits körperliche Leistungsfähigkeit zu erreichen, andererseits mangelnde Bewegung auszugleichen (Wochenendjäger!) – läuft der Hund immer auf der dem Verkehr abgewandten Seite, und das Tempo wird so gehalten, daß er trabt. Sobald er in Galopp übergeht, fahren wir zu schnell und beanspruchen seine Kräfte über die Maßen. Fahrradtraining ist nützlich, denn Muskulatur, Bänder und Sehnen entwickeln sich erfreulich. Vorstehhunde, die später viel Laufarbeit leisten müssen, werden ausdauernd.

Der eine oder andere Jäger, der in dieser Erziehungs- und Förderungszeit bereits mit kaum zu bewältigenden Schwierigkeiten zu kämpfen hatte, wird sich jetzt zu Beginn der eigentlichen Abrichtung vielleicht vernünftigerweise fragen, ob er wirklich in der Lage ist, einen temperamentvollen Hund auszubilden oder diese Aufgabe einem befähigtem Abrichter überlassen sollte. Sehr passionierte Hunde bringen zwar Leistung, und es ist eine Freude, sie selbst erfolgreich auszubilden und mit ihnen den Jagdbetrieb zu meistern, aber nicht jeder Jäger wird sich aufgrund von Befähigung, Zeit und Praxismöglichkeiten dazu in der Lage sehen. Mitunter ist es besser, einen hervorragend veranlagten, temperamentvollen Junghund, der als Kopfhund besonders starke Qualitäten erkennen läßt, für einige Zeit einem erfahrenen Abrichter zu übergeben, als an der selbstgestellten Aufgabe zu verzweifeln. Wenn ein Junghund knapp ein Jahr alt ist, sollte man diese Frage selbstkritisch prüfen.

Einführung in die Abrichtung

Alle Erziehung und die dann folgende Ausbildung bleiben mangelhaftes Stückwerk, wenn wir uns dem Hund nicht zweckrichtig verständlich machen können. Über keine Frage setzen manche sich so leichtfertig hinweg wie über jene: „Wodurch kommt der Hund zum Begreifen dessen, was ich von ihm verlange?" Die Ursache ist darin zu erblikken, daß die Mehrzahl derjenigen, die sich mit der Abrichtung beschäftigen, in dem Glauben verfangen ist, der Hund komme schon mit jenen Begriffen auf die Welt, die es ermöglichen, von ihm in unserem Nutzen liegende Handlungen zu fordern. Klappt es nicht, dann greift man recht schnell zu Zwangsmaßnahmen – und sollte doch besser sich selbst kritisch prüfen, ob man nicht zuviel verlangt hat.

Es wurde viele Jahrzehnte in der jagdkynologischen Literatur versäumt, diese sehr wichtige Frage „Wie sag' ich's meinem Hunde?" in geeigneter Weise zu erörtern.

Parforcedressur und Vermenschlichung

Früher stand die Parforcedressur im Vordergrund, der harte Zwang wurde als wichtigste Voraussetzung gepriesen, und außerdem versuchte man, jegliche Anforderung auf eine engumschriebene Formel zu bringen und forderte deren konsequente Anwendung auf jeden einzelnen Hund. Das war ein Kardinalfehler, weil es den Ausbilder oder nach Aufschluß Suchenden des eigenen Nachdenkens enthob und zum rein mechanischen Handeln verführte. Zwischen jeder Zeile tönte das „Müssen" heraus, das zur Auffassung verführte: „Gehst du nicht willig, so brauch ich Gewalt!" Schon die erste Auflage dieses Buches im Jahre 1910 hatte den Sinn, mit solchen unsinnigen Vorstellungen aufzuräumen und ähnlich den pädagogischen Grundsätzen zu individuellem Vorgehen anzuleiten.

Das Gegenstück zur schematischen Zwangsabrichtung bildete das Vermenschlichen der Hunde. Man suchte das seelische Verhalten der Tiere jenem des Menschen gleichzusetzen, dichtete ihnen Moralvorstellungen an, die Tieren fern sind, und mußte dadurch zu einer falschen Beurteilung ihres Verhaltens und letztlich zu einer fehlgerichteten Ausbildung gelangen. Wie oft lesen wir z. B. heute noch vom „Pflichtgefühl" des Hundes. Aus Pflichtgefühl müsse er suchen, apportieren und uns in den Besitz des Wildes bringen. Und weil man Pflichtgefühl voraussetzt, nimmt man an, daß der Hund fähig sei, in unserem Nutzen liegende Handlungen aus solcher Erwägung heraus zu vollbringen.

Zeigt sich aber das Gegenteil, was beim jungen oder lernenden oder nicht zweckdienlich angeleiteten Hund eintreten kann, wird daraus „absichtliche Pflichtverletzung", die natürlich geahndet werden muß. Die Folge ist, daß der Hund unverdient – weil sein Vermögen, die Zusammenhänge zu verstehen, überfordert ist – gestraft wird.

Wer sich erfolgreich verständlich machen will, muß sich bewußt sein, wie weit tierisches Verstehenkönnen in Verbindung mit den oft alles überdeckenden Trieben bzw. Anlagen reicht. Allein diese Überlegung ist der Weg, der zum gegenseitigen Erfassen der Zusammenhänge führt.

Unter Vermenschlichung ist zu verstehen, den Hund in seinen Regungen und Fähigkeiten auf die gleiche Stufe des Menschen zu stellen. Wir entbehren dabei der Sprache, auch wenn wir das Verlangte teils in Worte kleiden, die auch im Umgang mit Menschen gebräuchlich sind. Gewiß, der Hund lernt im Verlaufe des Zusammenlebens mit dem

Menschen, auf viele Worte, Bewegungen und andere Lebensäußerungen folgerichtig zu reagieren. Hingegen wird ihn ein vom Winde aufgewirbelter Papierfetzen, ein Schmetterling oder ein wegfliegender Vogel leicht außer Rand und Band bringen können. Das sind für den Hund Lieder ohne Worte, ererbtes Wissensgut, instinktiv ausgeführte Handlungen, ausgelöst durch Sinnesreize, die erst mit wachsender Erfahrung und wesensangepaßter Beeinflussung, wobei in diesem Fall der Mensch mit seinen Anforderungen den Erhaltungskampf in der Natur ersetzt, zweckdienliche Ausrichtung erfahren.

Wie sag' ich's meinem Hunde?

Man sagt zu einem Hunde ,,hopp", damit er auf einen Stuhl springt. Zunächst wird er uns verständnislos anäugen. Nun klopfen wir mit der Hand ermunternd auf den Stuhl, wiederholen den Zuspruch ,,hopp!", helfen zuerst ein bißchen an der Hinterhand nach, worauf es gelingt, das Vorhaben auszuführen. Nach der wichtigen Belohnung wiederholen wir diese Übung einige Male, bald wird der Hund ohne Nachhilfe auf das Wortsignal hin auf den Stuhl springen, worauf es wieder in Form von Stimmlob und Leckerbissen Belohnung gibt.

Wie kam aber der Hund zum Begreifen, was wir von ihm verlangten? Zuerst war es der Gehörreiz, den wir durch das Kommando auslösten. Dieser allein genügte aber nicht zum Verstehen, es wurde eine mechanische Einwirkung notwendig. Diese bewirkten wir durch das Nachhelfen und belohnten schließlich das willige Verhalten durch einen Leckerbissen, wodurch wir auch den Geschmacksreiz mobil machten und dadurch dem Hund seinen Vorteil zu erkennen gaben.

Aus diesem Zusammenwirken von drei Sinnesreizen formte sich in der Wiederholung das Verstehen für unsere Anforderung, was wir mit dem Wort ,,hopp!" verlangten und was es in diesem Zusammenhang zu vollführen galt. In der Folge bedarf es der mechanischen Einwirkung bald nicht mehr, es genügt die Stimmaufforderung, um den Hund zu veranlassen, auf den Stuhl zu springen. Durch die damit zeitlich zusammenfallende Belohnung haben wir der Begriffsbildung wesentlich Vorschub geleistet, denn der Hund erfaßte, daß er diese Belohnung, die er als seinen Vorteil betrachtet, nur durch das sofortige Hinaufspringen auf den Stuhl erhielt.

Natürlich liegt in der Bezeichnung Belohnung etwas scheinbar Vermenschlichtes, aber wir müssen bei Gebrauch dieses Wortes nur daran denken, daß der Hund darin seinen Vorteil erblickt. In diesem Beispiel findet der menschliche und hundliche Egoismus sinnfälligen Ausdruck. Dies müssen wir in unserem ganzen Abrichtungsweg festhalten, es trägt reichlich Früchte, weil wir bei solchem Vorgehen den Hund zu Handlungen bringen, die in unserem Nutzen liegen. Wenn wir die natürliche Einstellung des Hundes zum Menschen von diesem Gesichtspunkt aus betrachten, werden wir zu dem Schluß gelangen, daß es kaum ein besseres Mittel zur Entwicklung der Fähigkeiten gibt, als den Hund so oft wie möglich einen Vorteil erkennen zu lassen. Und fassen wir zusammen, dann liegt der Schlüssel für erfolgreiche Erziehung und Ausbildung in der zweckgerichteten Nutzbarmachung der dem Hunde eigenen Sinnesreize, von denen zu nennen sind: Geruchssinn, Geschmackssinn, Gesichtssinn, Gehörsinn und Hautsinn (letzterer ergibt sich durch den hinleitenden Berührungskontakt). Dies in Vereinbarung mit der Weckung und lenkenden Steuerung triebhafter Anlagen bringt den Erfolg.

Nun fragen wir uns: ,,Warum verbellt der Hund, weitab von seinem Führer, den gefundenen toten Rehbock?" Die Situation zeigt, daß es in diesem Falle keine direkte Einflußnahme seitens des Führers auf den Hund gibt. Durch den chronologischen Übungsaufbau wurde dem Hund vorerst die Rehdecke zum stellvertretenden Befehl: „Gib Laut". Es bedurfte also nicht mehr der direkten Einwirkung des Führers. Dieses „Gib Laut" wurde durch den Gesichtssinn ausgelöst, das Ansichtigwerden der Rehdecke brachte den im Gedächtnis längst erfaßten Begriff in Erinnerung. Mit seinem Gedächtnis in Zusammenhang mit dem Lernvermögen kann ein Hund aber nur dann etwas erfassen, wenn es ihn durch entsprechend häufige Wiederholung gelehrt wurde, d. h., wenn die betreffenden Sinnesreize auf gewisse Handlungen abgestimmt werden.

Wenn Körperbewegungen zum stellvertretenden Befehl werden . . .

Nun gibt es aber nicht nur erwünschte, sondern auch unerwünschte Sinnesreiz-Auslösungen. So gewöhnen sich die Hunde z. B. bei unzweckmäßiger Führung rasch daran, auf den Schuß einzuspringen, also etwa vom Vorstehen zum Verfolgen des Wildes überzugehen. Was ist die Folge? Sobald der Besitzer eines solchen Hundes mit dem Gewehr in Anschlag geht, also noch ehe der Schuß fällt, stürmen die Hunde schon los, prellen in die Zielrichtung vor. Warum? Aus unserer Körperbewegung und vorheriger Erfahrung folgert der Hund, was kommen wird. Diese Körperbewegung bewirkt die unerwünschte Einwirkung durch die Auslösung des Gesichtsreizes, und der Hund prellt voran. Diese Untugend des Einspringens ist also eine Folgeerscheinung, die sich daraus ergibt, daß den Hunden zumeist sofort nach der Schußabgabe „Apport" zugerufen wurde. Daraus entwickelt sich schnell die Schußhitze. Es genügt dann, nur in Anschlag zu gehen, worauf es den Hund fortreißt. Die Körperbewegung wird zum stellvertretenden Befehl.

Es kann aber auch ein Erziehungs- oder Ausbildungsfehler sein, der darin bestand, daß man den Hund von vornherein nicht zur Schußruhe anhielt. Wie sagt man's nun seinem Hunde, daß das Anschlagen des Gewehres für ihn nicht der Befehl zum Vor- oder Nachprellen wird? Sehr einfach! Mit dem angeleinten jungen Hund werden vorerst Anschlagübungen vorgenommen, wobei er jedesmal in die Haltlage gehen muß. Dadurch wird neben dem Gesichtsreiz auch der Gehörreiz aktiviert, und aus diesem Zusammenwirken – wir können auch noch den Hautreiz zu Hilfe nehmen, indem wir mechanisch einwirken, also z. B. den Hund niederdrücken – formt sich für den Hund die Eigenschaft des ruhigen Verhaltens.

In der späteren Praxis, wenn er die weitere Ausbildung durchläuft, kann man ein anderes typisches Beispiel erleben. Der Hund macht auf Trillerpfiff halt und soll dann einen Augenblick später auf einfachen Pfiff herankommen. Aber schon das Hochheben des Armes, um wieder die Signalpfeife an den Mund zu führen, genügt, um ihn zum Aufstehen zu veranlassen. Warum? Er hat gedächtnismäßig erfaßt, daß das Heranpfeifen nach dem Down-Triller mit dem erneuten Armheben zeitlich zusammenfällt. Hunde beobachten scharf! Also reagiert er schon auf die Bewegung des erneuten Armhebens, wenn man die Signalpfeife zum Munde führen will. Diese Bewegung führt demnach bereits zu einer unerwünschten Handlung, der Pfiff wird nicht abgewartet.

Wie sag' ich's nun meinem Hunde, daß die Armbewegung für ihn noch keine Aufforderung zum Hochwerden und Herankommen ist? Durch die zeitliche Trennung des Gesichts- und Gehörreizes. Der Hund muß vorerst daran gewöhnt werden, daß allein das Hochheben des Armes zum Kopf noch nicht den Pfiff zur Folge hat. Das ist leicht zu erreichen, wenn man die Bewegung des öfteren ausführt, ohne zu pfeifen. Wird das aber nicht beachtet, dann kommt es zu einer unerwünschten Verknüpfung, an der nicht der Hund, sondern der Führer schuld ist. Dies kann sich bei vielerlei Anforderungen in der Praxis unerwünscht bemerkbar machen. Man muß also verhüten, Körperbewegungen zu stellvertretenden Befehlen werden zu lassen. Derartige Erscheinungen sind durchaus

Abb. 39. Ein Beispiel, wie Körperbewegungen zum stellvertretenden Befehl werden können: Wer den Hund vom Ablegeplatz durch Armzeichen nachruft, muß beim Pürschen damit rechnen, daß auch unbeabsichtigte Armbewegungen falsch verknüpft werden und der abgelegte Begleiter überraschend nachfolgt

nicht nebensächlicher Natur, im Gegenteil, sie spielen sowohl bei der Erziehung als auch bei der Ausbildung eine nicht unwesentliche Rolle.

Es gibt eine Gesetzmäßigkeit, die übereinstimmend auf alle Hunde paßt, ganz gleich, ob es sich im Wesen um weiche oder härtere Hunde handelt. Diese Gesetzmäßigkeit liegt in der Tatsache, daß zuverlässige Leistungen umso rascher zu erzielen sind, je folgerichtiger man die Übungen auf die richtige Beeinflussung der Sinnesreize aufbaut. Die Verschiedenheit, ob im Wesen weich oder hart veranlagt, ändert daran gar nichts, sie wirkt sich nur wertverschieden beim Einzelhund aus, bleibt aber im Endeffekt gleich. Wenn wir uns daher die Frage zu beantworten suchen, wodurch für den Hund Begriffserfassungen zustandekommen, so ist darauf zu antworten: durch die ursprünglichen Einwirkungen als Produkt der Reize, die von Dingen ausgehen, die auf die Sinne der Hunde wirken und ihr Verhalten beeinflussen. Ferner durch die stellvertretenden Einwirkungen als Produkt der Reize, die erst dann zustandekommen, wenn der Hund gedächtnismäßig darauf eingestellt wurde.

Gewöhnung ist Grundlage der Ausbildung

Wir brauchen uns keine grauen Haare darüber wachsen zu lassen, ob dem Hunde eine tiefe Einsicht in jene Handlungen eigen ist, die wir von ihm fordern. Ja, wir müssen uns unbedingt davon freimachen, der vermenschlichten Auffassung zu leben, daß Denken die Handlungen des Hundes bestimmt und gestaltet. Deshalb ist dem Abschnitt über die konsequente Ausbildungsschule der alte pädagogische Lehrsatz voranzustellen: „Gewöhnung werde die Grundlage der Erziehung und Ausbildung!" Für den Hund ist das unbedingt gültig! Was wir von ihm verlangen und bekommen, ist das Ergebnis von Verknüpfungen in seinem Gedächtnis. Wiederholung führt zur Gewöhnung, dies sollten wir als wichtigen Grundsatz sehen!

Mit diesem Vorsatz lenken wir nicht nur die Erziehung, sondern auch die Ausbildung des Hundes. Wir machen die Beobachtung, daß alles, was für den Hund neu ist, ihn gefangennimmt und ablenkt. Dies bezeichnen wir als ablenkende Reize. Je früher der Hund an solche Erscheinungen gewöhnt wird und je mehr wir sie bei der Ausbildung in die Schulung mit einbeziehen, umso erfolgreicher wird er in seinen eigentlichen Bestimmungszweck hineinwachsen. In der Praxis unterliegt er vielfältigen Ablenkungen und Beeinflussungen, und wenn er sie zuvor in mancherlei Weise kennenlernte, kann er sich viel besser auf seine von uns gewünschten Aufgaben konzentrieren.

Das Gewöhnen an ablenkende Reize wird natürlich vielfach konsequente Beeinflussung notwendig machen. Solche, einen gewissen Zwang ausübende Maßnahmen werden aber niemals von abträglicher Wirkung auf das bereits Gelernte sein, denn die Ablenkungen als solche bilden einen Teil des zu erledigenden Arbeitspensums innerhalb einer dem Hunde anzulernenden Handlung. Welcher Art die Zwangseinwirkungen sein müssen, entscheidet der Einzelfall und richtet sich auch nach dem Naturell. Beim besonders wesensstarken Hund werden diese Maßnahmen nachdrücklicher ausfallen müssen als beim weichveranlagten, und es gehört zur Klaviatur der Einschätzung, über den Grad zu entscheiden.

Liebe allein erreicht keine Ausbildungsziele

Liebevolle Zuwendung ist einer der wichtigsten Erziehungsfaktoren. Man darf aber nicht dem Irrtum verfallen, der Hund sei nur durch Liebe zu leiten. Wir wissen schon von Kindern, daß mit ihr allein bei der Erziehung nicht auszukommen ist.

Was aber manche Menschen unter liebevoller Zuneigung beim Tier verstehen, ist jedoch nicht Liebe, die abwägt und dem Ernst die gebührende Rangordnung einräumt, sondern eine unnatürliche, extrem vermenschlichende Liebe, die jedes unerwünschte Verhalten beim Tier noch irgendwie erklären, verstehen, verzeihen und mit Liebe vergolten wissen will.

Solche Art von „Liebe" bei der Erziehung und artgemäßen Ausbildung eines Hundes wäre ein Hemmschuh für die Entwicklung, die ohnehin heute vielen nachteiligen Umwelteinflüssen unterliegt. Andererseits hat aber auch ein Mensch, der nicht des psychologisch liebevollen Verständnisses fähig ist, keine Eignung zum Erzieher, denn nur die wahre, angepaßte Tierliebe liefert die großen Reserven an Geduld und an individuellem Einwirkungsbestreben, die bei der Erziehung und Ausbildung von Jagdhunden vonnöten sind.

Zwangsmaßnahmen und ihre Grenzen

Die Notwendigkeit von gewissen Zwangsmaßnahmen erklärt sich von selbst, wenn berücksichtigt wird, daß manche triebhaften Neigungen des Hundes unterdrückt werden müssen und Forderungen an ihn zu stellen sind, die manchmal in einem gewissen Gegensatz zum natürlich ausufernden Naturell stehen. Folgerichtig müssen sich daher Hemmungen ergeben, die in der Regel nur durch Zwang zu erreichen sind. Ein Hund, der z. B. nicht apportieren will, der leidenschaftlich Hasen hetzt, sich nicht zuverlässig ablegen läßt, der vor Ungeduld heult und jammert oder sich in der Wohnung zum Beherrscher aufspielt und das Essen vom Tisch stiebitzt, den kann man nicht durch fette Wurstzipfel dazu bringen, sich ins Gegenteil zu verwandeln. Hier wird ein gewisser Zwang einsetzen müssen.

Doch wie Liebe und Liebe zweierlei sein kann, so ist auch Zwang im Sinne von Konsequenz nicht mit drastischer Härte gleichzusetzen. Die Kunst der Ausbildung liegt in der richtigen Abstufung und angemessenen Anwendung geeigneter Einwirkung. Wo gelinde Zwangsmaßnahmen ausreichen, wäre es unvernünftige Torheit und Rohheit, stärkere zu benutzen.

Beim Zwang unterscheiden wir zwischen ursprünglichen und stellvertretenden Einwirkungen, die von gleicher Wirkung sein sollen. Schon bei dem angesprochenen Beispiel, als wir den Hund veranlaßten, auf den Stuhl zu springen und dabei der Hautsinn aktiv gemacht wurde, konnten wir erkennen, wie der ,,Zwang durch die mechanische Wirkung", hervorgerufen durch das Hinaufhelfen auf den Stuhl, Mitvermittler der Anforderung wurde. In diesem Falle und überall, wo es sich um eine direkte mechanische Einwirkung handelt und der Hund auf den Hautsinn reagiert, haben wir es mit ,,ursprünglichen" Einwirkungen zu tun. Somit stellen der Ruck oder Zug an der Halsung, das Niederdrücken, der Lefzendruck bei der Apportierübung eine ursprüngliche Zwangseinwirkung dar, mit dem Endzweck, den Hund leichte und in der Steigerung etwas empfindlichere körperliche Einwirkung (im weiteren Sinne Schmerz) empfinden zu lassen.

Aber auch das scharf ausgesprochene ,,Pfui" bildet ein Zwangsmittel, ebenso das Drohen mit der Gerte. Die stellvertretenden Einwirkungen sind mehr auf Fernwirkung berechnet, so daß Zeichen durch die Signalpfeife oder Bewegungen mit den Händen ausgeführt werden, wie z. B. das Hochheben des Armes, wenn der Hund in die Haltlage sinken soll. Sie alle bilden für den Hund Zwangsmittel unterschiedlicher Grade mit dem Endzweck, ihn zu Handlungen zu bringen, die in unserem Nutzen für den späteren Jagdgebrauch liegen.

Viele Anforderungen, die wir in diesem Sinne dem Hunde stellen, empfindet er als Zwang. Gewiß, er setzt sich freiwillig – aber dann, wenn er will. Drücken wir ihn noch so sanft in die Sitzstellung, so bedeutet das für ihn in dem Moment einen Zwang, den er durchaus als unangenehm empfinden kann. Zeigt er dabei eine gewisse Widersätzlichkeit, also in dem Augenblick eine Hemmung, so verstärken wir den Zwang durch einen stärkeren Druck und haben dadurch eine Zwangssteigerung angewendet. Nach Ausführung des Befehls nehmen wir sofort die Gelegenheit wahr, den Hund zu loben, bereiten ihm dadurch also etwas Angenehmes, für das er sehr empfänglich ist.

Dem Zwang kommt demnach nur dann erfolgreiche Wirkung zu, wenn er in unmittelbarem Zusammenhang mit der Handlung steht, und die Wirkung wird umso besser zu erzielen sein, wenn sie mit freudvoller Förderung, also mit Lob oder geeigneter Belohnung, verbunden ist.

Zur Sinnlosigkeit von Strafen

Bei Zwangsmaßnahmen wird oftmals nicht richtig vorgegangen, allein schon deshalb, weil der Hund mangels logischen Denkvermögens bei gewisser zeitlicher Trennung den Zusammenhang nicht begreift. Wollen wir ihn z. B. gehorsam am aufstehenden Hasen machen, so muß die Zwangseinwirkung bereits beim Aufstehen des Wildes oder mittelbar während des Hetzens nach dem vernommenen, aber ignorierten Haltkommando erfolgen. Hierfür empfiehlt sich vorbeugend (wenn wir ihm eine ,,Falle" stellen) eine Situation, die uns gewappnet sieht, oder zur Korrektur beim älteren Hund der vorsichtig und sachkundig angewandte Funkimpuls.

Doch was geschieht häufig? Der Hund hetzt den Hasen, und der Führer wartet mit Ungeduld das Zurückkehren ab, lockt ihn zu sich heran und bestraft ihn. Bezieht der Hund die Strafe auf das Hasenhetzen? Niemals! Im Gegenteil, dieses bleibt für ihn weiter eine unbeeinflußte triebhafte Handlung, die durch den Führer nicht sachkundig gehemmt wurde, denn der Hund empfindet nur das Herankommen im Zusammenhang mit der Strafe. Die Zwangsanwendung, um eine unerwünschte Handlung zu unterbinden, kann also nicht nach zeitlicher Trennung von Tat und Einwirkungsmöglichkeit erfolgen, sondern hat nur Sinn und Zweck, wenn beides eng miteinander verbunden ist.

Etwas anderes ist es noch, wenn man den Zwang gewissermaßen ausdehnt, also den Hund nach erfolgtem Hasenhetzen anleint, ihn dann an die Sasse heranführt und an dieser für einige Zeit Halt machen läßt. Hier soll er sich ,,versammeln", empfindet das längere Ablegen als unangenehm, weil Nase und Sinn ja noch durch die Wahrnehmung der Hasenwittrung gereizt sind. Dadurch kann eine Dämpfung des Triebes erfolgen. Man kann ihn auch an der Hasensasse ein Stück ,,kriechen" lassen, ihn also bei entsprechend fortgeschrittener Ausbildung immer wieder voranschicken und sofort danach zu Boden trillern, wobei der Trillerpfiff in der ihm bereits bewußten Bedeutung nachhaltigere Wirkung zeigt. Auf jeden Fall bezieht er aber solche Maßnahmen nicht mehr auf das Herankommen.

Richtige Mischung: Anleitung, Zwang und Lohn

Wenn hier nun von ,,Angenehmem" und ,,Unangenehmem" gesprochen wurde, so hat das eine besondere Bedeutung. Angenehm erscheint dem Hunde alles, was seinem Triebleben entspricht. Unangenehm dagegen empfindet er jede mit ihm vorgenommene Handlung, die sich nicht aus seinem Triebleben folgert. Er setzt uns also teils leichteren, teils stärkeren Widerstand entgegen. Daraus ist zu ersehen, daß dies die zwei den Hund beherrschenden Elemente sind. Aufgabe der Ausbildung ist es auch, diese Gegensätze wirksam zu überbrücken, was einesteils durch geschickte Anleitung, andererseits durch gezielte Zwangseinwirkung erfolgen kann.

Ein Beispiel von der Bringausbildung. Der Hund weigert sich anfangs, den Fang zu öffnen. Wir müssen somit, um ans Ziel zu kommen, mit Zwang einsetzen, denn gutes Zureden schafft es nicht. So gehen wir zum einen geringen Schmerz auslösenden Lefzendruck über, also an der Stelle, wo die Fangzähne stehen. Dieser Druck zwingt den Hund zum schnellen Öffnen des Fanges, und wir benutzen diesen Moment, um ihm den Bringbock in den Fang zu schieben. Aber in dem Augenblick, wo das erreicht ist, loben wir ihn sehr und nehmen ihm den Bringgegenstand wieder ab. Nach einigen Wiederholungen haben wir durch diesen gelinden Zwang unseren Zweck erreicht.

Weil dieses Beispiel besonders typisch ist für die Wichtigkeit und die Suche nach Variationsmöglichkeiten, unsere Absichten durchzusetzen, will ich noch einmal erläutern, worauf der Erfolg zurückzuführen ist: Der Hund weigerte sich, den Bringbock bei unserem Zuspruch in den Fang zu nehmen, weil ihm diese Anforderung fremd und unangenehm war. Nun setzten wir mit dem gelinden Zwang (Lefzendruck) ein, dem sich der Hund nicht entziehen konnte (weil wir ihn ja auch an der kurzgefaßten Leine dicht am Knie hielten), und bewirkten dadurch das Öffnen des Fanges. Dieser Lefzendruck wurde vom Hund noch unangenehmer empfunden. Durch unser geschicktes Verhalten nahm er aber unter gleichzeitigem Befehl den Bringbock in den Fang.

Abb. 40. Die richtige Mischung bei der Grundausbildung: Anleitung, Zwang und Lohn. Zum Lohn gehört auch die spielerische Auflockerung in Ausbildungspausen

Warum? Die anfängliche Forderung, den Fang öffnen zu sollen, empfand er als unangenehm, noch unangenehmer aber schließlich im Fortgang der Übungen den Zwang. Um nun dem Unangenehmeren zu entgehen, nahm er das kleinere Übel, nämlich den Fang zu öffnen, in Kauf.

Wir haben hier eine simple, aber wegweisende Erklärung. Es kommt noch ein wesentlicher Faktor hinzu. Nachdem wir selbst den erzwungenen und späterhin guten Willen des Hundes lobend anerkennen und auch mit der Belohnung nicht sparen, entwickelt sich allmählich aus dem anfänglich unangenehm Empfundenen dank Lob und Belohnung eine im zwangsbedingten Ausweg lustbetonte Handlung. Schließlich macht es ihm Freude, den Bringbock aufzunehmen, denn er hat begrifflich erfaßt, daß diese Handlung mit Vorteilen für ihn verknüpft ist. Er entgeht dem Zwang (Lefzendruck) und sichert sich einen guten Happen nebst viel Lob, wofür ja alle Hunde sehr empfänglich sind.

An diesem Beispiel ersehen wir, daß es in unserer Hand liegt, anfänglich unangenehm Erscheinendes in freudebetontes Tun umzuformen. Wer hier nicht einfühlsam folgerichtig vorgeht, muß sich schließlich fragen lassen, warum sein Hund die Übung nur mit eingeklemmter Rute und scheuem Wesen ausführt. Der Führer hat es nicht verstanden, die Arbeit freudebringend zu gestalten, er wußte nicht: „Wie sag ich's meinem Hunde?" Dabei ist noch sehr beachtenswert, daß man solche Übungen nicht in vielfacher Wiederholung hintereinander vornimmt, sondern vielleicht nur ein- oder zweimal am Tage und sogleich den ausgeübten Zwang durch Freiheit und Umhertollen, also besonders freudebringendes Tun, unterbricht.

Das Ziel der freudigen Ausführung unserer Anforderungen muß immer obenan stehen. Dies läßt sich erreichen selbst bei Anwendung stärkeren Zwanges, auf den wir nicht immer verzichten dürfen, wenn Angenehmes mit Unangenehmem rasch wechselt. Der Zwangseinwirkung soll Annehmlichkeit folgen. Manche sind mit Strafen schnell bei der Hand. Darüber vergessen sie, daß Zwang nur Mittel zum Zweck und niemals Selbstzweck sein darf. Entsprechend individuell muß man vorgehen. Wer nach erfolgter Zwangsvermittlung drohend und stocksteif neben seinem Hund stehenbleibt, hat seine Aufgabe verfehlt. Der psychologisch klug vorgehende Ausbilder wird sofort eine Situation zu schaffen suchen, durch die er die Möglichkeit bekommt, den vielleicht momentan eingeschüchterten Hund zu loben. Lob macht Zwang leicht vergessen, es erhält das so überaus nötige Vertrauen. Wir wollen ja keinen jammervollen Sklaven erziehen, von dem sowieso in der Praxis, wenn er außerhalb unseres Einwirkungsbereiches Nützliches vollbringen soll, keine Leistung zu erwarten ist, sondern einen freudvoll-willigen Jagdgehilfen, der mit uns zusammen ein Gespann ergibt.

Das Vergessen von Ungemach macht erforderlich, mit dem Übungsplatz stets zu wechseln und die Einzelübungen so abwechslungsreich wie möglich zu gestalten. Übt man auf einem bestimmten Platz öfter hintereinander und macht der Hund hier „schlechte" Erfahrungen, dann zeigt sich schon beim Beginn die Abneigung gegenüber unserer Anforderung aufgrund der Erinnerung.

Wenn wir also nunmehr beginnen, unseren künftigen Jagdhelfer für seinen späteren Lebenszweck vorzubereiten und durch „ausbildende Erziehung" die Grundsteine für späteres erfolgreiches Wirken zu legen, dann dürfen wir nicht vergessen, uns stets die Frage zu beantworten: „Wie sag ich's meinem Hunde?"

Ausbildungshilfsmittel

Für die Abrichtung des Gebrauchshundes werden mancherlei Hilfsmittel benötigt, die zur Grundausrüstung, teils auch in der Jagdpraxis, gehören. Darüber hinaus sei über weitere Einwirkungsmöglichkeiten informiert, die uns Technik und Elektronik für besondere Schwierigkeiten, Aufgaben und Situationen bieten.

Halsbänder und spezielle Halsungen

Am Anfang steht die Schnallhalsung, ein dünnes verstellbares Lederhalsband, das sich bei Zug nicht verengt. Zur ersten Gewöhnung ist es viel besser als die sogenannte Würgehalsung (entweder in Leder- oder Kettenausführung), die dann etwa vom Alter eines halben

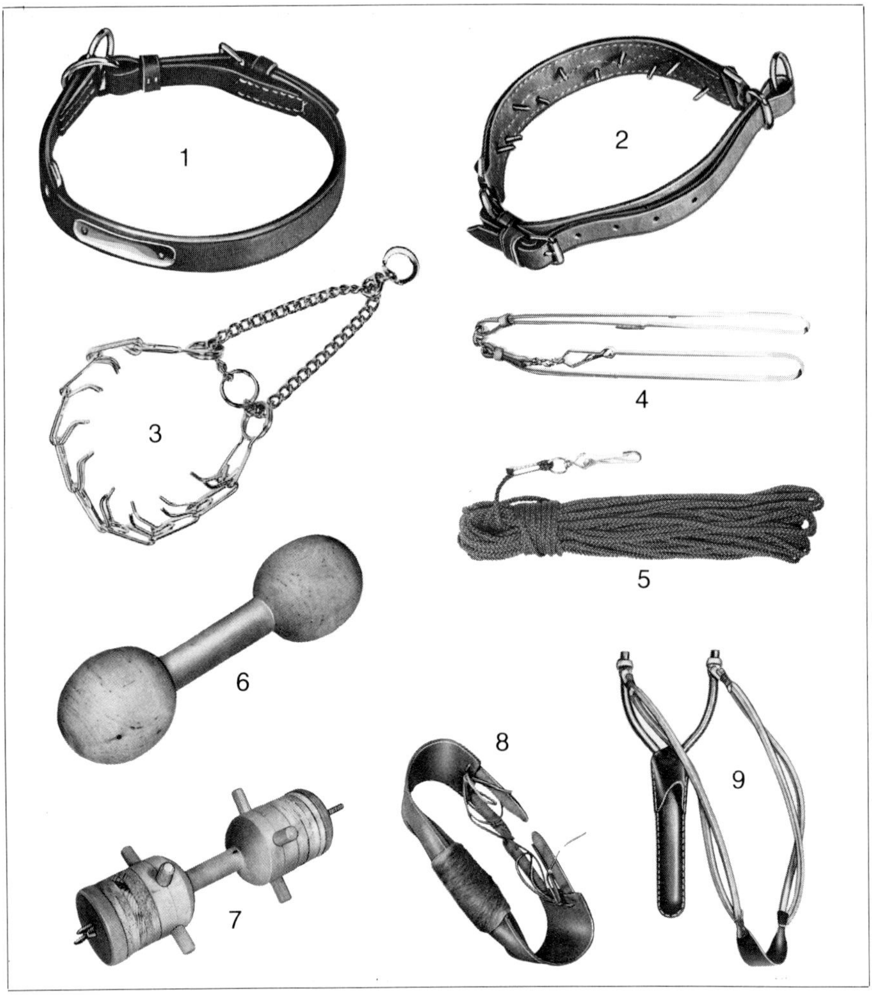

Abb. 41. 1 Flache Zughalsung mit eingenietetem Ring zur Begrenzung des „Würgeeffekts"; diese Halsung hat den Vorteil, daß der angeleinte Hund während der Übung nicht aus ihr „herausschlüpfen" kann. 2 Eine Zwanghalsung mit zwei Reihen stumpfen Stacheln und Wirbelringen zum Wenden der Stacheleinlage. 3 Torquatus-Zwanghalsung mit Zugkette; die Stacheln können nach innen und außen gedreht, die Einzelglieder ausgewechselt werden. 4 Zweiteilige Umhängeleine, die schnelles Lösen des Hundes ermöglicht; öffnet man die Scherenzange, so wird die Führleine freigegeben und gleitet durch den Halsungsring. 5 Lange Feldleine aus Hanf, bei der Ausbildung vielseitig verwendbar. 6 Einfache Apportier-Holzhantel für die erste Grundausbildung. 7 Apportierbock mit durchgehender Eisenspindel und auswechselbaren Holzscheiben, die zur Steigerung des Gewichtes auch durch Eisenscheiben ersetzt werden können. 8 Apportiersack aus Leder, an beiden Seiten Beutel mit Verschlußbindung; durch Einfüllen von Sand läßt sich das Gewicht steigern und der Hund auf zweckmäßiges Zufassen und Tragen einstellen. 9 Zwille als „langer Arm" für Gehorsamsübungen

Jahres an Vorteile hat: Der Hundekopf kann nicht herausrutschen, weil sie sich zusammenschnürt, sobald der Hund zieht, sich aber anschließend wieder lockert. Sie übt dadurch auch eine zügelnde Wirkung aus.

Dieser Effekt kann, wenn schärfere Maßnahmen nötig werden, zur Ausbildungszeit verstärkt durch die Korallenhalsung (Torquatus) erreicht werden. Sie besteht aus auswechselbaren Metallgliedern mit hervorstehenden stumpfen Enden, die einwärts an den Hals oder auch nach außen gedreht werden können. Bei der Einwärtsstellung üben die Enden einen gelinden schmerzhaften Druck aus, und zwar stets dann, wenn der z. B. bei Fuß gehende Hund voranprellt und das Torquatus-Halsband sich zusammenzieht. Dies ist aber keine Alltagshalsung, sie sollte nur dann als besondere Maßnahme Verwendung finden, wenn eine Zwangseinwirkung nötig ist; bei Herbstjagden und Prüfungen ist sie verpönt, aus dem einfachen Grund, weil die Gehorsamsausbildung bis dahin abgeschlossen sein sollte.

Zur Schweißarbeit ist eine breite Schweißhalsung nützlich (und auf Prüfungen Vorschrift), damit der Hals des sich vielleicht heftig in den Riemen legenden Hundes nicht eingeschnürt wird.

Leinen und Riemen

Man kann eine kurze Führleine benutzen, wird aber bald zur Umhängeleine greifen, um auch den linken Arm gegebenenfalls frei zu haben. Karabinerhaken im Übergang zur Halsung erwiesen sich als umständlich, besser sind Scherenzangen mit Feder und Wirbel (in vernickelter Ausführung), weil sich der Hund damit ungehinderter schnallen läßt.

Das Mitführen des Jagdhelfers bei Reviergängen und Pürschen wird durch viele klappernde Metallteile an der Umhängeleine beeinträchtigt. Deshalb empfiehlt sich für diesen Zweck eine Pürschleine, die man durch Veränderung der Umhängeleine leicht erhält: Es verbleiben nach Herauslösen der meisten Metallteile nur zwei etwa gleichlange Leinen mit je einer Schnalle. Die eine Leine wird durch den Halsungsring gezogen, durch die Umhängeleine geführt und dann an der Schnalle geschlossen.

Sehr wichtig für vielerlei Ausbildungs- und Einarbeitungsstufen ist die Feld- oder Laufleine, 20 oder 30 Meter lang, aus Hanf oder besser Perlon (glatt!) bestehend. Diese Leine bewährt sich außerordentlich als „verlängerter Arm", mit ihr hat man den Hund immer „in der Hand", wenn er bei vielerlei Aufgaben mehr Bewegungsfreiheit behalten muß, aber sich dennoch nicht der Einwirkung entziehen darf.

Speziell für die Schweißarbeit und schließlich für Nachsuchen in der Praxis dient der mindestens sechs, besser acht Meter lange Schweißriemen mit der breiten Schweißhalsung, aus Leder – heute auch Kunststoff – gefertigt und in unterschiedlich breiter bzw. starker Ausführung je nach Größe des Hundes erhältlich. Die Halsung ist deshalb breiter als andere Halsbänder, weil die Nasenarbeit des Hundes nicht durch Einschnürung des Halses behindert werden darf. Deshalb achtet man auch darauf, daß der Riemen bei der Sucharbeit zwischen den Vorderläufen bleibt, damit der Kopf des Hundes bei passioniertem Nasengebrauch nicht vom Erdboden fortgezogen wird. Wegen der bewährten Zweckmäßigkeit dieses speziellen Riemens und breiter Halsung erregt jeder Anstoß, der z. B. eine Feldleine mit Zughalsung verwendet, und für Prüfungen ist der Schweißriemen deshalb auch vorgeschrieben. Das fachgerechte Aufdocken zeigt die Abbildung auf der folgenden Seite.

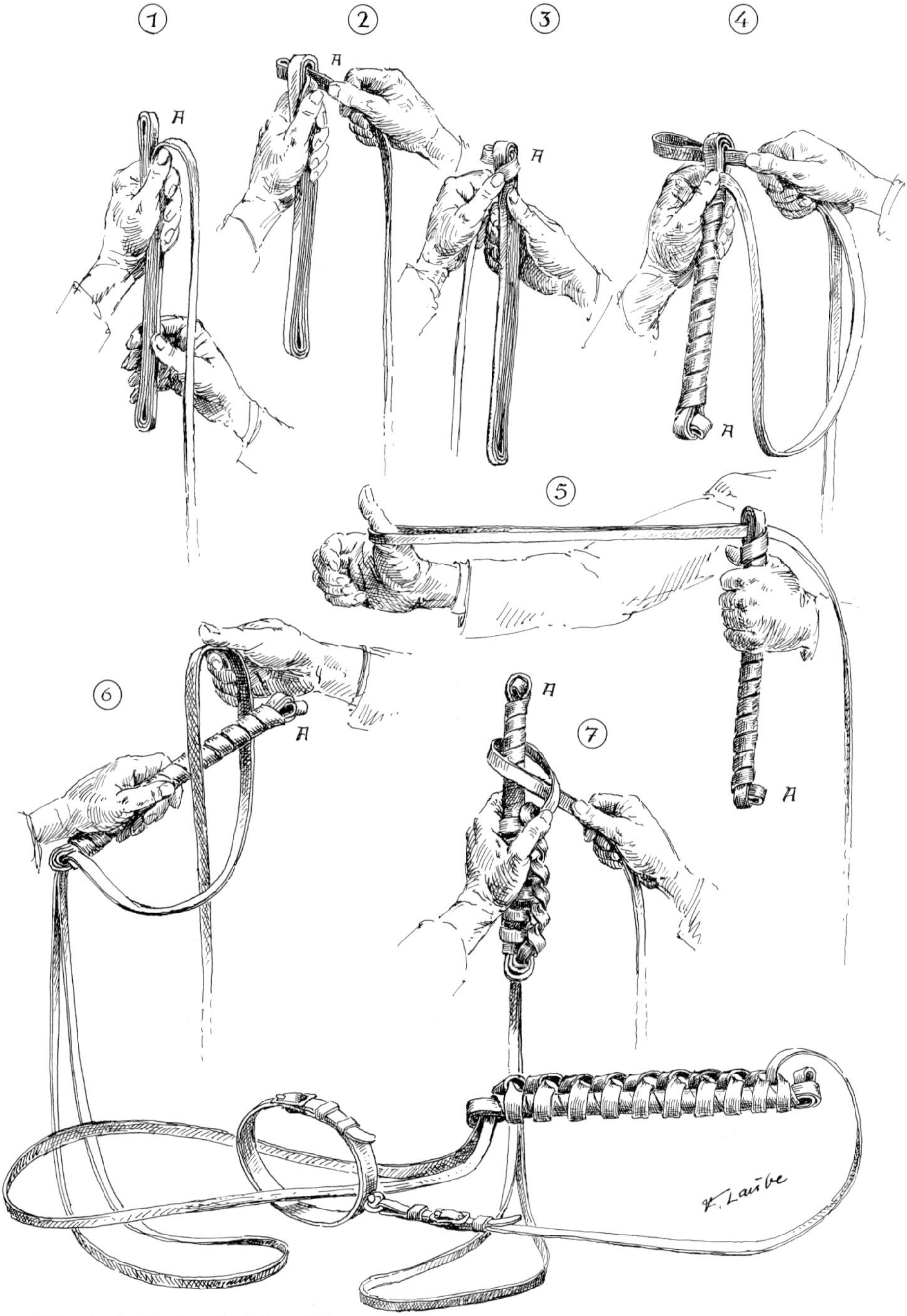

Abb. 42. Aufdocken des Schweißriemens

Pfeifen und ihr „Zwang"

Ihr Gebrauch stellt die „akustische Leine" dar, sie müssen deshalb einen gewissen „Zwang" ausüben, wobei der Hund aber nicht durch zu viele Signalvariationen überfordert werden darf. Empfehlenswert ist eine Doppelpfeife (Pfiff und Triller). Übersteigerte, „sportliche" Signalführung schleift sich in der Praxis schnell ab, und deshalb sollte man sich von vornherein auf die notwendigsten Zeichen, also die möglichst einfache Leitung des Hundes, beschränken (in der Ausbildungszeit von geringerer Lautstärke, um diese dann später bei Notwendigkeit steigern zu können). Das wesentlichste Hörzeichen ist der Komm-Pfiff, der anfangs zugleich mit gesprochenem bzw. gerufenem Kommando geübt werden muß, denn letztere Anwendungsmöglichkeit ist durch die Entfernung begrenzt. Der Komm-Pfiff besteht am zweckmäßigsten aus einem langgezogenen Doppelton, also zwei Pfiffen kurz hintereinander, damit für die Praxis die Möglichkeit bleibt, den Einfach-Pfiff zu Aufmerksamkeits- und Lenkungszwecken zu benutzen. Die Gewöhnung an den Komm-Pfiff verbindet man anfangs mit einem „optischen Locksignal", indem man z. B. beim Ertönen in die Knie geht, „kürzer" wird, und das Herankommen dann belohnt.

Der Trillerpfiff, auf den der Hund „zusammenklappen" muß, hat dann später in der Praxis die Bedeutung einer „Notbremse", ohne dieses Stopp-Signal können wir uns den Hund nicht ausreichend unterordnen, ihn vor allen Dingen bei späteren Verleitungen in der Praxis nicht halten.

Der Hund muß durch entsprechende Übung die Pfiffe und ihre Bedeutung zu unterscheiden lernen, vor allem ist ihm nachdrücklich beizubringen, daß er den vernommenen Pfiff, also unseren Befehl, in jeder Situation zu befolgen hat. Vor allem der Trillerpfiff muß wie ein Schock für den Hund sein, er muß in der Lehrzeit nachdrücklichen Zwang ausüben.

Dieser Zwang läßt sich leider mit der sogenannten lautlosen Hundepfeife nur bei sehr führigen Hunden oder von Ausbildungskönnern erreichen. Deshalb sei davor gewarnt, den Gebrauchshund auf diese lautlose Hundepfeife einzustellen, denn den für die Gegebenheiten und Ansprüche der Jagdpraxis erforderlichen Kommandozwang kann sie nicht ausüben, besonders dann nicht, wenn die Urtriebe des Hundes durch starke Reize gelockt und verleitet werden.

Apportiergegenstände

Für die Bringschulung wurden vielerlei Hilfsmittel ausprobiert. Der klassische, im Gewicht veränderliche Apportierbock hat im Laufe der Jahrzehnte mancherlei Variationen erfahren.

Die Freude am Bringen wird bereits in der Welpenzeit durch Eichelhäher, Jungkaninchen o. ä. gesteigert. Es folgt die schulmäßige Ausbildung mit einem etwa 30 cm langen und vier bis fünf Zentimeter im Durchmesser zugeschnittenen Rundholz, umwickelt mit Kaninchen- oder Hasenbalg.

Zur Veränderung bzw. Steigerung des Gewichts bietet sich der Oberländer-Apportierbock an. Er hat hervorstehende Zapfen, so daß er im Verein mit der dünneren Mitte dem Hund das Unterschieben des Unterkiefers beim Aufnehmen vom Boden erleichtert.

Er kann durch mit Schraubverschluß ansetzbare Holz- und Eisenscheiben bis auf etwa 18 Pfund beschwert werden. Da er jedoch starr und damit wenig wildähnlich ist, verwenden ihn viele Abrichter erst nach der Grundausbildung, bei der manche auch das beschriebene Bring-Rundholz durch einen weicheren Strohbock ersetzen (walzenartig hergestellt, z. B. aus Weinflaschen-Strohhüllen oder gerollter Schilfmatte).

Gute Gewöhnung an das Tragen „weichen" Haarniederwildes bietet z. B. der pneumatische Hasenbalg. Als Übergang von festen Gegenständen zu weichen leistet er gute Dienste. Es handelt sich um einen Gummischlauch, mit Pneumatik versehen, der durch Einblasen von Luft aufgepumpt wird, wodurch sich der Innenraum füllt. Dadurch läßt sich der Hund gut daran gewöhnen, weiche Gegenstände wie Wild aufzunehmen und zu tragen.

Einfacher ist der Apportiersack. Er kann aus einem abgeschnittenen Hosenbein, aus dem Stück eines Motorrad- oder Mopedschlauches bestehen, wird mit Sand, kleinen Steinen oder Bleikugeln gefüllt, in der Mitte einschnürend mit Hasenbalg und umwickeltem Bindfaden grifferleichternd verengt. Solche Apportiersäcke aus Leder sind auch im Handel erhältlich. Sie machen mit dem Aufnehmen und Tragen von Haar-Niederwild sehr gut vertraut und können je nach eingefülltem Material (anfangs Sägespäne) und Menge beliebig schwer gestaltet werden. Entsprechend ausgestopfte (Stroh, Heu) bzw. gefüllte (Sand) Kaninchen- und Hasenbälge können bis zur Förderung des Schwerapportierens denselben Dienst tun.

Arbeitskordel, Ablegekette, Schleppnetz, Stachelschutzdecke

Eine drei bis fünf Meter lange dünne Kordel sollte der Ausbilder stets in der Tasche haben. Sie ist bei vielerlei Gelegenheiten zu verwenden, z. B. beim Ziehen von Schleppen und anschließendem Ansetzen des Hundes, wobei anstatt der Verwendung einer Führleine die Kordel durch den Halsungsring gezogen und in jeder Hand ein Ende gehalten wird. Sobald der Hund sich auf der Schleppe festgesaugt hat, wird ein Ende losgelassen, so daß sich die Schnur durch den Halsungsring zieht, ohne daß der Hund wie beim sonst üblichen Schnallen zurückhaltend behindert wird.

Die Ablegekette besteht aus einem in Leder eingenähten Kettenstück, das ein Abschneiden vorbeugend verhindert; besonders am Anfang der Ausbildung neigen viele Hunde dazu, die sie an den Ablegeplatz fesselnde Leine durchzubeißen, und wenn sie die Erfahrung machen, daß dies nicht möglich ist, hat man viel gewonnen. Das Schleppnetz (hierfür eignen sich z. B. Einkaufs- und Verpackungsnetze) benutzt man für die Herstellung von leichten bis schweren (Stehzeit!) Schleppen mit Aufbrüchen, Teilen überfahrenen Wildes o. ä.

Die Hegendorfsche Stachelschutzdecke, im Handel erhältlich, stützt sich auf jahrzehntelange Versuche, unerwünscht festes Zufassen zu korrigieren. Besonders die harten Greiftypen unter unseren Jagdhunden nehmen nicht selten das Niederwild so derb quetschend auf, daß z. B. bei Hühnern sofort das Gescheide heraustritt. Diese Decke stellt eine Weiterentwicklung der Bringkugel dar, die, mit stumpfen Stacheln besetzt, den Hund zum leichteren Zufassen veranlassen soll. Die Stachelschutzdecke hat sich als weitergehendes Hilfsmittel besonders zur Korrektur bewährt. Mit ihr wird z. B. Flugwild umhüllt, und der Hund lernt schnell, daß festeres Zufassen, also Knautschen, unangenehm ist.

Tupfstock, Bringselbindung, Auto-Set für Schweiß und Schleppwild

Gegenüber dem Spritzen von Schweiß aus der Flasche (eingekerbter Korken, Halsverengung durch Grasbüschel) hat der Tupfstock bei der Anlegung künstlicher Wundfährten den Vorteil, daß sich die Schweißmenge besser regulieren läßt. An dem handlichen Stock ist am unteren Ende ein drei bis vier Quadratzentimeter großes Schwammstückchen befestigt, mit dem man unter gelegentlichem Eintauchen in den Schweißbehälter die Rotfährte tupft.

Für die freie Arbeit des Bringselverweisers auf der Wundfährte ist eine sogenannte Bringselbindung erforderlich. Sie besteht aus einem Lederstückchen, das in der anfänglichen Ausbildungszeit am nichtwürgenden Ring der Halsung mittels Karabinerhaken befestigt ist. In der späteren Praxis wird die Halsung durch ein Gummiband ersetzt, das der Hund abzustreifen oder zu zerreißen vermag, falls er sich im Buschwerk verfangen sollte.

In der Zeit der Ausbildung auf Kunstschweißfährten empfiehlt sich die Mitführung eines Auto-Sets, bestehend aus geeignetem Behälter und Trichter für das Auffangen von Schweiß erlegten Wildes beim Aufbrechen, einer Dose mit Salz (zur Schweiß-Konservierung ein Teelöffel pro Viertelliter, besser ist schnellstmögliches Tiefgefrieren z. B. in Viertelliter-Sahnefläschchen), eines kleinen Plastikeimers mit Deckel (überfahrenes Niederwild und Raubzeug für Schleppzwecke), eines kleinen Wasserbehälters mit Schüssel für warme Übungstage, eines Beutels mit Trocken-Leckerbissen.

Gerte, Wurfkette, Katapult, Hetzbremse

Die biegsame Gerte (Weide, Haselnuß) ist ein Zwang-, mehr aber noch ein Drohmittel und besser verwendbar als käufliche Hundepeitschen. Nützlich zu Unterordnungsübungen, wenn der Hund erreichbar frei arbeitet und die lange Feldleine nicht verwendet werden kann, ist die Wurfkette, in der Hosentasche stets dabei. Sie erweist sich besonders dann als nützlich, wenn wir dem Hund eine „Falle“ stellen, ihn also z. B. durch Wildanblick zum Ungehorsam verleiten und sie wurfbereit in der Hand halten, falls der Hund Anstalten macht „durchzubrennen“. Eine käufliche Kettenhalsung bietet sich an.

Unter den Variationsmöglichkeiten überraschender Einwirkung beim unangeleint tätigen Hund ist besonders das Katapult (Zwille, Schleuder) hervorzuheben. Man verwende aber keine Steine, sondern besser Schrote aus einer geöffneten Patrone, um die Wahrscheinlichkeit des Treffens durch fünf bis zehn Schrote zu ermöglichen. Der Anwendungsbereich ist vom Heuler bis zum ungehorsamen Hetzer sehr vielseitig denkbar. Wenn man die Katapultladung dem fortstürmenden Hund von hinten auf die Keulen setzt, scheidet eine Gefährdung der Augen weitgehend aus.

Bei notorischen Hetzern zeitigt auch eine Holzkugel oder -birne Erfolg, die von der Halsung an einem Lederriemen herabbaumelt und gegen die Vorderläufe schlägt, sobald der Hund sehr flüchtig wird. In ähnlicher Weise behindernd wirkt der Fangriemen, der ein weites Ausgreifen der Läufe verhindert.

Im Zusammenhang mit diesen Einwirkungsmöglichkeiten sei auch auf die vielseitig verwendbare Hegendorfsche Zwangshalsung verwiesen. Sie besteht aus dem Halsband, dem abziehbaren Stacheleinsatz und zwei Paaren verschiedener Hilfsriemen, die für einzelne Übungen gebraucht werden können. Sämtliche Riemen sind abnehmbar. Die Halsung ist ein sogenanntes Würgehalsband, es kann aber würgend und nichtwürgend gestellt werden und hat beweglichen Stacheleinsatz, der sich mit einem Griff abnehmen läßt. Hier liegt das Prinzip zugrunde, dem Hunde das Begreifen zu erleichtern und seinem Widerwillen erfolgreich entgegenzuarbeiten, ohne ihn merklich zu strafen. Es wird ein nachhaltiger Zwang ausgeübt, der Hund lernt bald einsehen, daß Widersätzlichkeit wirkungslos bleibt. Durch Benutzung dieser Halsung ist Strafe oder andere harte Einwirkung oft überflüssig. Die Hilfsriemen lassen sich anwenden beim Halt- bzw. Platzmachen, beim Ablegen und Bringen, ferner um den Hund hasengehorsam zu machen und bei Schußhitze zu ruhigem Verhalten zu erziehen.

Die Übungsangel

Es handelt sich um einen drei bis vier Meter langen Stock mit etwa gleichlanger Leine, an der ein leichtes kleines Apportierstück (balgumgebenes Holz, zusammengewickeltes Balgstück o. ä.) befestigt ist. Der Wert besteht darin, durch lockendes Schwingen, Fortziehen und Umherschwenken des Fangobjektes dem nachsetzenden Junghund Bewegung zu verschaffen, sein Sprungvermögen zu üben, Greif- oder Vorstehanlage zu fördern oder zu zügeln, in der Ausbildungszeit das Haltmachen in Verbindung mit Verleitung zu festigen und somit den Hetzdrang zu zügeln. In vielerlei Hinsicht ist der Gebrauch solch einer Übungsangel auch für den älteren Hund nützlich. Vor allem das reflexartige Haltmachen auf Kommando in wünschenswerter Selbstbeherrschung trotz Verleitung läßt sich günstig fördern.

Ganz abgesehen vom Konditionstraining, ist in spezieller Anwendung sogar die Vorsteheigenschaft schon beim Welpen zu fördern, wenn im Verlauf der Übung das Bringobjekt kurzzeitig am Boden bleibt, nur vorsichtig und langsam vorangezogen wird, wobei durch beruhigende Sprecheinwirkung für entsprechende Hemmung beim Folgedrang zu sorgen ist.

Die Abneigung gegenüber dem nassen Element läßt sich wirkungsvoll überwinden, wenn man die Übungen am und im Wasser zur Steigerung der Passion gestaltet, und ebenso kann der Widerwillen gegenüber Raubwild beseitigt werden. Sollte der Welpe den Fanggegenstand öfter greifen, so schadet das nicht. Man sei in dieser Hinsicht aber sehr vorsichtig, sobald der Junghund das korrekte Bringen lernen muß. Das Fangspiel verführt zu übermütigem Zufassen und Hochwerfen, zum Knautschen und Verweigern beim Ausgeben.

Wer solche Gefahren im Auge behält, der hat in der Übungsangel ein nützliches Instrument für mancherlei Ausbildungszweige. Vernünftiges Maßhalten muß obenan stehen, d. h. der Fangtrieb darf nicht übermäßig gefördert werden, und Untugenden, wie z. B. hartem Zufassen oder verweigertem Ausgeben, ist zu begegnen.

Schleuder-„Wild“

In Erweiterung des Prinzips der Übungsangel werfen Ausbilder dann, wenn der Hund vorsteht oder sich in der Haltlage befindet, Flugscheiben aus (die Spielzeugindustrie bietet mancherlei Gegenstände an), wodurch der Hund zur Folge verleitet, aber dann, weil wir gewappnet sind, wieder in die Haltlage gezwungen werden kann. Die Verleitung ist noch stärker, wenn späterhin gleichzeitig ein Blindschuß in die Luft abgegeben wird.

Für diesen Zweck steht auch ein spezielles Wurfgerät zur Verfügung, das aus einem Handgriff, einer Abzugsvorrichtung sowie Kipphebel und einem auf den Schaft aufgeschobenen Apportierbock aus schwimmfähigem Kunststoff besteht. Eine Treibladung erlaubt, den Apportierbock etwa 70 Meter weit in die Gegend zu „schießen". Er sollte mit Kaninchenbalg o. ä. umwickelt sein. Dieses Gerät simuliert geschossenes, herabfallendes Wild, eignet sich zu Apportierübungen und insbesondere zur Verfeinerung des Gehorsams. Dem Knall und Fortfliegen des Apportierbockes folgt bei der Gehorsamsübung das Kommando „Halt!", wobei ein Schuß und das Fortfliegen des „Wildes" vorgetäuscht und in Eindrucks- wie Arbeitsfolge die Praxis (Herabfallen des „Wildes", Suchen und Finden) gefördert werden kann. So läßt sich das Gerät sowohl auf dem Lande wie auch bei Übungen am Wasser unter häufigerem Geländewechsel einsetzen.

Eine unerwünschte Auswirkung ist die Verleitung zur Augenarbeit, denn der Hund sieht das „Wild" fallen, was ja in der Jagdpraxis bei weitem nicht immer der Fall ist. Da wir erreichen wollen, daß er seine Nase im Jagdbetrieb auch dann gebraucht, wenn solche Augeneindrücke allein durch unsere Aufforderung zum Verlorensuchen ersetzt werden, sollte die Verwendung solch eines Gerätes begrenzt sein und durch entsprechende Übungen ergänzt werden.

Abb. 43. Hetzbremse

Abb. 44. Empfangshalsung für Funkimpuls

Ferneinwirkung mit Funkimpuls

Geräte, die dies ermöglichen, sind auch leihweise erhältlich. Sie erlauben mit funkgesteuerten Impulsen auf einige Entfernung die Einwirkung auf den Hund. Unter gewissen Voraussetzungen kann deshalb die Anwendung in der Praxis wertvoll sein. Man darf jedoch kein Abrichtungs-Allround-Gerät erwarten, sondern ein Korrekturhilfsmittel für schwierige Fälle. Bei unsachgemäßer Anwendung läßt sich mehr Schaden als Nutzen erreichen. Die befriedigende Anwendung in der Hand von Fachleuten, die dem Hund bei Ungehorsam einen strafenden Stromschlag versetzen und damit über einen „langen Arm" verfügen, darf insbesondere bei älteren Fabrikaten nicht über Gefahren und Mängel hinwegtäuschen, die sich bereits aufgrund Mehrfach-Ausnutzung der Funkfrequenz in bestimmten Gebieten ergeben können: Rangierbetrieb der Bahn, Krankenhausnähe, benachbartes Modellfluggelände o. ä. Dadurch ist es möglich, daß der Hund zum falschen Zeitpunkt gestraft wird.

Die Anwendung sollte keinesfalls nach dem Motto vorgehen: Bellt der Hund ruhestörend – Knopfdruck, verbellt er das Wild nicht tot – Knopfdruck, soll er Halt machen – Knopfdruck, soll er kommen – Knopfdruck. Ein Hund, der die Grundausbildung ohne Funkhilfe nicht gelernt hat, kann durch solch ein Gerät nur verdorben werden. Es ist kein Allround-Strafgeber und darf auch nicht als falschverstandenes Signalinstrument benutzt werden. Vorwiegender Anwendungsbereich ist die Korrektur notorischer Hetzer.

Mancher bereute schon den Fehler, den Impuls vor dem Gehorsamsbefehl gegeben zu haben. Man muß unbedingt darauf achten, daß solch eine (tierschützerisch allgemein unbedenkliche) Schockauslösung nur nach(!) einem vom Hund verstandenen, aber mißachteten Befehl erfolgt. Stets ist vor der Anwendung die Halsungsattrappe ausreichende Zeit anzulegen. Man tut auch gut daran, sie zuvor z. B. mit Erfrischungstüchern zu reinigen, weil noch die Wittrung anderer Hunde daran haften kann und vielleicht Abneigung auslöst. Wer den Sender z. B. immer in einer Seitentasche der Jacke trägt, kann erleben, daß der Hund bereits den Griff in die Jackentasche mit dem Impuls verknüpft und „zeichnet", bevor der eigentliche Impuls kommt. Das ist zu verhindern, er darf nicht erfahren, wann der Impuls kommt und daß dieser mit Halsung oder Sender in Zusammenhang steht. Man hüte sich, den Hund auf ein falsches Sichtzeichen einzustellen. Er muß an die Körperbewegungen des Abrichters gewöhnt sein, ohne diese begrifflich als Sichtzeichen aufzufassen.

Das Funkimpulsgerät kann deshalb keine Abrichtung ersetzen, es ist in schwierigen Fällen nur ein Hilfsmittel zur Festigung des bereits in der Ausbildungszeit Erlernten. Seine Verwendung setzt die von einem Jagdgebrauchshund zu fordernde Nervenstärke voraus und beim Ausbilder Verantwortungsbewußtsein und Erfahrung. Wichtig ist die sorgfältige und korrekte Grundausbildung im Haltmachen, auch auf Entfernung. Es können und dürfen nur solche Befehle mit diesem technischen Hilfsmittel durchgesetzt werden, die der Hund einwandfrei kennt.

Damit er die Impulse nicht mit dem Gerät in Verbindung bringt, muß er vorher die bereits erwähnte Halsungsattrappe mehrere Wochen lang ununterbrochen tragen. Sie ist häufig abzunehmen und wieder anzulegen, damit es nicht auffällt, wenn sie später mit dem eigentlichen Gerät vertauscht wird. Bei diesem Abnehmen und Wiederanlegen ist auch der Ort zu wechseln (Zwinger, Auto, Revierteil). Nach erfolgreichem Einsatz sollte der Führer die Empfängerhalsung nicht sogleich wieder abnehmen. Der Hund muß die Einwirkung des Impulses mit dem Befehl verknüpfen, nicht mit dem Gerät oder mit Wild.

Es ist mitunter sinnvoll, Übungen ohne Wild in der Weise vorzuschalten, daß ein fachkundiger Gehilfe den Hund (mit „scharfem Empfänger") an der Leine führt, der Ausbilder aus Entfernung das bekannte Haltkommando (z. B. Trillerpfiff) gibt und, wenn der Hund nicht ruckartig zu Boden geht, den Impuls auslöst. Die Haltlage ist hernach notfalls vom Gehilfen zu erzwingen.

Die Anwendung am Wild erfolgt nach dieser Übung bei Mißachtung des verstandenen Kommandos. Befehl und Einwirkung müssen in der Reihenfolge: Befehl – Impuls (letzterer natürlich nur bei Nichtbeachtung des Befehls) gegeben werden und unter keinen Umständen in umgekehrter Folge.

Solch ein Gerät eignet sich also zum Durchsetzen eines bekannten, verstandenen Befehls (z. B. bewußte Ignorierung des vernommenen Trillerpfiffs beim Wildhetzen) oder zum Verleiden einer Unart, wie z. B. dem notorischen Geflügelreißen.

Der durch diese Funkeinwirkung erreichte Gehorsam darf die für die Jagdausübung wichtigen Eigenschaften (z. B. Selbständigkeit, Findewille, Folgedrang) nicht beeinträchtigen. Dem Hund muß das absolute Vertrauen zu seinem Herrn und das Gefühl einer jederzeit gerechten Behandlung unter allen Umständen erhalten bleiben. Eine Einwirkung, deren Sinn und Zweck er nicht zu erfassen vermag, ist nutzlos und von Schaden. Es darf also keine Situationen geben, die den Hund im unklaren lassen, warum er gestraft wurde.

Grundausbildung

Leinenführigkeit

Befehl: „Fuß!" Welchen Zweck verfolgen wir mit der Leinenführigkeit? Die Möglichkeit zu schaffen, sich mit dem angeleinten Hund überall bewegen zu können, auch im dichten Bestand, auf belebtester Straße. Darunter ist zu verstehen, daß sich der Hund beim Gehen und Laufen unserer Gangart jeweils so anpaßt, daß es nicht notwendig wird, die Leine straff zu halten. Mit anderen Worten, selbst an der lockeren, durchhängenden Leine muß der Hund jederzeit mit seinem Kopf an der linken Seite unseres Knies bleiben.

Haben wir es mit einem temperamentvollen Hund zu tun, dann ist es zweckmäßig, ihm nach den ersten Übungen die Zwangshalsung anzulegen, weil durch die Einwirkung der Korallen dem Zuspruch „Fuß!" ein stärkerer Nachdruck verliehen werden kann. Zeigt sich der Hund jedoch ängstlich, wäre es verfehlt, durch verschärften Zwang das vorschriftsmäßige Gehen bei Fuß erreichen zu wollen. Hier heißt es, sich mit Geduld wappnen, es an zügelndem, aber keinesfalls zu scharfem Zuspruch nicht fehlen zu lassen und fleißig zu üben.

Wir beginnen die Einarbeitung in der Weise, daß wir beim Gehen ein mäßiges Tempo einhalten. Zu diesem Zwecke wählen wir eine Mauer oder Bretterwand, an der wir entlanggehen, so daß sich der Hund zwischen uns befindet. Die Leine wird bei gestrecktem Arm kurz gehalten. Sucht der Hund vorzuprellen, so erfolgt ein Ruck an der Leine, mit gleichzeitigem Zuspruch „Fuß!". Da nun schon diese Art gelinden Zwanges dem Hunde unangenehm ist, wird er versuchen, sich diesem zu entziehen, indem er nach der rechten Seite strebt. Jetzt wird der Hund mit einem ernstgesprochenen „Fuß!" verwarnt und sofort auf die linke Seite gezogen. Macht er Fortschritte, so lockert man die Leine. Es wäre falsch, den Hund nur an das Gehen bei straff gehaltener Leine zu gewöhnen. Im Gegenteil, es ist unsere Aufgabe, ihn so weit zu bringen, daß er an der ganz losen Leine mit dem Kopf bei Fuß bleibt. Das Ziel muß aber sein, daß er auch unangeleint so geht.

Als Übungserweiterung werden sodann die Rechts- und Linkswendungen während des Gehens eingeschaltet. Zu den Linkswendungen können wir beim temperamentvollen Hund mit einem verschärften Zwang einsetzen, der darin besteht, ihm ab und zu einmal bei dieser Gelegenheit leicht auf die Pfote zu treten. Seinen eventuellen „Protest“ beantworten wir mit „Fuß!“. Sobald er aber seinen richtigen Platz einnimmt, folgt sofort Lob: „So brav, mein Hund.“ Auch ein liebendes Streicheln des Kopfes mit der linken Hand erscheint sehr angezeigt.

Da sich für den Hund, wie wir schon gehört haben, jeder Begriff aus der Erfahrung formt, müssen wir ihm Gelegenheit geben, solche machen zu können. Es ist daher notwendig, alle erdenklichen Verleitungsmanöver einzuschalten. Wir werden daher aus dem langsamen Schritt zum Laufschritt übergehen, um sofort wieder ein gemäßigtes Tempo einzuschalten. Wenn wir uns rascher fortbewegen, wird der Hund sofort vorzuprellen versuchen, dem wir einen Ruck an der Leine oder eine rasche Linkswendung, wobei unser Knie mit dem Kopf des Hundes in unliebsame Berührung kommt, entgegensetzen. Doch immer und immer, und das vergesse man nie, ist der Hund mit „So brav!“ zu loben, sobald er durch die Zwangseinwirkung korrigiert wurde und gut bei Fuß geht.

Im Hof und Garten wird der Hund rasch zum Begreifen kommen, was er soll. Anders gestalten sich die Dinge, wenn ihn Umwelterscheinungen von besonderem Interesse gefangennehmen. Das ist auf der Straße und im Revier der Fall. Aus diesem Grund müssen zur Begriffsverdichtung solche Örtlichkeiten aufgesucht werden, um Gelegenheit zu haben, auf den Hund in entsprechender Weise und, wenn nötig, mit verschärftem Zwang einzuwirken. Jede Zwangseinwirkung muß mit dem Befehl „Fuß!“ begleitet werden. Jede darauf folgende richtige Einstellung des Hundes ist mit der Aufmunterung: „So brav, mein Hund!“ zu beantworten.

Bald nachdem er gelernt hat, gut an der Leine zu gehen, sucht man mit ihm ein Stangenholz auf und wird hier sehr bald Gelegenheit haben, ihn in eine Zwangslage zu bringen, wobei sich der Hund natürlich selbst straft. Man geht mit ihm absichtlich knapp an den Bäumen vorbei. Der junge Hund, der noch nicht ordnungsgemäß läuft, wird schon beim ersten Baum, statt mit dem Kopfe hinter dem linken Hosenbein zu bleiben, dem Stamm auszuweichen trachten, wobei er sich natürlich in der Leine verhängt. Der Baum befindet sich nun zwischen Hund und Führer. Der Zögling möchte gern zu seinem Herrn, aber dieser hält die Leine kurz, wodurch der Hund selbstverständlich „gewürgt“ wird. Der Führer sagt: „Fuß!“ und zieht den Hund an der Leine, ohne daß er seinen Platz verläßt, um den Baum zurück, was für den Hund nicht angenehm, aber ihm eine Lehre ist. Das Verhängen wird sich bei den ersten Gängen häufiger, als es uns lieb ist, wiederholen. Man gebe aber nicht nach, rufe dem Hunde jedesmal ein energisches „Fuß!“ zu und ziehe ihn dann immer wieder zu sich.

Es ist bei temperamentvollen Hunden oft so, daß wir mit den besprochenen Zwangsmitteln nicht auskommen. Wir sind daher gezwungen, z. B. beim Vorprellen des Hundes an der Leine, verschärften Zwang anzuwenden. Dies läßt sich auf einfache Weise durch Benutzen der Gerte bewirken. Sobald der Hund vorprellen will, bekommt er einen gelinden Hieb über die Vorderläufe, wobei natürlich auch durch Zuspruch „Fuß!“ eingewirkt wird. Mit der schmiegsamen Gerte besteht keine Gefahr, den Hund zu verletzen.

Es kann aber sein, daß es sich um einen weichveranlagten Hund handelt. In solchen Fällen sollten Zwangsmaßnahmen nicht angewendet werden, sondern ein Ruck an der Leine genügt vollauf, um den beabsichtigten Zweck zu erreichen. Weiche Hunde pflegen vielfach zurückzubleiben. Dann hilft freundlicher Zuspruch, noch mehr aber ein guter

Happen, um das Gehen an der Leine zur lustbetonten Handlung zu machen. Leinenführigkeit läßt sich nicht von heute auf morgen erreichen. Sie darf aber dem Hunde nicht eingebleut werden, sondern muß das Produkt zielbewußt wiederholender Ausbildung sein.

Sitzen

Befehl: „Sitz!" Nach erlangter Sicherheit in der Leinenführigkeit ist es wichtig, dem Hunde die Bedeutung des Kommandos „Setz dich" oder „Sitz" nachdrücklicher als in der Welpenzeit beizubringen. Wir nehmen ihn an die Leine, machen mit ihm einige Gänge, bleiben stehen, halten die Leine mit der einen Hand kurz, greifen ihm mit dieser in das Halsband, fassen ihn mit der anderen Hand über die Kruppe (mechanische Einwirkung) und drücken ihn mit dem Zuspruch: „Sitz!" nieder.

Oder: Man faßt mit der linken Hand die Leine ganz kurz bis zum Halsband und drückt den Hund am Halse zurück, während man mit der rechten Hand die Hinterhand des Hundes niederdrückt. In beiden Fällen ist der Hund durch eine zweifache Einwirkung zum Setzen genötigt. Man lobe ihn: „So recht, mein Hund!" und versuche, die rechte Hand loszulassen. Bleibt der Hund sitzen, wird er gelobt, macht er aber Miene, hinten hoch zu kommen, so wird er sofort wieder niedergedrückt und ihm „Sitz!" befohlen.

Diese Übung ist zu wiederholen, bis der Lehrling ruhig sitzen bleibt. Man zieht sodann die rechte Hand weg, während der Hund mit der linken Hand noch gehalten wird. Bleibt er ruhig sitzen, dann richtet man sich ganz auf und lobt ihn. Man unterbricht diese Übungen durch Gänge, läßt den Hund immer wieder einmal sich setzen und dehnt die Zeit des Sitzenbleibens bis auf wenige Minuten aus.

Herankommen

Befehl: „Hier!" Nachdem wir mit dem Hund einige Gänge ausgeführt haben, lassen wir ihn sich setzen. Die Leine in der Linken nachlassend, treten wir einen Schritt vom Hunde weg, befehlen: „Hier!" (in Süddeutschland oft „Herein" üblich) und machen gleichzeitig einen weiteren Schritt rückwärts. Dabei ziehen wir die Leine an (mechanische Einwirkung) und veranlassen so den Hund, aufzustehen und zu uns zu kommen (Zwang), worauf er sich vor uns niederzusetzen hat. Loben nicht vergessen. Die Übung wird fortgesetzt und hat den Zweck, den Hund zu veranlassen, auf das Kommando „Hier" zu seinem Führer zu kommen.

Gleichzeitig ist diese Übung aber auch eine Stärkung des Gehorsams, weshalb sie fleißig durchgenommen werden muß. Die Anwendung der Korallen und Gerte hat bei diesen Übungen auf jeden Fall zu unterbleiben. Man mache sich zum Prinzip, niemals dem Hund beim Hereinkommen zu drohen oder eine drohende Haltung einzunehmen. Jede Einschüchterung muß in diesem Fall streng vermieden werden. Täglich wiederholtes Üben ist die Hauptsache. Den Hund muß der Befehl: „Hier!" veranlassen, sofort und in flotter Gangart zu seinem Herrn zu kommen, weshalb man, sobald das Kommando gegeben ist, sofort an der Leine zieht und so den Hund zum Aufstehen bringt. Die Entfernung zwischen Ausbilder und Hund muß allmählich vergrößert werden, doch gehe man anfangs nicht gleich zu weit, sondern übe schrittweise.

Bleibt der Hund ruhig sitzen und kommt er auf den Befehl ,,Hier!" willig angesprungen, dann muß er stets gelobt werden, und man beschließt die Unterrichtsstunde oder macht eine Arbeitspause. Hunde, die dem Abrichter immer nachzukommen neigen, werden am besten davon geheilt, indem man sie erst recht lange sitzen läßt und neben ihnen stehenbleibt. Fängt man sodann an, sich langsam zu entfernen, was anfänglich nur schrittweise mit dem Gesicht zum Hunde geschehen darf, so hebt man die rechte Hand hoch und ruft ihm drohend zu: ,,Sitz!" Dabei verwarnt man ihn mit der erhobenen Hand.

Hat der Hund diese Übung erfaßt, muß er natürlich an schwerere Aufgaben gebracht werden, und so gehen wir mit ihm angeleint ins Zimmer oder auf den Hof. Hier lassen wir ihn sich setzen, gehen, die Leine in der Hand haltend, weiter und geben in einigen Minuten den Befehl: ,,Hier!" Der gelehrige Hund kommt sofort angesprungen, der minderbegabte oder schüchterne wird vielleicht sein Heil im Verstecken suchen, weil er sich dem Üben entziehen will. Wir haben aber die Leine in der Hand, lassen den Hund das Vorhaben nicht zur Ausführung bringen, sondern ziehen ihn unter dem Zuspruch: ,,Hier!" zu uns, worauf er sofort ausgiebig gelobt wird.

Darauf wiederholen wir die Übung gleich noch einmal, was meist mit einem guten Erfolg enden wird, zumal wenn wir nicht versäumen, dem Hund ab und zu einen guten Happen als Belohnung für das freudige Herankommen zu reichen. So werden die Übungen überallhin verpflanzt. Gelegentlich läßt man den Hund auch in seine Hütte kriechen. Sobald er darin liegt, wird ihm sofort der Befehl ,,Hier!" gegeben. Folgt er willig, dann wird er sehr gelobt. Kommt er aber auf unseren Befehl nicht sofort, dann ziehen wir ihn unter Wiederholung des Aufforderungswortes aus seiner Hütte heraus und lassen ihn sich setzen, worauf Lob zu folgen hat. Widerspenstige Hunde glauben sich besonders in der Hütte geborgen, und es kostet häufig viele Anstrengungen, ihnen klarzumachen, daß sie mit ihrem Eigensinn nicht durchkommen. Man wiederhole diese Übungen mit solchen Hunden eine Viertelstunde lang, lasse sie immer mit der verlängerten Leine in die Hundehütte hinein und ziehe sie mit dem Befehl ,,Hier!" heraus. Wenn der Hund aber bei uns ist, muß er abgeliebelt werden.

Das Hereinkommen soll vom Hunde flott, aber auch freudig ausgeführt werden. Häufiges Belohnen löst die Freude aus. Beim Üben ist es von großem Vorteil, im Augenblick, da der Hund auf uns zukommt, mit dem Gesicht nach ihm gewendet wegzulaufen, wobei man den Zuspruch ,,Hier" im freudigen Wortlaut wiederholt. Dies fördert die Gangart ungemein. In jedem Falle achte man darauf, sobald der Hund bei uns ankommt, ihn sofort sich setzen zu lassen.

Jetzt, wenn wir daran gehen, schon auf weitere Entfernung auf den Hund einzuwirken, ist es dringend geboten, auf einen Übelstand hinzuweisen, der sich besonders beim Jagen in recht unliebsamer Art bemerkbar macht. Wer hätte sich noch nicht über das Gebrüll und Geschrei vieler Jäger bei der Führung ihrer Hunde geärgert? Wenn man die Leute nach dem Grund fragt, bekommt man zur Antwort: ,,Sonst hört mich ja der Hund nicht!" Und warum hört der Hund nicht? Weil er durch diese Art der Behandlung harthörig geworden ist. Er hat sich an das Schreien des Herrn so gewöhnt, daß er auf leiser übermittelte Befehle gar nicht mehr reagiert.

In der möglichst lautlosen Befehlsgebung liegt aber gerade die Schönheit der Arbeit. Den Hund zur Feinhörigkeit zu erziehen, ist somit wichtig. Im weiteren Werdegang der Erziehung gehen wir ja sowieso dazu über, den Wortbefehl durch Sichtzeichen zu ersetzen. Hier kann schon in den ersten Anfängen der Führung Bedacht darauf genommen werden. Zum Beispiel: Wenn wir den Hund durch den Zuspruch: ,,Sitz!" zum Sitzen veranlassen wollen und dabei warnend den Finger erheben, werden wir beobachten, daß dieses Sichtzeichen sehr rasch zum stellvertretenden Befehl „Sitz!" wird. Wir haben in der Folge gar nicht mehr notwendig, den Zuspruch: „Sitz!" zu benutzen. Die Haltung des Herrn wird für den Hund zum Sichtzeichen. Je sparsamer man mit Befehlen umgeht, desto mehr wird Feinhörigkeit gefördert.

Zu den Hörzeichen zählt nicht nur der gesprochene Befehl, sondern auch jedes Signal, durch das dem Hunde ein Befehl übermittelt wird. Über die Art entscheidet die augenblickliche Situation. Angenommen, wir wollen dem Hunde auf weite Entfernung einen Befehl übermitteln, so wäre es töricht, ihm diesen zuzubrüllen, sondern wir bedienen uns einfach des Signalpfeifchens. Es kann aber möglich sein, daß wir auch dieses Hörzeichens nicht bedürfen, sondern durch ein Sichtzeichen dasselbe erreichen. Nehmen wir an, der weit von uns befindliche Hund soll Platz machen. Hat er uns geäugt, so genügt in einem solchen Falle das Heben des Armes, wodurch der gleiche Erfolg erreicht wird. In solchen Fällen lassen sich aber Hör- und Sichtzeichen zu einem noch wirksameren Befehl verknüpfen. Zum Beispiel der Hund sucht, wir übermitteln ihm das Hörzeichen „Platz" bzw. „Halt", daß er sich hinzulegen hat. Auf den Pfiff wendet sich der Hund möglicherweise mit dem Gesicht zu uns, worauf wir sofort den Arm erheben und ihn in die Haltlage bringen. Vielfach wendet man Hör- und Sichtzeichen gleichzeitig an, indem man Pfiff und Armhochheben verbindet.

Bei den Sichtzeichen ist besonders darauf zu achten, daß es dabei nicht zu falschen Begriffsverknüpfungen kommt. So kann es vorkommen, daß der Hund den Führer beobachtet, wie er die Signalpfeife an den Mund führt, wissend, daß er durch den Pfiff abgerufen wird. Dieses Beobachten führt sehr häufig dazu, daß der Hund auf uns zuläuft, sobald man die Pfeife in den Mund nimmt. Die Armbewegung wird zum Sichtzeichen, also zum stellvertretenden Befehl: „Hier!" Bei der Ausbildung dürfen solche Fehlerquellen nicht einreißen. Sie werden verhütet, wenn man das Heben des Armes und Zum-Munde-Führen des Pfeifchens des öfteren wiederholt, ohne das Hörzeichen mit dem Pfeifchen zu geben.

Für die Praxis bewährt es sich, nur zwei Befehle mit dem Pfiff auszudrücken, und zwar: mit dem einfachen und kurzen Pfiff „Platz!" bzw. „Halt" (früher „Daun"); mit einem Doppelpfiff „Hierher!". Oder: mit dem einfachen Pfiffzeichen = Hierher, mit der Trillerpfeife = Platz. Mehr Befehle mit dem Pfiff auszudrücken ist falsch, weil der Hund sie zu leicht mißverstehen kann und dadurch in Fehler verfällt.

„Hier" bzw. „Herein" auf Pfiff

Wir unternehmen mit dem Hunde an der Leine die gewohnten Gänge, lassen ihn sich setzen, treten einen Schritt zurück, geben ihm den Befehl: „Hier!", und gleichzeitig ertönt der Doppel- oder der einfache Pfiff. Also der Pfiff, den wir uns als „Kommpfiff" gewählt haben.

Hierbei ziehen wir sofort an der Leine und loben den Hund sehr. Man wiederhole das sofort mehrere Male hintereinander, und wenn der Hund augenblicklich den Befehl ausführt, wird er gelobt. Dazwischen gebe man den Befehl nur mit der Signalpfeife und ziehe an der Leine, was den Hund immer sofort veranlassen wird, unseren Befehl auszuführen. Die Übungen müssen täglich des öfteren in rascher Folge ausgeführt werden, stets lasse man dem ausgesprochenen Befehl den „Pfiff" folgen und wechsle dazwischen ab, indem man den gesprochenen Befehl ausläßt.

Gehen diese Übungen flott, gehorcht der Hund auf einen leisen Kommpfiff, dann haben wir den gewünschten Zweck erreicht, und es ist nur nötig, das Erfaßte zu festigen und die Entfernungen möglichst zu erweitern.

Wichtigstes Gehorsamsmittel: das Haltmachen

Befehl: „Platz" bzw. „Halt" (früher: „down"). Halt ist die Seele der Ausbildung und Führung, denn durch diesen Befehl leiten wir den Hund aus der Ferne. Der Zweck gipfelt darin, den Hund von einer unerwünschten Handlung blitzartig abzubringen oder auf ihn einzuwirken, daß er sich in allen Situationen an jener Stelle halten läßt, an der wir das wünschen.

Für die praktische Verwendung des Hundes ist es gewiß nicht einerlei, ob er den Kopf dabei zwischen den Läufen hat oder erhobenen Kopfes in der Liegestellung verharrt. Letzteres ist die sogenannte Warte- oder Ablegestellung, sie verdient dann den Vorzug, denn es liegt in unserem Interesse, daß der Hund auch in liegender Stellung die Möglichkeit hat, die Vorgänge um ihn herum zu beobachten.

Anders hingegen auf dem Übungsplatz! Hier soll und muß der Anlernling wie der fertige Hund den kompletten Gehorsam in der Haltlage zeigen. Das heißt, den Kopf zwischen die Vorderläufe, den Unterkiefer platt und ohne Konzession auf die Erde legen. Also – lernen muß der Jagdhund diese ideale Gehorsamsübung, und der fertige Hund darf sie nicht vergessen. Denn bei nachlassendem Gehorsam wäre die erste Lockerung, den Kopf hochzunehmen; hat er diesen aber schon stetig hoch, wäre die erste Lockerung, sich aus der Haltlage bereits vorn aufzurichten!

Wir machen mit dem angeleinten Hunde einige Gänge, lassen ihn sich setzen, legen die linke Hand auf den Nacken und ergreifen mit der rechten die beiden Vorderläufe über dem Fußwurzelgelenk. Auf den Befehl: „Platz!" o. ä. drückt die linke Hand den Hund

Abb. 45. Die Junghunde müssen zeitig lernen, sich nach oder bei Aufforderung zu setzen und in die Down-Lage zu sinken. Durch Druck auf die Kruppe wird der Hund schnell an die Sitzstellung gewöhnt. Soll er down machen, zieht man die Vorderläufe nach vorn und drückt ihn mit der anderen Hand in die Haltlage. Nur häufige Wiederholung führt schließlich zu selbsttätiger Befolgung

nieder, während die Rechte die beiden Vorderläufe wegzieht, was den Hund zwingt, sich zu legen. Nun drückt man ihm noch den Kopf zwischen die Vorderläufe und läßt die Hand darauf ruhen, gleichzeitig ihn mit „so brav" lobend. Nach einigen Sekunden geben wir ihm den Befehl: „Hier" oder auch „Auf", worauf der Hund sich vor uns hinsetzen oder aufrichten wird. Letzteres erfolgt bestimmt schnell durch leichten Zug an der Leine nach oben. Es folgt Lob. Sofort wird die Übung noch einmal ausgeführt und der Hund belohnt, wenn er sich willig gezeigt hat. Durch einige Gänge biete man ihm Abwechslung, worauf man die Übung wiederholt.

Man befiehlt: „Platz!", ihn gleichzeitig durch die mechanische Einwirkung zu Boden zwingend, wobei man die Hand auf den Kopf legt. Spürt man, daß der Hund keine Anstrengung macht, mit dem Kopf hochzukommen, dann versucht man, die den Kopf sanft haltende Hand wegzuziehen und läßt den Hund eine Minute liegen, worauf man ihm den Befehl „Hier" oder „Auf" zum Aufstehen gibt und darauf achtet, daß er sich sofort setzt. Nun wird er gelobt. In der Folge verbinden wir das Haltmachen stärker mit der vorherigen Übung, dem Herankommen.

Wir dürfen nicht glauben, daß mit diesen Übungen schon alle Hemmungen für den Hund wirksam überbrückt sind und er auf den Zuspruch „Hier!" in allen Fällen blitzartig zu uns eilt. Mit dem flotten, freudigen Zum-Führer-Eilen hat es vielfach sein unterschiedliches Bewenden. Wenn auch die Umwelteindrücke in Hof und Garten nur beschränkt sind, sie beeinflussen den Hund doch, und die sich daraus folgernden Reizwirkungen üben auf ihn sicher mehr Anziehungskraft aus als der Befehl „Hier!", selbst wenn die Befolgung mit Angenehmem verknüpft ist. Treten solche Fälle ein, dann wäre es falsch, verschärften Zwang in Anwendung zu bringen, denn der Hund muß die Erfahrung machen, daß das Zurücklaufen zum Herrn stets nur mit Angenehmem verbunden ist.

Es wird daher notwendig, weitere Aufmunterungsmittel anzuwenden. Zu diesen zählt in erster Linie das Rückwärtslaufen mit nach dem Hunde gerichtetem Gesicht. Dem wegeilendem Herrn folgt der Hund meist in flüchtiger Gangart. Freudige Bewegungen mit den Händen werden noch das übrige tun, das flotte Heranlaufen wirksam zu unterstützen. Im weiteren Werdegang wird man gut tun, die 20 bis 40 Meter lange Leine als Hilfsmittel heranzuziehen. Man gehe dabei nur schrittweise zu Werke, wobei sich der Vorteil ergibt, die Übungen recht abwechslungsreich zu gestalten. Die lange Leine dient nicht nur dem Zweck, das Weglaufen zu verhindern, sondern eine direkte mechanische Einwirkung zu erreichen.

Auf einen Punkt möchte ich hier besonders aufmerksam machen, und zwar hüte man sich, den Hund dabei auf ein falsches Sichtzeichen (Bücken, um die Leine vom Boden aufzuheben) einzustellen. Bevor der Zug an der Leine erfolgt, warte man einige Augenblicke. Der Hund muß an die Körperbewegungen des Abrichters gewöhnt werden, ohne begrifflich diese als Sichtzeichen zum Herankommen aufzufassen. Ferner darf beim Aufnehmen der Leine auch nicht der geringste Zug erfolgen, weil dies sonst zum stellvertretenden Befehl: „Hier!" würde. Der Zug darf erst mit dem Befehlswort oder bei gleichzeitigem Pfiff ausgeübt werden. Hat man diese Übungen alle gründlich durchgenommen und zeigt der Hund entsprechende Fortschritte, dann muß die Probe aufs Exempel gemacht werden, was sich auf Spazier- oder Reviergängen leicht durchführen läßt.

Man achte darauf, daß der Hund stets in einer vorschriftsmäßigen Lage liegt. Viele legen sich auf die Seite, andere halten liegend den Kopf hoch, wieder andere legen den Kopf nach links oder rechts usw. Keine von diesen Lagen darf man durchgehen lassen, denn unser oberster Grundsatz muß sein: Was der Hund lernt, das muß er auch vollkommen lernen. Später, in der Praxis, wird es weniger darauf ankommen, wie der Hund den Kopf hält, aber lernt er es nicht gleich von Hause aus richtig, wird er nachher viel zu leicht in Fehler verfallen.

Die Platzübungen sollen so eingerichtet werden, daß man den Hund erst in den einzelnen Fächern sicher macht, ehe Verleitungen einsetzen. Nicht zuviel auf einmal vornehmen, wenn das Vorhergehende noch nicht fest sitzt. Jeder Übung muß Lob folgen. Sobald uns der Hund bald nach der rechten, bald nach der linken Seite gehen läßt, ohne uns nachzuäugen, beginnen wir hinter ihn zu treten. Wenn man hinter ihm steht, wiederholt man den Befehl ,,Platz!", bleibt ein bis zwei Minuten stehen und geht an der linken Seite vorbei. Man ruft dem Hunde ,,Hier!" zu, lobt ihn, befiehlt sofort wieder ,,Platz!" und geht an der rechten Seite zurück, und zwar so weit, daß man hinter dem Hund zu stehen kommt.

Dies wird nun in einer Unterrichtsstunde wiederholt, wobei man die Dauer des Stehenbleibens hinter dem Hunde auf drei bis fünf Minuten ausdehnt. Auf das Kommando ,,Platz!" muß er blitzartig zusammenklappen. Bei zu langsamer Ausführung des Befehls hilft man mit der Gerte nach, bei einem widerspenstigen Hunde muß der Streich verstärkt werden. In solchen Fällen verbindet man den Hieb mit dem Niederziehen. Dies erreicht man am besten, wenn man den Riemen bzw. die Leine auf der Erde liegen läßt und sich mit dem Fuß darauf stellt. Die rechte Hand hält das Ende, auf den Befehl ,,Platz!" zieht man kräftig an, wobei der Hund zur Erde gezogen wird und in die Platzlage zu liegen kommt. Warnen möchte ich vor zu vielem Herumfuchteln mit der Gerte. Man halte diese, möglichst dem Hunde verborgen, auf dem Rücken.

Bei der Haltausbildung bewährt sich besonders auch die Verwendung der ,,Übungsangel", deren vielseitige Gebrauchsmöglichkeit im Kapitel ,,Hilfsmittel" erwähnt ist.

Die Anwendung der Hegendorfschen Zwangshalsung kann nützlich sein. Wir haben zu der Zwangshalsung Hilfsriemen, um den Hund in die Platzlage zu zwingen. Man befestigt sie an den am Halsband befindlichen Ringen, läßt den Hund ,,Platz!" machen oder zieht ihn, wenn er sich dazu nicht willig zeigt, nieder und legt ihm die Hilfsriemen um die Läufe, und zwar so, daß der Hund sich nicht mehr erheben kann, also nicht in der Lage ist, die Vorderläufe aus den Riemen zu ziehen. Die Wirkung ist verblüffend. Was man damit in ein, zwei Unterrichtsstunden erreicht, würde man durch langes Üben nicht erzielen. Sobald der Hund in die Platzlage gezwungen ist, wird er nach Kräften versuchen, sich aus ihr zu befreien. Aber alle Anstrengungen sind vergeblich. Ob er hinten hochzukommen oder sich zu entfesseln sucht, nichts kann ihm helfen, er muß liegenbleiben und wird stets bei allen Versuchen nur erreichen, daß er ,,Platz" machen muß. Das schließlich ruhige Verharren muß uns aber Veranlassung sein, den Hund reichlich zu loben.

Ich arbeitete mit diesem Halsband mit dem größten Erfolg. Die Anwendung der Hilfsriemen muß freilich immer zweckentsprechend sein. Die erste Übung wird auf nicht länger als zwei Minuten ausgedehnt. Dann werden dem Hunde die Riemen abgenommen, er muß dabei liegenbleiben, auf Befehl sich setzen, worauf er gelobt und abgeliebelt wird. Es ist bei den Erstlingsübungen darauf zu achten, daß der Hund nach Entfernung der Hilfsriemen nicht eher aufsteht, bis er den Befehl dazu erhält. Man verhüte das vorzeitige Aufstehen durch Auflegen der Hand auf den Kopf.

Wir wiederholen den Zuspruch ,,Platz!" öfter und lassen den Hund liegen, bis er sich beruhigt hat. Dann wird er gelöst und gelobt, die Gänge werden wiederholt, und das ,,Platz" ist von neuem entweder mit oder ohne Hilfsriemen zu üben. Sobald der Hund aber unseren Befehl ,,Hier!" oder ,,Auf!" nicht abwartet und vor der Zeit aufsteht, werden die Riemen wieder festgezogen und die ersten Übungen wiederholt.

Abb. 46. Viele Ausbilder verfahren bei einem harten Hund, der nur widerwillig in die Haltlage sinkt, auch mit mehr Zwang: Sie gehen, ihn an der nicht zu kurz gefaßten Führleine zur Seite, durchs Gelände und treten plötzlich bei gleichzeitigem Kommando in den Riemen, dadurch den Hund ohne andere Einwirkung zu Boden zwingend; oder es setzt bei zögernder Ausführung, unmittelbar auf das Kommando folgend, einen Jagdhieb mit der Gerte

Nun zum „Platz" auf Pfiff und Handhochheben. Viele wählen als Haltsignal auch den Trillerpfiff. Man benötigt dann eben zwei Pfeifen bzw. eine Doppelpfeife: Pfiff zum Herankommen und Trillerpfiff, der das Signal zum Halten bzw. zur Platzlage gibt. Ich habe meine Hunde auf den einfachen Pfiff sich legen lassen (Platzlage), während sie auf den Doppelpfiff (tü-tü) hereinkamen. Andere Ausbilder lassen ihre Hunde auf den Pfiff herankommen und auf den Trillerpfiff in die Platzlage gehen – letzterer übt auf viele Hunde mehr Zwang aus.

Nehmen wir den Hund mit ins Freie oder ins Revier, dann empfehle ich folgende Übung. Der Hund geht an unserer Linken. Während des Gehens befehle man ihm durch leisen Pfiff „Platz!", während man ihm mit der linken Hand an der Leine einen Ruck gibt und die Leine fallen läßt, dabei aber einige Schritte vorwärts geht, ohne erst stehenzubleiben. Die erste Entfernung soll nur fünf Schritte betragen, dann dreht man sich um und pfeift den Hund herein. Diese Übung, auf einer langen Strecke Weges immer wiederholt, selbstverständlich mit kleinen Unterbrechungen, macht den Hund außerordentlich fest im Platzmachen. Haben wir ein passendes Übungsgelände im Revier gefunden, eine Wiese usw., dann nehmen wir den Hund an die 40 Meter lange Leine und wickeln diese im Gehen ab, so daß die Leine auf der Erde liegt.

Wir befehlen durch Pfiff und Handhochheben „Platz!“ und gehen in gerader Richtung ungefähr zehn Schritte vom Hunde weg. Dann erfassen wir die am Boden liegende Leine und rufen den Hund durch Pfiff herein. Kommt er sofort, dann wird er gelobt und die Übung wiederholt.

So werden die Übungen an der Leine fortgesetzt. Der Abstand zwischen dem Hunde und dem Ausbilder muß immer größer werden, und je folgsamer der Hund sich zeigt, desto schwieriger gestalten wir die Aufgaben. Vom Schreiten gehen wir zum Laufen über. Das heißt, wir pfeifen „Platz!“ und eilen schnell einige Schritte vorwärts. Hierbei werden wir beobachten, daß selbst Hunde, die sonst immer fest liegen bleiben, Miene machen, aufzustehen und nachzukommen. Ist das geschehen, dann im Laufschritt zurückbringen und dort Platz machen lassen, wo man ihn zuerst hingelegt hatte. Die Haltübungen im Laufen sind besonders geeignet, diese Anforderung zu festigen. Zeigt er sich schließlich regelmäßig folgsam, so können wir versichert sein, daß er die Aufgabe richtig erfaßt hat.

Es folgen dann die Platzübungen mit dem unangeleinten Hund. An der langen Leine geht mit der Zeit natürlich alles wie am Schnürchen. Doch das Bild ändert sich oft, sobald man damit beginnt, die Platzübungen mit dem unangeleinten Hund durchzuführen. Dabei kommt es meist zu sehr großen Verwicklungen zwischen Abrichter und Hund. Vielfach spielt dabei die Unwissenheit eine große Rolle, weil man sich nicht die Frage beantworten kann: „Wie sag' ich's meinem Hunde?“

Wir wollen uns einmal den Gang der Dinge vergegenwärtigen, wie er meist zu beob-

Abb. 47. Mit der „Übungsangel“ lassen sich zur Festigung des Gehorsams lockende Verleitungen simulieren. Der Hund darf beim Umherschwingen des Wildes nachsetzen, muß auf Ertönen des Haltkommandos aber reflexartig in die Haltlage sinken

achten ist. Der Hund erhält den Zuspruch „Platz!", worauf der Führer versucht, sich zu entfernen. Was macht der Hund, er steht auf und steigt nach. Das sieht der Führer und ruft energisch „Platz!". Der Hund legt sich, denn er ist von seinem Herrn nicht mehr so weit entfernt. Der Führer geht wieder weiter, der Hund steht erneut auf. Und dies wiederholt sich mehrere Male. Für den Hund ist das eine schlechte Darstellung, denn es wird ihm begreiflich, daß er aufstehen darf, bis er wieder niedergedonnert wird. Wenn man bemerkt, daß der Hund hochwird und nachfolgt, soll man ihn entweder ganz herankommen lassen, anleinen und auf seinen früheren Platz zurückführen, an dem er, mit einem energischen Ruck an der Leine, auf den Platz verwiesen wird, oder ohne äußere Zeichen der Aufregung entgegengehen, ihn anleinen und auf den Platz zurückbringen.

Ein großer Fehler ist, von weitem ein drohendes „Platz" zuzurufen, denn dann passiert es meist, daß der Hund in der Angst, es setzt nun Strafe, einfach kehrt macht und sich irgendwo versteckt, nur nicht auf den Platz zurückkehrt, der ihm angewiesen wurde. Der größte Fehler aber ist es, den nachschleichenden Hund beim Herankommen zu verprügeln.

Beim Zurückbringen kann man, so es sich nicht um ausgesprochen ängstliche Hunde handelt, einen verschärften Zwang in Anwendung bringen, indem man gleichzeitig mit dem erneuten, energisch gesprochenen „Platz", einen Gertenhieb versetzt. Ich betone: gleichzeitig mit dem Zuspruch „Platz", und nicht etwa dann, wenn sich der Hund schon in der Platzlage befindet. Der Hieb soll nur ein Nachdruck des Befehls sein und schließt nicht etwa aus, daß man den Hund nach erfolgtem Abruf in entsprechender Weise mit „So brav, mein Hund!" abliebelt. In allen Fällen, in denen sich verschärfter Zwang notwendig macht, wird es immer ratsam sein, den Hund vorerst an die Leine zu nehmen, damit er nicht Gelegenheit findet, sich durch einen raschen Seitensprung dem Zwang zu entziehen oder gar auszureißen.

Die Übungen im Freien mit dem unangeleinten Hund sollen vorerst immer an solchen Örtlichkeiten vorgenommen werden, an denen die Wirkung des Befehls sicher ist. Im Revier bietet sich dazu viel Gelegenheit. Dabei meidet man vorerst jene Geländeabschnitte, die gut mit Wild besetzt sind. Man läßt den Hund vorlaufen und ermuntert ihn auf einer Wiese zum Suchen. Sobald er von uns entfernt ist, erhält er den Zuspruch: „Platz!" durch Pfiffbefehl und Handhochheben.

Allmählich wird die Entfernung vergrößert. Bei einem Versagen den Hund ruhig an sich herankommen lassen, anleinen und nach Verlauf einiger Minuten das „Platz!" an der Leine unter Anbringung eines Gertenhiebes sofort wiederholen. Und geht er einmal trotz Platzbefehls mit einem Hasen durch, nur nicht aus der Haut fahren. Ruhe bewahren und den Hund ohne Aufregung empfangen, als wenn nichts geschehen wäre. Nach einiger Zeit setzt man wieder mit verschärften Zwangsübungen an der Leine das Platzmachen fort. Natürlich muß bei allen diesen Übungen ein Wechsel in der Örtlichkeit vorgenommen werden, um den Hund immer wieder neue Eindrücke empfangen zu lassen, aber auch um zu verhüten, daß er sofort erfaßt, was nun seiner harrt.

In größte Aufregung versetzt man den jungen Hund, wenn man ihn angeleint quer über die Felder führt und plötzlich Hasen hoch werden. Natürlich zeigt sich anfänglich, daß alle gute Erziehung zum Teufel ist, denn der Hund wird dabei nur von dem Bestreben beeinflußt, den Hasen zu hetzen. Gerade diese Gelegenheiten sind uns willkommen. Man legt die Korallen an. Sobald ein Hase in Sicht kommt, wird der Hund natürlich nichts anderes zu tun haben, als zur Hetze anzusetzen. Er springt dabei selbst in die Korallen, was uns veranlaßt, ihm den Befehl: „Platz!" zu geben, wobei ihn gleichzeitig ein Gertenhieb zum Niedersinken zwingt.

Geht uns aber einmal der unangeleinte Hund durch die Lappen, dann ist noch lange nichts verdorben, wenn wir nicht selbst den Leichtsinn begehen, den Burschen dafür unter falsche Zwangseinwirkung zu stellen.

Selbstverständlich nehmen wir bei unseren Reviergängen auch die Gelegenheit wahr, ab und zu einen Schuß abzugeben, was den Hund sicherlich nicht aus der Fassung bringen wird, so er schon in früher Jugend an das Schießen gewöhnt wurde. Wir legen so die Grundlage für die so wichtige Schußruhe. An anderer Stelle habe ich schon darauf verwiesen, daß die Hunde bei Abgabe eines Schusses einzuspringen suchen, woraus sich die Schußhitze entwickelt. Gerade in diesem Stadium der Abrichtung liegt es in unserer Hand, das Übel im Keime zu ersticken. Man hat nichts weiter zu tun, als den Hund anzuhalten, beim Anschlagen des Gewehres sofort „Platz!" zu machen. Er wird durch die Wiederholungen sehr bald daran gewöhnt, sich beim Schuß nicht nur ruhig zu verhalten, sondern zu Boden zu sinken und in dieser Stellung auszuharren, bis wir ihn durch „Sitz!" zum Aufstehen und Sitzen auffordern.

Kriechübungen

Befehl: „Kriech!" Die Kriechübungen haben den Zweck, den Hund gefügig zu machen, sie sind ein ganz ausgezeichnetes Korrekturmittel. Sie werden aber erst vorgenommen, wenn der Hund das Platzmachen erfaßt hat und es zu unserer Zufriedenheit ausführt.

Wir legen dem Lehrling das Korallenhalsband um, nehmen ihn an die Leine, machen einige Gänge. Wir lassen ihn sich setzen, treten vor ihn, fassen die Leine mit der rechten Hand kurz, befehlen: „Platz!" und legen die linke Hand gleichzeitig auf seinen Rücken. Nun erfolgt der Befehl: „Kriech!", wobei man mit der Rechten die Leine anzieht. Durch das Auflegen der linken Hand verhütet man das Aufstehen, und durch den Zug mit der Rechten veranlaßt man den Hund zum Kriechen. Der Zweck ist, den Hund aus der Platzlage zum Vorwärtskriechen zu veranlassen, weshalb wir immer selbst einen Schritt zurücktreten müssen und durch Ziehen an der Leine den Hund zum Kriechen ermuntern. Die Leine muß ganz kurzgehalten werden, damit er keine Gelegenheit findet, vorn hochzukommen. Jeder Versuch, aufzustehen, wird durch einen gelinden Hieb unterdrückt, der Befehl „Platz!" wiederholt und der Befehl: „Kriech!" gegeben.

Die ersten Übungen sind selbstredend nur so weit auszudehnen, bis der Hund den Befehl „Kriech!" erfaßt, und in den meisten Fällen geht dies schneller als alles andere, wenn der Abrichter vorher mit der Gerte recht sparsam umgegangen ist. Das Bewußtsein eines möglichen Gertenstreiches hindert den Hund am Aufstehen, und durch den Umstand, daß wir ihn durch den Zuspruch: „Kriech!" zu uns ziehen, veranlassen wir ihn zum Vorwärtskriechen. Anfänglich läßt man ihn immer nur geradeaus auf sich zukriechen. Hat er aber die Übung erfaßt und kriecht auf den Befehl willig auf uns zu, dann gehen wir einen Schritt weiter und greifen an der Leine zurück, das heißt, wir geben immer mehr Leine und lassen den Hund die Kriechübungen wiederholen.

Die lange Leine bildet einen wichtigen Bestandteil der zur Ausbildung nötigen Hilfsmittel. Schon im Jahre 1780 gab Heinrich Wilhelm Döbel in seinem Buch „Jäger-Practica" eine Anleitung, die „Dressurleine" anzuwenden – allerdings gemäß damaliger Auffassung von einer „Parforce-Dressur", gegen deren Nachteile ich mich stets wandte. 1849 war es Altmeister Karl Emil Diezel, der die Verwendung der langen Dressurleine

Abb. 48. Nach unbotmäßiger Hasenhetze das strafende Kriechen an der Sasse. Es ist bei ausgebildeten Hunden mit schnell wechselnden Kommandos, z. B. „Halt"–„bei Fuß", zu erreichen. Das Kriechen strengt an, wird als unangenehm empfunden und ist eine zweckentsprechendere Maßnahme als harte Strafen, die das Vertrauensverhältnis stören

unter Benutzung eines in den Boden geschlagenen Ringes als unerläßliches Abrichtungshilfsmittel empfahl.

Wir nehmen also die lange Leine, befestigen sie an dem nichtwürgenden Ring der Halsung und befehlen dem Hund: ,,Platz!" Sobald er diesen Befehl ausgeführt hat, gehen wir in gerader Richtung von ihm weg, stellen uns auf zehn Schritte mit dem Gesicht ihm zugewendet auf und befehlen: ,,Kriech!" Der Hund muß jetzt die Strecke kriechend zu uns zurücklegen. Die Entfernung wird allmählich vergrößert, bis der Hund auf 30 bis 40 Schritte tadellos herankriecht.

Widerspenstige Hunde werden durch die Wiederholung zur folgsameren Einstellung auf unsere Wünsche gezwungen. Kriechen stellt eine beschwerliche Leistung dar. Da sie dem Hund fast nur unter Zwangseinwirkung begreiflich wird, ist es von Wichtigkeit, bei der Einarbeitung Maß und Ziel nicht zu überschreiten. Minutenlanges Üben genügt und soll an einem Tag nicht öfter als ein- oder zweimal wiederholt werden. Je schwerfälliger sich der Hund stellt, desto nachsichtiger muß er dabei behandelt werden.

Sprungübungen

Das Springen. Befehl: ,,Hopp!" Für den Gebrauchshund ist das Springen, besser ausgedrückt, das Nehmen von Hindernissen, unerläßlich. Diese Art von Springen hat mit Spielerei nichts zu tun, denn der Hund soll nicht über unseren Spazierstock, durch Reifen oder über den vorgehaltenen Fuß springen, sondern er soll Hindernisse nehmen, die in jedem Revier mehr oder weniger vorkommen. Aber gerade diese Art des Springens muß gelehrt werden, denn sie stellt hohe Anforderungen an die körperliche Fähigkeit eines Hundes. Wir steigern die Leistungen durch zielbewußtes Üben, und da haben wir es in der Hand, in einer Weise zu beginnen, daß das Springen schon während der ganzen Dauer der Übung Vergnügen und Freude bereitet. Es gibt Hunde, die gern und willig springen, über jeden Graben setzen, ohne sich lange zu besinnen. Andererseits aber gibt es nicht wenige, die bei jedem Hindernis, vor jedem Graben ratlos hin und her laufen und häufig große Umwege machen, anstatt einfach das Hindernis durch einen kühnen Satz zu nehmen.

In der Praxis aber müssen wir verlangen, daß jeder Hund ohne Besinnen ein Hindernis bewältigt, denn das Springen dient hier nicht nur dazu, das Ziel auf dem kürzesten Wege zu erreichen, sondern in neunzig von hundert Fällen wird es sich bei Verfolgung von Raubwild, krankem Niederwild und beim Bringen als unerläßlich herausstellen. Außerdem ist diese Anforderung Prüfungsfach.

Hochsprung. Befehl: „Hopp!“ Zu den ersten Übungen stellt man am besten einen Kistendeckel von etwa 0,30 m Höhe und 1 m Länge in eine offene Tür, befestigt ihn dort oder läßt ihn durch eine Person halten. Wir nehmen den Hund an die Leine, führen ihn einmal herum, gehen an das Brett und übersteigen es unter dem Befehl: „Hopp!“ gleichzeitig mit dem Hunde. Dabei ziehen wir an der Leine und veranlassen den Hund, über das Brett zu springen. Die Übungen werden wiederholt, und das Überspringen des Brettes macht keine Mühe. Es handelt sich hier auch nur darum, dem Hunde zuerst einmal den Befehl begreiflich zu machen, weshalb wir die Übungen so lange vornehmen, bis der Hund das Hindernis auf „Hopp!“ allein nimmt, ohne daß wir es notwendig haben, selbst mit darüber zu steigen.

In der folgenden erweiterten Übung lassen wir den Hund sich vor dem Brett setzen, werfen die Leine hinüber, gehen auf die andere Seite, ziehen die Leine an und befehlen: „Hopp!“ Der Hund wird mühelos über das Brett springen und gelobt. Nach einigen Wiederholungen nimmt man ihn an die Leine, geht bis an das Brett, läßt ihn sich setzen, löst ihn von der Leine und befiehlt: „Hopp!“ Er soll also unangeleint die Wand nehmen. Ist er auf der anderen Seite, so befiehlt man wieder: „Hopp!“ und läßt ihn zurückspringen. Es wäre grundfalsch zu verlangen, daß der Hund gleich über eine mindestens $1\,^1/_2$ m hohe Wand hinwegsetzen soll. Wir dürfen nichts erzwingen, was vorher nicht gelehrt wurde. Man erhöhe also allmählich die Sprungwand.

Abb. 49. Die Jagdpraxis erfordert häufig das Überspringen von Gräben mit Wild im Fang. Auch das muß während der Ausbildung geübt werden

Je niedriger das Hindernis zunächst ist, desto öfter kann man es vom Hunde nehmen lassen, muß sich aber trotzdem vor jeder Übertreibung hüten. Je höher das Hindernis ist, desto mehr muß die Anzahl der Übungen eingeschränkt werden. Springen ist anstrengend und kann, wenn maßlos betrieben, schädliche Folgen auslösen. Speziell bei jungen Hunden ist größte Vorsicht geboten. Auf jeden Fall vermeide man es, das Springen über 1,75 m Höhe zu steigern.

Weitsprung. Befehl: ,,Hopp!" Haben wir den Hund soweit, daß er eine Wand von 1,50 m mühelos nimmt, dann gehen wir zum Weitsprung über, der in der Praxis wohl am meisten in Frage kommt. Zu dieser Übung muß man irgendein kleines Stück Garten oder Feld haben, um einen Graben auswerfen zu können, falls ein solcher nicht im Revier vorhanden ist. Der erste Graben muß mindestens 50 cm breit sein. Wir gehen mit dem angeleinten Hund heran, springen mit ihm hinüber und wieder zurück und geben ihm jedesmal den Befehl: ,,Hopp!" Da der Hund dieses Kommando durch das Erlernen des Hochsprunges gut kennt, so wird er ohne weiteres über den Graben setzen. Sind wir ein- oder zweimal hin und zurück gesprungen, dann lassen wir ihn wiederholt allein über den Graben setzen, und zwar so, daß wir anfangs die Leine in der Hand behalten, auf die andere Seite des Grabens treten und dem Hunde ,,Hopp!" befehlen. Auf keinen Fall aber dulde man, daß der Hund den Graben durchläuft, sondern man verlange, daß er ihn im Sprunge nimmt. Springt er auf Befehl allein, dann nimmt man ihm die Leine ab und läßt ihn unangeleint hinüber- und zurücksetzen.

Hürdensprung. Befehl: ,,Hopp!" Um die Leistung im Weitsprung zu steigern, besitzen wir im Hürdensprung ein gutes Mittel. Die Herstellung einer verstellbaren Hürde ist so einfach, daß jedermann in der Lage ist, sie sich selbst herzurichten. Einen Lattenrahmen von etwa 3/4 m Höhe und 1 m Breite auf zwei Polsterhölzern genagelt, der Rahmen mit Laub oder Reisig verblendet, und die Hürde ist fertig. Man läßt den Hund erst über eine Hürde springen, dann stellt man die zweite in einem Abstand von etwa 20 cm dahinter, so daß der Hund über beide Hürden setzen muß. Geht dies, steigert man die Aufgabe, indem man den Abstand der beiden Hürden allmählich erweitert. Nimmt der Hund schließlich im Revier jeden Graben und ,,natürliche Hürden", ist unser Ziel erreicht.

Folgen frei bei Fuß

Befehl: ,,Fuß!" Mit Absicht habe ich ,,das Folgen frei bei Fuß" nicht sofort mit den Übungen bei der Leinenführigkeit verknüpft, obwohl es nur eine erweiterte Aufgabe derselben ist. Diese Erweiterung bildet aber in ihrem Wesen einen gewissen Gegensatz zur Leinenführigkeit und ist in ihrem Unterschied so groß, daß es von Wichtigkeit ist, nicht eher damit zu beginnen, bis der Hund in der Leinenführigkeit die entsprechenden Fortschritte gemacht hat. Dafür wollte ich aber Zeit gewinnen. Dies trifft zu, wenn man den Werdegang der Abrichtung nach den bisher gegebenen Anweisungen gestaltet. Darüber sind Wochen vergangen, der Hund ist also entsprechend älter und auch schon gehorsamer in der Hand seines Führers.

Schon beim ersten Versuch, den Hund zu veranlassen, uns frei, also unangeleint zu folgen, werden wir feststellen, daß selbst der ihm zum Begriff gewordene Zuspruch: ,,Fuß!" nicht die gleiche Wirkung auslöst. Der sich von der Leine freifühlende Hund wird sofort vor uns herspringen und sich seiner Freiheit freuen und nur wenig Verständnis dafür aufbringen, an unserer linken Seite zu verharren.

Das ist ganz natürlich! Dieser naturgegebene Zustand läßt uns schon bei oberflächlicher Betrachtung erkennen, daß es nicht zweckmäßig ist, die geistige Einstellung auf das Freifolgen im Revier vorzunehmen, sondern an einer Örtlichkeit, an der sich für den Hund weniger Ablenkungen ergeben. Wir beginnen somit die ersten Übungen im Haus oder im Hof, eventuell im Garten.

Zweckmäßig verfährt man auf folgende Weise: Bisher haben wir die Leine stets mittels Scherenzange am würgenden oder nichtwürgenden Halsungsring befestigt. Nunmehr wenden wir eine andere Taktik an. Statt der Leine bedienen wir uns einer dünnen Schnur, die sich durch den Halsbandring ziehen läßt, und behalten ihre beiden Enden in der Hand. Es beginnen die Gänge. Der Hund sitzt, wird gelobt. Nun gehen wir wieder an der Wand entlang. Während des Gehens ziehen wir, für den Hund unmerklich, die Schnur aus dem Ring, indem wir das eine Ende loslassen, wodurch der Hund frei wird. Noch ahnt er nichts davon und glaubt sich an der Leine. Wir machen nun eine Wendung nach rechts, kommen also von der Mauer weg, und dadurch wird der Zwang, neben dem Führer zu gehen, aufgehoben. Bei dieser Rechtswendung bemerkt der Hund, daß er frei ist und will vielleicht sofort vorlaufen. Ist dies der Fall, dann geben wir im scharfen Ton das Hörzeichen: „Fuß!" und müssen bestrebt sein, den Hund an die linke Seite zu bringen. Gleich darauf nehmen wir den Weg wieder an der Wand entlang und haben darauf zu achten, daß der freilaufende Hund nicht vorprellt oder zurückbleibt. Nach einigen Gängen bleiben wir stehen, der Hund hat sich zu setzen, worauf wir ihn loben. Diese Übungen an der Wand setzen wir fort, bis uns der Lehrling auch unangeleint folgt.

Sind wir soweit, dann nehmen wir die Gänge quer über den Hof oder durch den Garten vor, machen Links- und Rechtswendungen, immer darauf achtend, daß der Hund mit dem Kopf an unserem Knie bleibt. Während des Gehens bleiben wir öfter stehen, halten aber darauf, daß sich der Hund dann sofort setzt, worauf er immer gelobt werden soll.

Als Erweiterung dieser Übungen gehen wir dazu über, vom Schritt in einen langsamen Laufschritt zu verfallen. Was geschieht? Der Hund will schneller sein, läuft vor. Sofort bekommt er den Zuspruch: „Fuß!" In dieser Art üben wir weiter. Können wir den Fortschritt feststellen, worüber uns ja das Verhalten des Hundes belehrt, dann gehen wir dazu über, das Freifolgen bei Fuß auch auf Spaziergängen, namentlich aber im Revier, möglichst fleißig zu üben. Bei ängstlichen Hunden, die in der Regel zurückbleiben, hilft nur liebevolle Aufmunterung zum Herankommen, keinesfalls darf aber dies durch Zwangseinwirkung zu erreichen versucht werden, weil man dadurch die Ängstlichkeit nur noch steigern würde. Bei fortschreitender Begriffsbildung im Frei-Bei-Fuß-Gehen kann man auch das Platzmachen als wirkungsvolle Zwischenübung einschalten.

Diese Übungen sollen fleißig wiederholt werden, sie bilden eine vorzügliche Vorschulung für das sich ihnen anschließende „Ablegen". Bei diesem Teil der Ausbildung wird aber meist viel zu sprunghaft vorgegangen, was sich später rächt. Nur die langsame, allmähliche Steigerung einer Leistungsforderung läßt das gewünschte Ziel erreichen! Entbehrt der Hund der Grundbegriffe, ist sein Verstehen überfordert, so kann man von ihm keine Zuverlässigkeit erwarten. Gewöhnung macht den Meister!

Wir werden daher auch bei diesen Übungen, die wir mit dem Freifolgen bei Fuß verbinden, uns damit vorläufig begnügen, daß der Hund auf das Hörzeichen „Platz" einige Sekunden ruhig liegenbleibt, während wir etwa zehn Gänge weiterschreiten und dann wieder zum Hund zurückkommen. Haben wir ihn Platz machen lassen, dann darf der Hund nicht etwa herangerufen werden, sondern der Abrichter hat jeweils zum Hund zurückzukehren.

Ablegen

Für den jungen Hund ist es keine Kleinigkeit, aber auch kein Kunststück. Wir beginnen damit erst dann, wenn er in allen Sparten des Platzmachens firm ist. Damit sind einige Vorbedingungen für diese Leistung gegeben, denn der Hund wurde daran gewöhnt, daß sich der Führer für einige Zeit entfernte, ohne daß sein Zögling den ihm angewiesenen Platz verlassen durfte. Es fällt somit gar nicht schwer, durch entsprechende Erweiterung der Übung den Hund an das Ablegen zu gewöhnen.

Über die Frage ist des öfteren diskutiert, ob man dem Hund das Ablegen am Gegenstand oder ohne Gegenstand beibringen soll. Ich habe von jeher den letzteren Standpunkt vertreten und die Vorteile in der Praxis ungezählte Male bestätigt gefunden. Das vorliegende Werk dient ja vor allem der Ausbildung des vielseitigen Jagdgebrauchshundes. In der Praxis wird es immer wieder vorkommen, daß zum Hinlegen eines Gegenstandes überhaupt keine Zeit bleibt, die Notwendigkeit der Situation es aber doch dringend erforderlich machen kann, den Hund blitzartig abzulegen.

Beherrscht der Hund den Arbeitsbegriff des Platzmachens, dann ist es überflüssig, ihn im Walde an einen Baum mit der Lederkette festzulegen, um ihm das Alleinsein anzugewöhnen. Das Verharren am Platz folgert sich aus der Wiederholung und den sich daraus für den Hund ableitenden Erfahrungen.

Als Befehl wird auch für das Ablegen vorerst das Hörzeichen „Platz!" benutzt, das im Verlaufe der nun folgenden Ausbildung durch ein Sichtzeichen, und zwar seitliche Hal-

Abb. 50. Das Ablegen sollte bei anfänglichen Übungen stets am Rucksack oder einem ähnlichen Gegenstand erfolgen, der dem Hund vertraut ist. Zunächst entfernt man sich nur wenige Schritte (natürlich muß der Hund das Haltmachen bereits kennen), geht öfter in größer werdenden Kreisen um den abgelegten Jagdhelfer herum, begibt sich kurze Zeit in Deckung und bleibt schließlich länger fort (wobei man unauffällig in die Nähe des Hundes zurückkehrt, um notfalls einwirken zu können). Zwischen diesen einzelnen Ausbildungsschritten müssen aber Gelegenheiten öfteren Übens liegen, sonst neigen anhängliche Hunde dazu, ihrem fortgehenden Herrn zu folgen. Später erfolgt dann auch die Abgabe von Schüssen

tung des linken Armes, ersetzt wird. Unsere Aufgabe ist es, den Hund daran zu gewöhnen, daß er, zum Beispiel beim Pürschen, durch Seitlichhaltung des linken Armes zu Boden sinkt, ohne daß es notwendig wird, ein Hörzeichen zu gebrauchen.

Auf einem Waldweg geben wir dem angeleint geführten Hund den Zuspruch „Platz!", halten gleichzeitig die linke Hand seitwärts, lassen die Leine fallen und gehen langsam vorwärts. Der nach den bisherigen Anweisungen abgerichtete Hund liegt. Unsere Aufgabe ist es, sich seiner Sicht zu entziehen. Wir treten also zehn Schritt entfernt in die Deckung, die wir so wählen, daß wir den Hund im Auge behalten können. In der Deckung verweilen wir vorerst nur einige Sekunden, treten wieder auf den Weg, damit uns der Hund sieht, um gleich erneut zu verschwinden. Nach drei- oder viermaliger Wiederholung gehen wir wieder aus der Deckung und gehen langsam auf den Hund zu. Er darf bei unserem Hinzutreten nicht von selbst aufstehen, er hat liegenzubleiben, bis er die Aufforderung „Sitz!" erhält. Hierdurch wird er begreifen, daß sich sein Herr in der unmittelbaren Nähe befindet, wenigstens wird er ihn dort vermuten, wo dieser in die Dekkung trat.

Wir lassen nun den Hund sich setzen, ergreifen die Leine, liebeln ihn ab mit „So brav, mein Hund!" und gehen mit ihm ein Stück auf dem Wege weiter, um bald dieselbe Übung noch einmal vorzunehmen. Mit jeder Lektion verlängern wir unser Verweilen in der Deckung um einige Sekunden und werden in rascher Folge den Hund so weit bringen, daß er vorerst einmal fünf Minuten ruhig auf seinem Platz verharrt, bis er abgeholt wird. Wohlgemerkt, wir rufen den Hund niemals ab, er muß stets abgeholt werden! Dies zu beachten ist von Wichtigkeit, um im Hunde die geistige Verknüpfung herzustellen, daß er unter keinen Umständen seinen Platz verlassen darf, sondern immer auf seinen Herrn zu warten hat.

Wenn in diesem Sinne weitergearbeitet wird, dann dauert es gar nicht lange, und man bringt den Hund so weit, eine Viertel- oder Halbestunde abgelegt zu bleiben, ohne sich vom Platze zu rühren. Ich wiederhole aber nochmals, dieser Erfolg ist nur dann zu erreichen, wenn der Hund vorher im Platzmachen sattelfest ist. Der Fall, daß ein Hund nach dem Weggang seines Herrn aufsteht und nachschleicht, ist bei Erfüllung der hier geschilderten Vorbedingungen so gut wie ausgeschlossen.

Die seitlich gehaltene Hand wird inzwischen zum stellvertretenden Befehl: „Platz!" Dies muß natürlich täglich geübt werden, um so rascher stellt sich der Hund auf das Sichtzeichen ein.

Es kann aber doch einmal vorkommen, daß er durch irgendeine äußere Einwirkung veranlaßt wird, seinen Platz zu verlassen, um uns nachzuschleichen: Wie hat man sich jetzt zu verhalten? Nur die Ruhe kann es bringen! In den meisten Fällen wird der Hund schon von weitem angedonnert: „Marsch, auf deinen Platz!" Ich habe auch in diesem Fall das Gegenteil als vorteilhafter gefunden. Man lasse ihn auf sich zukommen, leine ihn an und befehle: „Platz!" Nach Verlauf einiger Sekunden muß aber der Hund eine „Bauchpromenade" nach der Stelle machen, an der er abgelegt wurde. Das Hinkriechenlassen zum verlassenen Platz wirkt mehr als alle Schimpferei oder ein Gertenhieb.

Habe ich den Hund auf seinen alten Platz zurückgebracht, dann entferne ich mich auf nur zehn Gänge, wähle die Deckung so, daß ich ihn beobachten kann, und lasse ihn zehn Minuten liegen, ehe ich aus der Deckung heraustrete. Sollte ich aber beobachten, daß er wieder Miene macht, aufzustehen, bin ich auch schon aus der Deckung heraus, und dieses plötzliche Erscheinen hat zur Folge, daß sich der Hund sofort beruhigt und in der Platzlage verharrt.

Nach dem bisher Geschilderten wollen wir ihn vorerst einmal so weit bringen, daß er eine halbe Stunde allein liegenbleibt. Schon bei dieser Gelegenheit mag er den Kopf heben, obwohl ich weiß, daß ich mich mit dieser Bemerkung einer Kritik durch manche andere erfahrene Ausbilder aussetze, weil sie diese Übungen noch zur Grundabrichtung zählen und erst beim langen Ablegen im Wald und beim Haltpfiff im späteren Verlauf der Suche in Feld und Wald den Gehorsam (Kopf hoch) lockern. Liegt der Hund die geforderte Zeit, beginnen wir mit der Einschaltung verschiedener Verleitungen. Da das eine wesentliche Erweiterung der Aufgabe darstellt, ist es notwendig, wieder mit kleineren Anforderungen zu beginnen.

Wir entfernen uns auf etwa zehn Schritt und geben einen Schuß ab, ehe wir in Deckung treten. Da wir den Hund in Sicht haben, können wir sein Verhalten beobachten. Bleibt er ruhig, warten wir einige Minuten und schießen sodann noch einmal, den Hund aus der Deckung prüfend. Hat er sich ganz aufgerichtet oder ist er gar aufgestanden, treten wir sofort auf den Weg und geben ihm durch Sichtzeichen Handhochheben den Befehl „Platz!". Eine sofortige Wiederholung der Übung wird den gewünschten Effekt des Liegenbleibens mit Sicherheit auslösen.

Im übrigen muß man sich zur Regel machen, jede fehlerhafte Ausführung des Hundes stets sofort zu korrigieren. Sich nur ja nicht mit laschen Leistungen zufriedengeben, denn dabei kann nichts Ganzes herauskommen! Bei der Ausführung selbst ist darauf zu achten, daß sie nicht nur exakt, sondern auch rasch erledigt wird. Dazu muß vom Abrichter aus die Anregung gegeben werden. Menschen, die nach dem Grundsatz leben: „Ich habe Zeit!" müssen sich umstellen. Ein guter Ausbilder hat agil zu sein und reaktionsschnell zu handeln, es darf ihm auf hundert oder mehr Handgriffe und Bewegungen nicht ankommen, wenn es im Interesse der Sache liegt. Bei der Abrichtung muß man leichte Füße haben, denn diese Beweglichkeit überträgt sich auch auf den Hund, und zwar dem Sinne nach so, daß dieser an schnelle Ausführungen der Befehle gewöhnt wird. In der weiteren Folge müssen immer neue Verleitungsmanöver eingeschaltet werden. Bei allen Ablenkungsübungen hat sich der Führer in der unmittelbaren Nähe des abgelegten Hundes zu befinden, um korrigierend eingreifen zu können.

Haben wir einen Dickkopf in Arbeit, der sich selbst nach vielen Wiederholungen nicht daran gewöhnen kann, allein liegenzubleiben, dann wende man die Zwangshalsung an. Der Hund wird mittels der Hilfsriemen an einem einsamen Ort im Revier abgelegt. Die erste Übung dehnt man auf zehn Minuten, die zweite auf eine Viertelstunde, die dritte auf eine halbe Stunde und die vierte auf eine ganze Stunde aus. Dieser Zwang läßt ihn begreifen, daß das ruhige Liegen letztendlich nur zu seinem Vorteil ist. So ersparen wir uns unnötige Aufregungen, dem Hunde aber Strafen, ohne die es sonst bei solchen Zöglingen nicht abgeht.

Bringen

Jeder Jäger weiß, was man unter Bringen oder Apportieren versteht. Aber darüber sind sich die meisten nicht einig, *wie* man einen Hund zum Bringen erzieht. Es machen sich zwei Meinungen geltend. Viele behaupten, der Hund müsse parforce (zwangsweise) abgerichtet werden, andere halten es für richtig, ihn von Jugend an zum Bringen zu erziehen. Wer hat nun recht? Je nach der Veranlagung des Hundes – beide!

Wären alle Hunde gleich veranlagt, würde sich die Frage so oder so entscheiden lassen. Weil es aber Hunde gibt, die eine ausgesprochene Bringlust besitzen, während andere geradezu eine Abneigung dagegen haben, mithin jeder einzelne Hund in dieser Beziehung anders veranlagt ist, bleibt es Sache des Erziehers, den richtigen Weg zu finden, der am schnellsten und sichersten zum Ziele führt.

Ich habe einige Jahre hindurch gerade das Anlernen zum Bringen als Spezialität betrieben und kann sagen, daß mir Hunde mit den verschiedensten Eigenschaften vorgekommen sind. Wenn ich aus diesen Erfahrungen den Schluß ziehe, dann komme ich zu dem Resultat, daß die Hunde die besten und sichersten Bringer wurden, die frühzeitig dazu erzogen wurden. Bringen und Bringen ist nicht dasselbe. Es gibt ein Apportieren, bei dessen Anblick einem das Herz im Leibe lacht, und ein Bringen, bei dem man unwillkürlich zu der Folgerung kommt: Armer Hund, was mußt du wohl für Prügel bekommen haben, bis du zu einer solch traurigen Erscheinung heruntergekommen bist.

Als Jäger habe ich Gelegenheit, alles Mögliche mit nach Haus zu nehmen, an dem der junge Hund seine Bringlust zeigen kann, und ich halte es für notwendig, daß diese Apportierfreude so frühzeitig wie möglich geweckt und gefördert wird. Ich ließ meine jungen Hunde alles bringen, was nur irgend von der Jagd ins Haus kommt und was sie tragen können. Das waren Eichhörnchen, Krähen, Eichelhäher, Iltisse und Wiesel, auch Fuchs und Katze lernten sie stets beizeiten kennen. In Ermangelung solcher ließ ich die Hunde sogar Holzstücke herbeischleppen, habe ihnen solche auch geworfen und mit Lob nie gespart. Wenn ich dieses Spiel meinen jungen Hunden gewährte, so war es für mich nur Mittel zum Zweck. Ich wollte damit nur anregen, in ihnen die Freude wecken, ich wollte damit erreichen, daß sie frühzeitig mit allem Möglichen vertraut wurden.

Was sie zum Spielen vorgeworfen erhielten, durften sie niemals in die Hütte schleppen und dort in aller Gemütsruhe zerzausen und zerbeißen, sondern sobald sie das Stück im Fang hatten, dann lockte ich sie an mich, lobte sie und das Spiel hatte ein Ende.

Meine Hunde kamen im Alter von fünf, sechs Monaten mit jeglichem Raubwild, das sie nur schleppen konnten, im gestreckten Galopp an. Soll man darüber keine Freude empfinden, soll eine so ausgeprägte Passion für die spätere Praxis nutz- und wertlos sein? Wird ein solcher Hund die Aufgabe nicht leichter erfassen als einer, der das nicht kennt? Jeder Hund soll und muß natürlich auch schulmäßig zum Bringen ausgebildet werden, und hieraus ergibt sich, daß wir uns nicht nur mit dem zufrieden geben, was der Hund aus sich selbst leistet, sondern daß wir in allen Fällen das Apportieren auch durch Zwang lehren müssen.

Mehr als alles andere bei der Erziehung und Fortbildung erfordert das Anlernen des jungen Hundes zum Bringen Ruhe und Besonnenheit, Geduld und Ausdauer des Abrichters. Es bildet häufig eine Klippe für beide Teile, und man kann ruhig sagen, es ist der Prüfstein für den Abrichter. Bei keiner anderen Arbeit kommen Hund und Jäger so schnell auseinander wie bei dieser, und bei keiner Übung kann ein Hund schneller verdorben und handscheu gemacht werden, als gerade beim Bringen. Darum heißt es, mit Vorsicht zu Werke gehen.

Mein Grundprinzip ist: Im jungen Hund durch Spiel die Bringfreude anregen; ihn frühzeitig mit allem Bringbaren vertraut machen; im abrichtungsfähigen Alter aber systematisch auf den Begriff des „Bringen-Müssens" einstellen. Grundsätzlich verwerfe und bekämpfe ich die viel verbreitete Ansicht, den Hund „aus sich selbst" zum Apportieren entwickeln zu lassen.

I. Übungskreis. Hat man sich den jungen Hund vom Welpen an selbst erzogen, dann ist man sich darüber klar, ob er Bringlust hat oder nicht. Wurde er aber erst im abrichtungsfähigen Alter in die Hand genommen, weiß man nicht, wie er erzogen wurde. Bevor wir mit Zwang einsetzen, müssen die Vorbedingungen dazu geschaffen werden. Nur ein

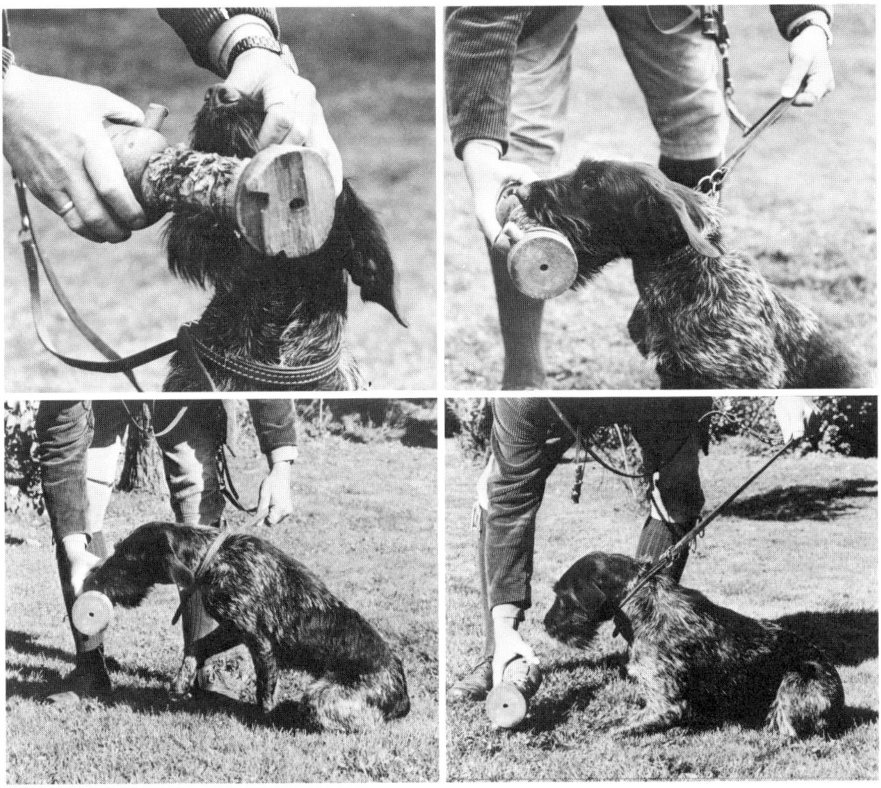

Abb. 51. Zunächst muß der Hund sich den Apportierbock in den Fang schieben lassen, wobei das Öffnen des Fanges durch Lefzendruck zu erreichen ist. Sobald er den in Kopfhöhe vorgehaltenen Apportierbock schließlich selbständig greift, glaubt aber so mancher Jäger das Ziel erreicht und wirft den Bringgegenstand auf den Boden. Die meisten Hunde benötigen aber zur Verknüpfung noch Zwischenstufen: Der Bock wird zunächst zunehmend tiefer gehalten, bis er den Erdboden berührt; in diesem Stadium klopft man mit ihm aufreizend auf den Boden und läßt ihn, sobald der Hund zufassen will, los

unerfahrener Abrichter wird gleich von Haus aus den Weg über Biegen oder Brechen nehmen (um dann bald mit seiner Weisheit am Ende zu sein). Vor diesem Fiasko möchte ich in erster Linie die Anfänger behüten.

Nehmen wir also an, es handelt sich um einen Hund im Alter von acht Monaten bis zu einem Jahr. Lassen wir ganz außer Betracht, was er kann oder nicht kann, sondern sagen wir uns einfach, wir haben mit ihm ganz von vorn zu beginnen. Und dieses Erstlingsbeginnen fordert, das Interesse für das Bringen zu wecken. Als Hilfsgerät benutzen wir das bekannte Bringholz, auch Bringbock genannt. Die idealste Form des Bringbockes ist der von Oberländer herausgebrachte Typ. Er besitzt eine entsprechende Grifffläche und zeigt den großen Vorteil, daß das Gewicht dem Leistungsvermögen des Hundes angepaßt werden kann.

Befehl: „Bring!" und „Aus!" Gleich von Anbeginn benutzen wir jene Befehlsworte, die auch im späteren Verlauf gebraucht werden. Die Voraussetzung haben wir so zu gestalten, daß sich das Interesse des Hundes auf den Bringgegenstand konzentriert. Um dies zu erreichen, müssen wir die Übungsörtlichkeit so wählen, daß der Hund keinen Ablenkungen unterworfen ist, aber auch seelisch nicht herabgestimmt wird. Letzteres ist von besonderer Bedeutung. Deshalb verzichten wir darauf, uns mit dem Hund in einen Raum abzusperren, nehmen vielmehr die Übungen im Hof oder Garten vor, müssen jedoch besorgt sein, daß nicht etwa andere Hunde, Geflügel oder Menschen unseren Lehrling ablenken.

Wir nehmen den Hund an die Leine, gehen mit ihm auf den Übungsplatz (Hof, Garten usw.), zeigen ihm den Bringbock und bewegen ihn in rascher Folge vor dem Hund hin und her, ihn dabei mit „Bring!" – „Bring!" aufmunternd und rasche Bewegungen ausführend. Dadurch wird der Hund angeeifert, nach dem Bringbock zu greifen, was wir ja bezwecken wollen. Gelingt uns dies, faßt er also danach, dann muß es unser Bestreben sein, ihm den Bock in den Fang zu schieben. Gleichzeitig damit verbinden wir die Aufmunterung: „So brav, mein Hund!", streicheln ihn mit der linken Hand, während die rechte unter den Fang greift, um das Halten des Bockes zu unterstützen. Das gelingt nur Sekunden, aber es genügt uns zunächst.

Die Technik in der Anregung besteht im wesentlichen darin, die Bewegungen mit dem Bringbock derart zu gestalten, daß der Hund mit Leichtigkeit zufassen kann. Sie müssen also möglichst dicht vor ihm ausgeführt werden, denn dann vermag der Hund ohne Mühe seine Faßversuche zu machen. Nach erfolgtem Abliebeln gehen wir gleich zur Wiederholung über. Wieder bewegen wir den Bringbock vor seinem Kopf hin und her, bald vor, bald seitlich vom Hunde, springen vielleicht selbst sogar bald nach dieser, bald nach jener Seite, wiederholen immer: „So brav, mein Hund!", womit wir ja nichts weiter verfolgen, als ihn mit Faßbegierde zu erfüllen und anzueifern, das durch uns so beweglich gemachte Holz zu ergreifen.

Nun kann es vorkommen, daß der Hund dieses Spiel mit großem Eifer mitmacht, ohne jedoch den Bringbock zu fassen. Zeigt sich dies, dann versuchen wir, ihm den Bock schnell in den Fang zu schieben, wobei wir ihm aufmunternd den Zuspruch „Bring!" geben. Sollte er sich jedoch nicht geneigt zeigen, den Fang zu öffnen, was sehr häufig vorkommt, dann müssen wir etwas nachhelfen. Wir greifen also rasch mit der Hand über den Fang, Daumen und Zeigefinger fassen zwischen die Lefzen in das Gebiß, und diese einfache mechanische Einwirkung (Zwang in der gelindesten Form) hat zur Folge, daß der Hund den Fang öffnet, worauf wir den Bringbock mit dem Zuspruch „Bring!" in diesen schieben und gleichzeitig in liebkosender Weise mit „So brav, mein Hund!" antworten.

Indessen greift die rechte Hand unter den Fang, um das Halten des Bringbockes zu unterstützen, während wir mit der linken den Hund abliebeln. Diese Übungen werden noch einige Male, insbesondere solange man beobachtet, daß der Hund mit Interesse an der Sache ist, wiederholt und mit einem herzlichen Abliebeln des Hundes beendet. Es kommt vor, daß der Hund den Fang nicht geschlossen hält, wenn sich der Bringbock darin befindet. Was tun? Soll man jetzt Zwang anwenden, um das Festhalten zu erreichen? Es wäre verfehlt, so zu verfahren, denn das würde die entfachte Lust viel zu stark herabmindern, wenn nicht sogar zunächst aufheben. Man gebe sich deshalb mit dem Wenigen durchaus zufrieden.

In der Folge werden die gleichen Übungen wiederholt, wobei es von Wichtigkeit ist, auf die Bewegung des Bringbockes das Schwergewicht zu legen, um das Interesse des Hundes zu steigern. Wenn wir es verstehen, die im ersten Übungskreis angegebenen Hinweise zu lustbetonten Handlungen zu gestalten, was nur durch unentwegte Aufmunterung erfolgen kann, bleibt es nicht aus, daß der Hund großen Gefallen daran findet. Dieser äußert sich durch das Zuschnappenwollen, um das Bringholz in seinen Besitz zu bringen. Haben wir das erreicht, sind wir schon ein gutes Stück vorwärts gekommen, denn damit verbindet sich auch bereits das längere Halten des Bockes, also die Erfüllung der zwei wichtigsten Vorbedingungen für das Bringen, a. Zufassen, b. Halten!

Da beides auf den Hörreiz ,,Bring!" erfolgt, wird der Hund begreifen, was darunter zu verstehen ist. Sehr bald ist es nicht mehr notwendig, den Bringbock durch Hin- und Herschwenken zu beleben, denn das Befehlswort ,,Bring!", das wir stets im freundlichsten Ton aussprechen und mit dem Abliebeln verbinden, wird die gleiche Wirkung ausüben. Beginnt der Hund ohne unsere Handunterstützung den Bringbock zu halten, dann lassen wir darüber einige Sekunden verstreichen, um ihm das Holz mit dem Zuspruch ,,Aus" abzunehmen.

Es gibt Hunde, die den Fang nicht zumachen wollen, wenn man ihnen den Bringbock hineinschiebt, ferner solche, die sich weigern, diesen abzugeben, ihn also mit den Zähnen derart festhalten, daß man ihn nur schwer aus dem Fang herausbekommt. Im ersten Fall greift man dem Hund mit einer Hand unter den Fang, damit ihm der Bock nicht entgleitet, während man ihm mit der anderen liebkosend den Kopf streichelt. Es heißt Geduld aufwenden und fleißig üben, und wenn man dem Hund dazwischen hin und wieder zur Aufmunterung einen Happen reicht, wird das wesentlich dazu beitragen, das Begreifen zu erleichtern. Hunde, die nicht ausgeben wollen, werden durch den gelinden Lefzendruck (Zwangseinwirkung) rasch zum Öffnen des Fanges gezwungen. Nur versäume man nie das anschließende Lob.

II. Übungskreis. Wir schreiten nun zur Erweiterung der Aufgabe, die darin besteht, den Hund daran zu gewöhnen, daß er sich mit dem im Fang befindlichen Bringbock setzt. Im ersten Übungskreis blieb dies weg, um zu verhüten, daß etwa notwendige Zwangseinwirkung den Hund veranlaßt, das Bringholz fallen zu lassen. Da er aber daran gewöhnt wurde, das Holz schon sekundenlang zu halten, kann das Sitzen eingeschaltet werden. Als Voraussetzung hat zu gelten, daß der Hund den Begriff des Befehlswortes ,,Sitz!" beherrscht. Ist das nicht der Fall, dann muß es erst gelehrt werden, ehe es mit dem Bringen in Verbindung gebracht wird.

Wie gewöhnlich ermuntern wir den Hund zum Zufassen, schwenken daher den Bringbock vor ihm hin und her, und dies zuerst in etwas gebückter Stellung, gehen dann damit tiefer zu Boden und lassen ihn hier vom Hunde fassen. Sofort richten wir uns auf, halten die rechte Hand unter den Fang des Hundes, damit er durch die nun folgende Zwangseinwirkung nicht veranlaßt wird, das Holz fallen zu lassen. Die linke Hand greift im gleichen Augenblick über die Kruppe, und mit einem aufmunternden ,,Sitz!" wird die Hinterhand zu Boden gedrückt. Sobald der Hund sitzt, wird ihm der Bringbock mit ,,Aus" abgenommen und er reichlich gelobt.

Was bei diesen Übungen Schwierigkeiten bereitet, muß gesondert durchgenommen werden. Nach ein bis zwei Wiederholungen schalten wir eine kleine Arbeitspause ein, nehmen auch eine andere, dem Hund bereits geläufige Übung vor, um Gelegenheit zu finden, ihn zu loben.

Während der Bringübungen vermeide man andere Aufgaben, die eine Zwangseinwirkung notwendig machen. Die Verstimmung würde sich sofort auf die darauf folgende Bringübung übertragen. Sitzen die bisher durchgenommenen Aufgaben, dann haben wir die Möglichkeit der Wiederholung in den verschiedensten Phasen, wobei man besonders darauf das Schwergewicht zu verlegen hat, das Aufnehmen des Bringholzes in der Nähe des Bodens und schließlich vom Boden selbst zu erreichen. Nur nicht vergessen, den Hund in jedem einzelnen Fall mit „So brav, mein Hund" aufzumuntern.

III. Übungskreis. Durch die bisherige Arbeit haben wir die Lust zum freudigen Zufassen angefacht und den Hund im Laufe der Wiederholungen daran gewöhnt, auf das Hörzeichen „Sitz!" sich mit dem Bringholz im Fang vor uns hinzusetzen. Dies ist die Voraussetzung für die Erweiterung der Aufgabe. Sie besteht im wesentlichen darin, nunmehr den Hund auf das „Müssen" einzustellen. Es setzt somit der systematische Arbeitsaufbau im Bringen ein.

Wir bleiben vorerst beim Bringholz. Der Hund hat sich zu setzen, wir halten es ihm vor den Fang und geben ihm den Zuspruch „Bring!". Nach den bisherigen Vorübungen dürfte wohl kaum erwartet werden, daß der Hund versagt. Erfolgt dies doch, dann wiederholen wir den Zuspruch „Bring!" noch einmal, den Kopf des Hundes sofort mit der Leine an das Apportierholz heranziehend, ihn also durch Zwang beeinflussend, es in den Fang zu nehmen. Will er den Fang nicht öffnen, erfolgt gelinder Lefzendruck. Stellt sich der Erfolg ein, dann lassen wir den Hund das Bringholz einige Schritte weit tragen, bleiben stehen, und es folgt „Sitz!", das Abgeben und das Beloben.

Haben wir aber keinen Erfolg, das heißt, greift der Hund nicht nach dem Bringholz, so wird stärkerer Zwang angewendet. Dieser erfolgt durch schärferes Heranziehen des Kopfes mittels der Leine und stärkeren Lefzendruck, wodurch der Hund gezwungen wird, den Befehl auszuführen.

Das Tragenlassen des Bringholzes wird allmählich verlängert, wir gehen vom Schritt in Laufschritt über, üben aber in diesem Sinne weiter, bis die Ausführung ohne Zwischenfälle erfolgt. Wenn ich sage, wir üben in diesem Sinne weiter, so ist damit nicht etwa gemeint, daß die einzelne Übung sich auf eine längere Dauer erstrecken soll. Dies wäre verfehlt. Die Lektion soll nur auf Minuten beschränkt werden. Vor jeder neuen Übung schalten wir eine kleine Pause ein, lassen den Hund des öfteren frei herumspringen, loben ihn reichlich, wenn er auf Anruf zu uns kommt, um sodann die Übung zu wiederholen.

Bei fortgeschrittener Leistung gehen wir dazu über, die gleichen Anforderungen an der langen Leine vorzunehmen. Zu diesem Zwecke rollen wir die Leine am Übungsplatz auf, das heißt, wir ziehen sie der Länge nach aus und lassen sie am Boden liegen. Der Hund wird herangeführt, mit dem Karabinerhaken wird die Leine am Halsband befestigt, wobei der Hund zu sitzen hat. Nun schwingen wir das Bringholz einige Male vor dem Hunde hin und her, halten aber mit der linken Hand den Lehrling an der Leine fest, werfen den Bringbock weg und suchen auf den Hund beruhigend einzuwirken, falls er, was meist der Fall ist, sofort auf das Holz zuspringen will. Hat er sich beruhigt, befehlen wir: „Bring!", laufen gleichzeitig mit dem Hund auf das Bringholz zu, lassen ihn vorlaufen und entfernen uns rückwärts, das Gesicht dem Hunde zugewendet, sobald dieser beim Bringholz angelangt ist und es aufnimmt.

Dieses Zurücklaufen hat so zu erfolgen, daß man neben der am Boden liegenden langen Leine zu stehen kommt. Die Leine wird nun erfaßt, jedoch an dieser nur dann gezogen, sofern der Hund mit dem Bringholz nicht direkt auf uns zuläuft. An Aufmunterung zum Herankommen darf es dabei nicht fehlen, und reichliches Lob spenden wir unserem Lehrling, wenn er bei uns landet, sich setzt und mit „Aus" das Bringholz abgibt.

Läuft er jedoch mit dem Bringholz nicht auf uns zu, sondern in entgegengesetzter Richtung fort, ziehen wir behutsam die lange Leine an. Wohlgemerkt behutsam, und nicht etwa an dieser herumreißend, was zur Folge haben könnte, daß der Hund das Bringholz fallen läßt. Beim Ziehen muß mit Aufmunterung zum Herankommen eingesetzt werden. Das Fortwerfen des Bringholzes soll sich anfänglich nur auf kurze Entfernung erstrecken.

Es ist für den Ausbilder von Vorteil, selbst sofort kehrtzumachen und wegzulaufen, sobald der Hund den Bringgegenstand aufnimmt. Dieses Fortlaufen wirkt ungemein anregend auf den Hund, er beschleunigt auf jeden Fall seine Gangart und kommt in der Regel im Galopp hinterher. Sollte es nun vorkommen, daß dabei dem Hund das Bringholz aus dem Fang fällt, geben wir sofort den Zuspruch „Bring!“ und laufen schon wieder vom Hunde weg, diesen aufmunternd, rasch aufzunehmen und an uns heranzukommen.

Bei zweckentsprechender Vorbereitung werden sich Tag für Tag weitere Fortschritte zeigen. Es gibt aber auch Hunde, bei denen sich ein gewisser Widerstand bemerkbar macht und die den Abrichter viel Schweiß kosten, ehe von einem Fortschritt die Rede sein kann. Gerade an diesen Hunden wird dann häufig sehr gesündigt, denn zu rasch greift man zu verschärften Zwangsmaßnahmen. Hat man es mit einem solchen Hund zu tun, dann muß allerdings mit Zwang eingesetzt werden, wenn alle übrigen Versuche scheiterten – aber einem vernünftigen Zwang. Als erfolgreichstes Mittel, dem Widerwillen des Hundes wirksam zu begegnen, habe ich die Verwendung der bereits beschriebenen Zwangshalsung mit den Hilfsriemen in Anwendung gebracht und damit geradezu überraschende Erfolge erzielt.

Sobald wir dem Hunde den Bringbock in den Fang geschoben haben, halten wir die Leine, die wir mit ihren beiden Enden in die Ringe der Halsung festgehakt haben, an denen die Hilfsriemen zur Platzlage befestigt werden, hoch, so daß der Bock einen Halt bekommt und nicht fallen kann.

Ich muß hier die Hilfsriemen 2 erwähnen, die zu dem Abrichtungshalsband gehören und lediglich den Zweck haben, die Ausbildung des Hundes zu erleichtern. Die Hilfsriemen 2 sind ebenfalls dort an der Halsung einzuhaken, wo die Riemen zur Platzlage befestigt werden. Man schnallt sie aber erst dem Bringbock auf beiden Seiten an, und zwar so, daß die Riemen nicht allzu lang bleiben.

Ist der Bringbock eingeschnallt, dann lassen wir den Hund sich wieder setzen, befehlen: „Bring!“, schieben ihm den Bringbock in den Fang und haken die an den Hilfsriemen befindlichen Karabinerhaken in die Ringe an der Halsung ein. Sind nun die Riemen nicht zu lang gelassen, dann sitzt der Bringbock im Fang, wie man es sich nicht besser wünschen kann. Sind die Hilfsriemen aber zu lang, dann ist der Hund imstande, sich von diesem unangenehmen Zwange freizumachen, er öffnet den Fang, und der Bringbock hängt lose herab.

Man achte also stets darauf, daß die Riemen so kurz sind, daß der Bringbock fest sitzt. Sobald wir ihn in den Fang geschnallt haben, wird der Hund alle nur erdenklichen Anstrengungen machen, sich davon zu befreien. Wir halten ihn dann an der Leine, beruhigen und loben ihn, wenn er sich willig zeigt. Helfen kann sich der Hund nicht, das Sträuben verursacht ihm nur noch mehr Pein, denn es treten nunmehr auch die Korallen der Halsung wieder in Tätigkeit, sobald er Anstrengungen macht, den Bringbock zu entfernen. Gegen diese Art Zwang ist der Hund machtlos, und es ist staunenerregend, wie schnell er sich in die Lage zu schicken lernt.

Nach einigen vergeblichen Anstrengungen wird er in Ruhe verharren, worauf wir ihn loben und ihm den Bringbock abnehmen. Die Länge der Übung richtet sich im wesentlichen nach dem Benehmen des Hundes. Je williger er sich zeigt, desto schneller beende man die Übung, je widerspenstiger er ist, desto länger wird die Lektion ausgedehnt.

Die Dauer der Übung betrage anfangs etwa drei Minuten. Dann greife man dem Hund unter das Kinn und halte seinen Kopf ruhig in der Hand. Mit der anderen Hand werden die Karabinerhaken ausgehakt, der Bringbock mit dem Befehl ,,Aus!" abgenommen, und es wird gelobt. Auf diese Übungen folgen einige Gänge, worauf man von neuem beginnt und den Bringbock einschnallt. Allmählich gewöhnt sich der Hund daran, ihn im Fang zu halten. Es ist selbstverständlich, diese Übungen erst vorzunehmen, wenn der Lehrling physisch und psychisch reif und gefestigt für solch eine Zwangsmaßnahme ist. Doch nun wieder zum normalen Fortgang der Apportierausbildung.

Die Brauchbarkeit und Zuverlässigkeit nicht nur der gegen das Bringen eingestellten Hunde verlangt, daß wir ihnen das Ergreifen von Gegenständen unter schwierigen Verhältnissen planmäßig beibringen, so daß sie auch dann unseren Befehl ausführen, wenn ihnen die Handlung unangenehm ist. Also hier ist nicht mehr von Spielerei die Rede, sondern ein ernstes Stück Arbeit zu leisten, der wir auch den Hund unterziehen, der aus Naturanlage bringt, denn unsere Aufgabe ist: systematische Erziehung, Aufbau vom Angewölften zur allmählichen Entfaltung, von der Entfaltung zur Gewöhnung und durch die Gewöhnung zum Ziel.

Sobald der Hund den Bringbock auch ohne Hilfsriemen festhält, treten wir einen Schritt zurück, warten eine Minute und treten wieder an den Hund heran, um ihm den Bringbock mit dem Befehl ,,Aus!" abzunehmen. Der willigen Arbeit folgen Lob und Leckerbissen. Wir wiederholen nun diese Übungen einige Male hintereinander und lassen dazwischen Pausen eintreten, die wir durch Gänge ausfüllen. Sobald der Hund den

Abb. 52. Wenn im Verlauf der Bringschulung das Schwerapportieren beginnt, ist ein „Aufnahmesockel" günstig. Er erleichtert das Zufassen und dient deshalb zur Erhaltung und Förderung der in der Regel vorhandenen Übungsbereitschaft. Das Aufnehmen des schwerer werdenden Apportierbockes vom Erdboden ist vielen Hunden anfangs unangenehm

Bringbock festhält, nehmen wir ihn an die Leine, geben ihm den Befehl „Hier!" und lassen ihn mit dem Bringbock auf uns zukommen. Dabei halten wir die Hand bereit, weil die meisten Hunde, sobald sie sich setzen, den Gegenstand mit Vorliebe fallen lassen. Daß der Hund dies ohne Befehl tut, müssen wir verhindern, und zwar indem wir ihm nach dem Befehl „Setzen!" sofort mit der bereitgehaltenen Hand unter das Kinn fahren, einen Augenblick warten und erst dann „Aus!" befehlen. Macht nun der Hund Miene, den Bringbock, noch bevor der Befehl „Aus!" erfolgt, fallen zu lassen, so erfaßt die linke Hand von unten her das Kinn, während die rechte bei dem Befehl „Aus!" zugreift, um dem Hund den Bock abzunehmen.

Die Übung besteht nun darin, daß er den vorgehaltenen Bringbock nimmt, ohne daß wir ihm diesen in den Fang schieben. Greift der Hund auf den gegebenen Befehl zu, dann hat er begriffen. Hört er nicht darauf, dann müssen wir ihm zu verstehen geben, was wir von ihm verlangen. Wir nehmen ihn an die Leine, lassen ihn sich setzen, halten ihm mit einer Hand den Bringbock vor, während wir mit der anderen Hand über den Fang greifen und durch einen Lefzendruck veranlassen, daß der Hund den Fang öffnet. Hat er zugefaßt und hält den Bock, erfolgt reichlich Lob mit den Worten: „So schön brav, mein Hund, halt fest!" Dieses: „Halt fest" ist sehr wichtig, es muß dem Hunde (unter Rütteln am Bringstück) jetzt zum Begriff werden.

Haben wir ihm bisher den Bringbock direkt vor den Fang gehalten, damit er auf Befehl zufassen lernen sollte, so werden wir in Zukunft den Bock bei jeder Übung immer etwas weiter vom Fang halten und den Hund veranlassen, danach zu greifen. Wir beginnen in der bequemen Sitzstellung und erschweren die Übung in der Weise, daß wir den Bringbock „allmählich" immer weiter nach dem Boden zu halten und den Hund veranlassen, durch den Befehl „Bring!" den Bock aus den verschiedenen Stellungen aus unserer Hand zu nehmen, bis wir ihn so weit gebracht haben, daß er den Apportiergegenstand frei vom Boden aufhebt. Gelingt das, dann haben wir gewonnenes Spiel, denn das Haupthindernis ist überwunden.

Wir werden nun den Bringbock bald dahin, bald dorthin legen und befehlen einfach: „Bring!" Folgt der Hund sofort willig und freudevoll, dann wird er gelobt und belohnt.

Es ist sehr angebracht, von jetzt an mit den Gegenständen, die der Hund zu bringen hat, zu wechseln, und zwar soll man auch Gelegenheit geben, Gebrauchsgegenstände wie Taschenmesser, Portemonnaie, Taschentücher usw. herbeizubringen. Ich empfehle dies aus dem ganz besonderen Grund, weil man die Bringübungen auch während der Spazier- oder Reviergänge vornehmen soll, wozu sich genannte Gegenstände vorzüglich eignen. Die Schwere des Gegenstandes spielt dabei gar keine Rolle, denn es muß uns jetzt nur darum zu tun sein, daß der Hund auf unseren Befehl „Bring!" den Gegenstand, den man ihm hinlegte, apportiert. Sobald er ankommt, befehle man „Sitz!" Manchen Hunden scheint dies schwerzufallen, meist aber nur denen, die den fraglichen Gegenstand oder den Bringbock so lose im Fang halten, daß er ihnen bei jeder Bewegung aus dem Fang zu fallen droht. Diesem Fehler können wir am wirksamsten begegnen, indem wir Hindernisse nehmen lassen.

Erschwerte Bringübungen

Es ist klar, daß man von einem Hunde nicht verlangen kann, daß er mit dem Bringbock gleich eine Sprungwand von 1,50 m nimmt, wir fangen vielmehr wieder mit einer Höhe von 30 cm an und steigern diese ganz allmählich. Der Gang der Übung ist folgender:

Wir leinen den Hund an, legen den Bringbock in zwanzig Schritt Entfernung auf den Boden, lassen den Hund sich setzen, lösen ihn von der Leine und befehlen ,,Bring!". Sobald der Hund zurückkommt, lassen wir ihn den Bringbock bis zur Sprungwand tragen, übersteigen sie und veranlassen unter Abgabe des Befehls ,,Hopp!" den Hund, das Hindernis mit dem Bringbock zu nehmen. Er vermag die Wand mühelos zu überspringen. Er wird nun reichlich gelobt und gestreichelt, worauf man dieselbe Übung wiederholt. Hat der Hund die Übung dreimal zur Zufriedenheit ausgeführt, dann führt man ihn an die Sprungwand, läßt ihn sich davor setzen, wirft den Bringbock hinüber und kommandiert gleichzeitig: ,,Bring!" Zu unserer Freude werden wir sehen, daß der Hund meist ohne Zögern das Hindernis nimmt und stolz mit dem Apportierstück ankommt.

Es gibt aber auch Hunde, die das Hindernis umlaufen. Dies muß verhütet und der Hund sofort zurückgerufen werden, um die Übung an der Leine auszuführen. Zu diesem Zweck läßt man ihn sich nochmals vor der Wand setzen, wirft das Ende der Leine auf die entgegengesetzte Seite, ebenso auch den Bringbock, und befiehlt dem Hunde: ,,Bring, hopp!" Hat er den Sprung ausgeführt und den Bringbock aufgenommen, dann läßt man ihn sich setzen, geht auf die andere Seite der Sprungwand, nimmt das Ende der Leine ebenfalls hinüber und befiehlt: ,,Hopp!" Dabei zieht man an der Leine, und der Hund wird das Hindernis nehmen.

Läßt er während des Absprunges oder beim Aufsetzen den Bringbock fallen, dann muß er an die betreffende Stelle geführt werden. Hier hat er zuerst ,,Platz" zu machen, dann befehlen wir: ,,Bring!", und sobald er aufgenommen hat: ,,Hopp!" Die Übungen sind allmählich auf eine halbe Stunde auszudehnen und wechseln mit allerlei Wiederholungen ab. Überhaupt mache man sich zur Regel, dem Hunde auch in der Zeit, während er lernt, soviel wie möglich abwechslungsreiche Aufgaben zu geben, um seine Arbeitsfreude zu erhalten.

Sobald er den Bringbock einmal fallen läßt, sagt man: ,,Pfui, was ist das!", worauf er an die Leine genommen wird. Die Aufgabe wird sofort wiederholt, allenfalls etwas erleichtert, damit er besser begreifen lernt. Viel Loben trägt gerade bei diesen Übungen Früchte.

Je mehr die Nackenmuskeln zur Entwicklung kamen, desto leichter vermochte der Hund über ein Hindernis zu springen. Zur Stärkung der Nackenmuskeln – Vorbedingung für das Schwergewichtsbringen – gibt es keine bessere Übung, als den Hund treppauf und treppab mit dem Bringgegenstand laufen zu lassen. Jede Treppenstufe bildet ein Hindernis. Er muß also den Bringgegenstand fest im Fang halten, damit er nicht entgleitet. Dies ist besonders beim Abwärtsgehen notwendig, denn mit jeder Stufe macht sich eine gewisse Erschütterung bemerkbar und damit auch die Gefahr des Fallenlassens.

Übt man nun zum Beispiel mit dem beschwerten Bringbock, so vermag der Hund diese Aufgabe nur dann zu lösen, wenn er dem Gewicht gewachsen ist und den Fang gut schließt. Da nun das Tragen eines Gegenstandes eine erschwerte Bringleistung ist, ist es selbstverständlich, daß man nicht mehr verlangen kann, als die Körperkraft zuläßt. Beim Bringen über die Treppe muß man daher mit leichten, dem Hunde geläufigen und leicht durchführbaren Aufgaben beginnen und diese langsam und allmählich steigern. Nimmt man darauf Bedacht, dann kann man bald die erfreuliche Wahrnehmung machen, wie sich der Hund allmählich zum Schwergewichtbringer entwickelt. Gerade diese Übungen haben den Vorteil, daß sich der Hund daran gewöhnt, die zu bringende Last aus dem Kreuz zu heben. Er wird nicht mit nach dem Boden neigendem Kopf auf und ab laufen, sondern mit erhobenem Kopf die Hindernisse zu bewältigen suchen, und daran muß uns sehr viel liegen.

Beim Bringen müssen wir vom Hunde unweigerlichen Gehorsam verlangen, das heißt, wenn wir ihm einen Befehl erteilen, dann muß dieser auch zur Ausführung kommen. Dabei darf man freilich nicht so weit gehen, von einem Hunde, der eine Aufgabe einmal erfaßt hat, gleich auch eine Erschwerung, die er noch nicht kennt, zu fordern. Wer stets dem Grundsatz folgt: „du mußt!", der wird sich oftmals schwer enttäuscht sehen. Erschöpfung, Ermattung, Abgespanntheit, krankhafte Erscheinungen usw. sind die Folgen. Wenn der Hund das Geforderte nicht leisten kann, dann brechen wir die Übung beizeiten ab.

Abb. 53. Durch solche Übungen werden Sprungkraft und Tragevermögen bei allmählich zunehmender Höhe gesteigert. Das Überwinden von Zäunen darf suchenden und apportierenden Hunden nicht ungewohnt sein. Deshalb gehört diese Anforderung zur Ausbildung für die Jagdpraxis und ist auch Leistungsmerkmal der Verbandsgebrauchsprüfung

Den Übergang vom Bringbock zu „wildähnlichen" Dingen erleichtern wir dadurch, daß wir ihn dort mit einem Stück Hasen- oder Kaninchenbalg umgeben, wo der Hund ihn anzufassen hat. Die meisten Hunde, denen diese Übungen geläufig geworden sind, werden den umwickelten Bringbock aufnehmen. Aber es gibt auch solche, die zunächst verweigern. Wir lassen den Hund an der Leine sich setzen, befehlen „Bring!" und schieben den Bock in den Fang. Sträubt er sich, dann verwende man sofort die Hilfsriemen, und er wird schnell kuriert werden. Ein, zwei Gänge an der Leine mit dem eingeschnallten Bringbock, und der Hund hat die Sache begriffen. Wenn nicht, heißt es eben in Ruhe so lange weiterarbeiten, bis er verstanden hat. Wir machen die bereits bekannten Übungen weiter, führen ihn an die Sprungwand, lassen ihn mit dem natürlich nicht eingeschnallten Bringbock das Hindernis nehmen, und damit werden wir den gewollten Zweck bald erreicht haben.

Vom umwickelten Bringbock gehen wir zum Hasenbalg über, und zwar muß zu dieser Übung nicht unbedingt der von mir unter den Ausbildungshilfsmitteln aufgeführte, sondern es kann jeder andere mit Stroh ausgestopfte benutzt werden. Der nach meinen Angaben angefertigte Hasenbalg besitzt aber ganz besondere Vorteile, die namentlich das Aufnehmen von weichen und im Fang nachgebenden Gegenständen, wie später auch Wild, leichter erlernen lassen. Der pneumatische, im Innern also mit einem Gummiball versehene Hasenbalg wird aufgepumpt und gleicht so einem geschossenen, kalten Hasen. Im Innern befindet sich längs des Rückens eine Einlage, die das Zufassen erleichtert und dem Balg selbst eine größere Haltbarkeit verleiht.

Die Vorteile: Erstens ist der Hund genötigt, den Fang sehr weit zu öffnen, denn nur dadurch wird es ihm möglich, den Hasenbalg aufzunehmen und im Fang zu halten; zweitens lernt er bei strenger Durchführung des gegebenen Befehls jene so häufig anzutreffende Scheu überwinden; drittens lernt er das Tragen weicher, im Fange nachgebender Gegenstände, wie dies besonders bei frisch erlegten Hasen der Fall ist.

Mit dem Hasenbalg macht man die Übungen genauso wie mit dem Bringbock. Meist werden die Hunde ihn willig aufnehmen, tragen und über Hindernisse damit springen, wenn sie die Bedeutung des Befehls ,,Bring!" richtig erfaßt haben. Sollte sich aber ein Hund weigern, so beginnen wir wieder mit den Anfangslektionen.

Alle diese Übungen betreibe man mindestens eine Stunde, ermüde aber den Hund nicht durch eine fortdauernde gleiche Anforderung, sondern nehme dazwischen Platzübungen, Setzen und längere Gänge vor.

Wenn die bisher vorgeschriebenen Übungen flott und willig zur Ausführung gebracht werden, dann gehen wir allmählich zum Bringen von schweren Gegenständen über. Der Jäger braucht einen Jagdhelfer – dies bezieht sich natürlich nur auf unsere großen Gebrauchshundrassen –, der mindestens 10 Pfund mühelos im gestreckten Galopp heranträgt. Aber 10, 15 und evtl. mehr Pfund, das sind ungewöhnliche Lasten, die an Kraft und Ausdauer hohe Anforderungen stellen. Ein Hund, der nicht geübt ist, wird in der Praxis versagen und schon beim Bringen des Hasens sehr traurige Bilder bieten.

Wir haben weiter nichts zu tun, als mit ihm fleißig zu üben und das Gewicht ganz allmählich zu steigern. Unsere Tätigkeit besteht nur darin, daß wir, der Kraft des Hundes entsprechend, auf jeder Seite des Bringbockes je eine Holzscheibe auflegen, die zusammen 50 g betragen, also ein Gewicht, das wirklich unmerklich ist. Allmählich werden die Holzscheiben durch Eisenscheiben ersetzt und das Gewicht je nach körperlichem Leistungsvermögen bis auf etwa 15 Pfund erhöht.

Die stufenweise Beschwerung wird immer erst dann vorgenommen, wenn die vorhergehende Aufgabe mühelos bewältigt wurde. Ob sie mühelos bewältigt wird, ist daraus zu ersehen, daß der Hund mit dem bisherigen Gewicht bequem ein Hindernis nimmt oder mit Leichtigkeit damit treppauf und -ab läuft. Erst dann, und nie früher, wird der Bringbock durch Auflegen einer weiteren Eisenscheibe beschwert. Nur so darf die Leistungssteigerung erfolgen.

Als wertvolle Ergänzung lasse man den Hund zur Abwechslung auch den Sandsack tragen, einen mit Sand oder Steinen gefüllten Beutel, den man in der Mitte auf die Breite des Fanges abbindet, dadurch eine Griffläche schafft, die bequemes Aufnehmen ermöglicht.

Der Wert jeder Übung steigert sich durch ihre Zweckmäßigkeit. Dies werden wir ganz besonders beim Bringen beobachten können, denn je mehr der Hund es geübt hat, desto flotter vermag er zu bringen und desto wertvoller wird er für die Praxis. Das zügige und zuverlässige Bringen ist eben eine Eigenschaft, die den Hunden anerzogen werden muß.

Apportieren von Niederwild

Das Suchen und Apportieren von Nutz- und Raubwild auf der Jagd ist Ziel der Übungen, und wir müssen, je mehr wir uns der Praxis nähern, vermehrt dem Hund Gelegenheit geben, mit allen Wildarten vertraut zu werden. Je früher das geschieht, desto einfacher ist die Überleitung des Hundes in die Praxis, und gerade in ihr muß es sich zeigen, ob die Gelegenheiten, die wir dem jungen Hund geben, nutzbringend verwertet werden.

Kennt der junge Hund Krähen, Häher, Tauben und auch Kaninchen, dann fällt es nicht schwer, ihn jetzt, da wir ihn zunächst zum Bringen mit dem schweren Bringbock und Hasenbalg ausgebildet haben, auch für die Praxis fertig zu machen. Was immer uns zur Verfügung steht, muß für diese Zwecke benutzt werden. Am schnellsten jedoch kommt man zum Ziel, wenn man Wildkaninchen zur Verfügung hat.

Man übt zuerst mit dem Bringbock und dem Hasenbalg, dann nimmt man das Kaninchen. Ich habe gefunden, daß die Hunde die Aufgabe am leichtesten lösen, wenn man das Kaninchen vorerst vor dem Hunde hin und her schwenkt, sodann im Bogen wegwirft und ihm dann den Befehl „Bring!" gibt. Die meisten eilen auf das Kaninchen zu, nehmen es auf und kommen freudig damit an. Versagt ein Hund, dann nehmen wir ihn an die Leine, gehen mit ihm an das Kaninchen, heben es auf, lassen den Hund sich setzen und befehlen, indem wir es ihm vorhalten: „Bring!" Greift der Hund nicht sofort zu, öffnen wir ihm den Fang durch Lefzendruck und schieben das Bringobjekt hinein, lassen es einige Sekunden halten und befehlen dann: „Aus!"

Auf das flotte Hereinkommen muß man besonders achten. Die Übungen werden also so lange fortgesetzt, bis der Hund uns das Kaninchen in flottester Gangart auch über die Sprungwand bringt. Bei widerspenstigen Hunden werden die Übungen genau in derselben Weise vorgenommen, wie wir sie zu Anfang kennengelernt haben. Bringt der Hund das kaltgewordene Kaninchen flott und sauber, dann läßt man ihn ein frischgeschossenes warmes apportieren, eine Arbeit, die glatt vonstatten gehen wird, wenn wir den Hund folgerichtig erzogen haben.

Im Sommer wird es vorkommen, daß das mehrmals benutzte Kaninchen im Begriff ist, anbrüchig zu werden. Dies darf uns aber nicht abhalten, den Hund trotzdem damit zu arbeiten, denn in der Praxis wird er so manches Mal vor die Aufgabe gestellt, etwas anderes als lieblich duftendes Wild zu bringen. Er darf sich dann vor Iltis und Wiesel, Fuchs oder Katze nicht ekeln, sondern muß diese ebenso freudig zutragen.

Abb. 54. Um den üblichen Holzapportierbock mit eingedrechseltem Mittelstück und den Eisenscheiben halten und tragen zu können, muß das Gebiß des Hundes einen starken Druck ausüben. Wenn man auf diese Weise zuviel übt, kann hartes Zufassen zur Gewohnheit werden und späterhin auch beim Bringen des Niederwildes erfolgen. Vorteilhaft, weil in der Geschmeidigkeit wildähnlicher, ist zum baldigen Übergang ein Apportiersack. Man kann ihn leicht selbst anfertigen. Er wird – je nach gewünschtem Gewicht – mit einer Mischung aus feinem Sand und Sägemehl gefüllt und sollte der Länge nach von zwei sehr biegsamen dünnen Gerten durchzogen sein

Den Übungen mit Haarwild folgen die mit Federwild, und wir können auch sehr gut mit Tauben, Krähen, Hähern und Elstern vorankommen. Tauben, vor allem Haustauben, sind leicht zu beschaffen, sie werden vorerst dann verwendet, wenn sie erkaltet sind. Ringeltauben meide man, da sich ihre Federn leicht lösen. Da nicht alle Hunde mit gleichem Erfolge zu Federwildbringern herangebildet werden können, will ich im nachstehenden eine Methode schildern, die in Aussicht stellt, Hunde, die sogar eine direkte Abscheu haben, zu flotten Flugwildapporteuren abzurichten. Das empfehle ich aber nur für solche Hunde, die wirklich große Schwierigkeiten machen, während alle anderen nach den bisherigen Angaben einzuarbeiten sind.

Abb. 55. Jetzt darf er sich die Nässe aus dem Balg schütteln! Aber nicht vor dem Ausgeben der Ente, da diese sonst leicht aus dem Fang rutscht und das Weite sucht, wenn sie nur geflügelt ist. Während der Junghundausbildung sollte dieses Erfordernis beachtet werden, zumal Fehlverhalten auf Prüfungen die Note mindert. Wer bei Übungen, sobald der Hund mit dem Bringwild aus dem Wasser steigt, unter energisch gesprochenem Kommando „Setz dich!" auf ihn zugeht, wird bald erreichen, daß der Lehrling sich nicht mehr vorzeitig schüttelt

Geht es mit dem Bringbock flott, dann geht man zur ,,Schleudertaube" über. Ihre Vorzüge bestehen darin, daß sie Form und Größe von Tauben hat und mit Leichtigkeit hoch im Bogen fortgeworfen werden kann, wodurch man die Bringfreude anregt. Man beginnt also die Bringübungen, indem man die Schleudertaube, das heißt deren Balg, allmählich mit Federn bedeckt. Zuerst werden links und rechts von der Grifffläche nur vereinzelte Federn angebracht. Hat der Hund auf diese Weise die Federn kennengelernt, dann ist auch die Scheu gebannt, und wir gehen dazu über, auch kreuz und quer Federn zu stecken, so daß die Schleudertaube vollständig unter den Federn verschwindet. Vollführt der Hund die Übungen zu unserer Zufriedenheit, dann bekommt er die ,,kalt" gewordene Haustaube zum Bringen, was in den meisten Fällen ohne Widersetzlichkeit vor sich geht, im anderen Falle aber erzwungen werden muß.

Für diesen Zweck und ähnliche Ziele läßt sich auch das im Kapitel ,,Hilfsmittel" beschriebene Schuß-Wurfgerät einsetzen.

Hunde, die schon früh Schärfe zeigen, drücken manchmal das Wild stark. Auf der Jagd machen wir dann die unliebsame Entdeckung, daß der Hund die Hühner quetscht (knautscht), so daß das Gescheide heraustritt, und bei Hasen alle Rippen gebrochen werden. Das sind Unarten, die wir unterdrücken müssen, und es ist notwendig, unser Augenmerk schon bei der Ausbildung des jungen Hundes hierauf zu richten.

Wir schnallen z. B. eine Taube in die Stachelschutzdecke, nehmen den Hund an die Leine und halten sie ihm mit dem Befehl ,,Bring!" vor den Fang. Der Hund, der die Vorübung kennt, wird die Taube ohne weiteres aus unserer Hand nehmen. Wir befehlen sodann ,,Aus!" und loben reichlich. Nun legen wir die Taube einige Schritte vor dem Hund auf den Boden und lassen sie erneut aufnehmen.

Faßt der Hund vorsichtig zu, es bleibt ihm ja nichts weiter übrig, dann nehmen wir einen geschossenen Eichelhäher oder dergleichen und stellen daran den Zugriff fest. Je nachdem, ob er hart oder weich ist, werden die Übungen mit oder ohne Stachelschutzdecke fortgeführt. Ist es gelungen, auch den widerwilligsten Hund firm im Bringen von Flugwild zu machen, dann gehen wir zum Bringen von erlegten Krähen und Elstern über.

Abschließend machen wir Übungen mit Haarraubwild und verwenden hierfür vorzugsweise den Fuchsbalg, der nach und nach bis auf 10 Pfund für Hunde des ersten Feldes beschwert wird. Diesen lösen geschossene Katzen ab, und es erscheint mir wichtig, noch einmal darauf hinzuweisen, daß man auch diese erst erkalten läßt, ehe man zu den Bringübungen schreitet. Wenn ich betonte, daß man die Übungen mit kaltem Nutz- oder Raubwild beginnt, so erfolgte das aus der Erfahrung heraus, weil erkaltetes von den Hunden, die in Abrichtung stehen, lieber aufgenommen wird. Tritt der Erfolg ein, dann sind die Übungen natürlich auf warmes Wild auszudehnen, und sie bilden den Abschluß der systematischen Arbeit. Im übrigen läßt sich auch manches auf Straßen überfahrene Tier verwenden.

Das Frei-Verlorensuchen (Zuspruch: ,,Such verloren, bring!") von Gegenständen, Wild und Raubwild soll sich unter unseren Augen abspielen. Entweder im Garten oder im Revier werfen wir einen Gegenstand in eine Deckung, lassen, wie immer und bei Beginn aller Arbeiten, den Hund sich setzen, geben ihm den Zuspruch: ,,Such verloren, bring!" und eifern ihn an, die unmittelbare Umgebung unseres Standortes abzusuchen. Man darf dabei den Hund nicht ausschwärmen lassen, sondern er muß kurzgehalten werden und durch Tiefnehmen der Nase das Weggeworfene zu finden trachten. Dabei ist wiederholte Aufmunterung von größter Wichtigkeit, was am besten durch den in freundlichen Worten gesprochenen Zuspruch ,,Such verloren, bring!" erfolgt.

Das Wort ,,Bring!" ist dem Hund geläufig und bekannt. Neu der Zuspruch: ,,Such verloren!" Hat jedoch der Hund einige Male gefunden und wurde er dafür belobt, so werden ihm die Zusammenhänge rasch geläufig, und es wird in der Folge genügen, wenn wir uns auf die Worte beschränken: ,,Such verloren!"

Bei den ersten Übungen unterstützen wir den Hund, indem wir zu der Stelle zeigen, an der der Gegenstand zu finden ist. Diese begriffliche Darstellung ist notwendig, damit es rasch zur geistigen Verknüpfung dessen kommt, was mit diesem Zuspruch ,,Such verloren, bring!" von ihm verlangt wird. Das Frei-Verlorensuchen gestaltet sich gleich von Anfang an für den Hund zu einer lustbetonten Handlung, und deshalb wird er sich schnell darauf einstellen. Natürlich muß man dabei stets den Ort wechseln, aber in gleicher Weise auch mit den Dingen, die man von ihm suchen und bringen läßt. Versagt der Hund einmal oder dauert das Auffinden zu lange, nehme man ihn kurzerhand an die Leine, wiederhole den Zuspruch ,,Such verloren, bring!" und führe ihn unter Wind an das Ausgelegte heran. Auch in diesem Falle lobe man ihn nach erfolgreicher Arbeit.

Schließlich kann man in praxisnaher logischer Fortführung des Verlangten auch die Bringtreue fördern, indem man unauffällig Niederwild o. ä. in Deckung auslegt und dann den Hund ohne Kommando, aber in unserem Sichtbereich darauf zu buschieren läßt. Will er das „zufällig" gefundene Wild nicht gleich aufnehmen, fordern wir ihn energisch dazu auf. Er stellt sich nach mehrfacher Wiederholung darauf ein, gefundenes Niederwild selbst ohne Kommando heranzutragen, wie es z. B. auch die Bringtreueprüfung des Jagdgebrauchshundverbandes verlangt (Fuchs).

Bringen auf der Führerfährte

Im Laufe der Jahre habe ich weit über fünfzig Instruktionskurse zur Ausbildung und Führung von Hunden im In- und Auslande geleitet, woran über tausend Hunde mit ihren Führern teilnahmen. Dabei bin ich zur Überzeugung gelangt, daß von hundert Hunden kaum zwei den richtigen Begriff vom Halten der Führerfährte haben. Vielfach wird geglaubt, daß das Finden des Führers durch den Hund schon die Lösung dieses Problems darstellt. Diese Annahme ist irrig. Wenn der Hund zum Beispiel seinen Herrn sucht, so erfolgt das in der Regel im freien Stil durch sein Orientierungsvermögen unter Ausnutzung des Windes, ganz selten aber mittels Ausarbeitung der Fährte des Herrn.

In ungezählten Fällen ließ ich gelegentlich der Kurse die Führer 400 bis 500 Schritte weit gehen und in einer Dickung Aufstellung nehmen, während die Hunde von einer anderen Person zurückgehalten wurden. Zur Kontrolle war jedem Führer noch ein Mann beigegeben, dem die Aufgabe zufiel, zu verhüten, daß der seinen Führer suchende Hund angepfiffen oder angerufen wurde. Ich kann die Fälle an den Fingern einer Hand abzählen, daß die Hunde durch Halten der Führerfährte richtig ans Ziel gelangten. Wurden sie am Abgang ihres Herrn angelegt, dann folgten sie dessen Fährte meist nur ein ganz kurzes Stück, begannen zur Freisuche überzugehen, um schließlich unter Wind zu finden.

Zur weiteren Aufklärung sei noch darauf verwiesen, daß sich die Mehrzahl der Hunde schon durch eine „Verleitungsfährte", die von einem Fremden herrührt, sofort aus dem Konzept bringen läßt, diese einfach anfällt und ein Stück weit verfolgt, um schließlich zum Kreisen oder Freisuchen überzugehen. Eine solche Leistung hat natürlich für die Abrichtung keinen Wert. Will man praktische Vorteile aus der Führerfährte ziehen, dann muß der Hund systematisch zum Anfallen und Halten erzogen werden.

Ich möchte hier gleich noch einem anderen Einwand begegnen. Wiederholt wurde ich gefragt, ob das Zurückschicken des Hundes auf der Führerfährte nicht Anlaß sein könne, daß er sich daran gewöhnt, auch eine Wildspur oder -fährte in verkehrter Richtung zu arbeiten.

Auch bei Hunden, die niemals systematisch auf die Führerfährte eingestellt wurden, kann es vorkommen, daß sie einmal auf kurzer Strecke eine Wildspur oder -fährte in falscher Richtung anfallen. Sie korrigieren sich aber sehr rasch, und zwar deshalb, weil die Dichte der Wittrung in dem Maße nachläßt, je weiter sie sich vom Wild entfernen, umgekehrt aber zunimmt, je näher sie diesem kommen. Darüber ist die feine Hundenase nicht zu täuschen. Deshalb verfolgen unsere Hunde Spur und Fährte in aller Regel folgerichtig in der Fluchtrichtung.

Aber selbst dem ungeübten Hund ist die gelegentliche Verfolgung der Rückspur geläufig, er weiß sie gut zu halten, wenn es die Verhältnisse notwendig machen. Wir brauchen dabei nur den Hund und sein Verhalten zu beobachten, wenn er nach einer Hasenhetze oder bei Verfolgung eines angeschossenen Hasen usw. zu uns zurückkehrt. Dabei nutzt er seine eigene Spur zum leichteren Zurückfinden sehr virtuos aus. Die ihm vertraute Führerfährte hält er daher um so leichter, auch wenn er sie zurückverfolgen muß.

Das Zurücksuchen auf der Führerspur bildet zudem nur die erste Phase in der Einarbeitung. Hat der Hund begriffen, was er soll und muß, dann gehen wir dazu über, ihn auf die „Hinfährte" einzustellen, wodurch wir eine weitere Arbeitsmöglichkeit schaffen und damit auch die Gelegenheit, Abwechslungen einzuschalten.

Worin bestehen Wert und Vorteil der Führerfährte? In der Fähigkeit des Hundes, genau die Fährte seines Herrn zu halten. Er darf bei ihrer Verfolgung nicht zur Freisuche übergehen, nicht zu kreisen beginnen, sondern hat sich an die Trittfolge des Führers zu halten. Welche Vorteile können wir daraus ziehen? 1. Den Hund auf sehr einfache Weise zum Verlorenbringen anzuregen, also ihn auf den richtigen Gebrauch der Nase einzustellen. 2. Durch die Führerfährte ungezählte Arbeitsmöglichkeiten herbeizuführen, um den Hund z. B. für die Aufgaben des Totverbellens und Totverweisens in zweckrichtiger Weise vorzubereiten.

Nun zur Einstellung des Hundes zum Bringen auf der Führerfährte. Haben wir ihn zum flotten Bringer ausgebildet, dann können wir gar keine bessere Abwechslung bieten, als ihn auf Reviergängen zum Verlorensuchen auf unserer Fährte auszubilden. Wir gehen mit dem Hunde durch den Wald (es muß nicht ausgesprochen im Walde der Anfang gemacht werden, zu empfehlen ist aber, die Übungen, bis sie festsitzen, auf Wegen vorzunehmen). Auf einer Schneise verlieren wir unser zusammengeknotetes Taschentuch, gehen zehn Schritte weiter, machen halt, kehren uns um, zeigen, den Hund an der Leine kurz haltend, zum Taschentuch und befehlen: „Such verloren!". Wie nicht anders denkbar, wird der Hund, losgelassen, sofort auf das Taschentuch, das er liegen sieht, hochpassioniert losstürmen und es im Galopp zurückbringen, eine Arbeit, bei der die Nase natürlich nicht beteiligt war.

Aber gemach, das ist uns zunächst nur Mittel zum Zweck. Wir wiederholen die Aufgabe mehrmals, weil wir zunächst die Absicht verfolgen, dem Hunde klarzumachen, daß er auf den Befehl „Such verloren!" zurückeilen muß, um etwas uns Gehöriges zu finden und uns zu bringen. Wir verlängern aber mit jeder Übung die Entfernung, damit der Hund lernt, auf den Befehl so weit zurückzulaufen, bis er das Taschentuch findet. Wenn der Hund nun anfänglich das Auge zu Hilfe nimmt, so wird er in demselben Maße, wie wir die Entfernung vergrößern, auch die Nase gebrauchen. Allmählich dehnen wir die Arbeit so aus, daß wir um eine Wegkrümmung gehen, der Hund mithin das Taschentuch mit dem Auge nicht mehr wahrnehmen kann. Dies trägt schon dazu bei, zur Benutzung der Nase zu zwingen.

Die weitere Übung wird bald erschwert: Wir gehen mit dem Hund über eine Wiese, und zwar richten wir es so ein, daß wir in gerader Linie einen Weg schneiden. Auf diesen Weg steuern wir mit unserem Hunde zu und werfen das Taschentuch fünf Schritte vor dem Wege unauffällig auf die Wiese, gehen geradeaus bis auf den Weg und biegen mit dem Hund rechts ab. Das Abbiegen hängt natürlich von der herrschenden Windrichtung ab (beim Zurücksuchen muß der Hund Wind vom Taschentuch bekommen!)

Sollte er versagen, dann wird er noch einmal zurückgeschickt. Kommt er wieder leer zurück, dann nehmen wir ihn einfach an die lange Leine, befehlen ihm „Such verloren!" und bringen ihn durch gutes Zureden und Loben („So recht, mein Hund!") bis an die Stelle, wo wir abgebogen sind. Hier lassen wir ihn nochmals frei gewähren und leiten ihn ganz unmerklich um die Ecke, schnallen ihn dann, und er wird die Aufgabe erfüllen.

Schon bei der zweiten Wiederholung werden wir sehen, daß der Hund nicht mehr die Augen, sondern die Nase gebraucht. Ich möchte davor warnen, anfangs die Entfernungen zu groß zu wählen, der Hund soll erst den Grundbegriff von der Arbeit bekommen, und wenn der erreicht ist, dann erschweren wir allmählich. Wir bedenken aber dabei, daß wir später den Wechsel in der Entfernung beachten, d. h., den Hund mal auf 15 Meter, mal auf 50 Meter, mal auf 300 Meter zurücksuchen lassen. Die erschwerenden Übungen findet jeder Führer selbst heraus und hat, wie sein Hund, Freude an diesen Übungen.

Es ist erklärlich, daß wir mit den Gegenständen wechseln, bald das Taschenmesser, das Notizbuch, das Schlüsselbund sowie auch die Mütze zum Verlorenbringen verwenden. Bevor wir den Hund aber einen neuen Gegenstand suchen lassen, muß man ihn mit diesem stets erst vertraut machen. Natürlich sind die Gegenstände so niederzulegen, daß man sie selbst wiederfindet, falls der Hund einmal versagen sollte.

Bringt er später alles, was man mit Willen verliert, dann steht dem nichts im Wege, die Aufgabe so schwierig wie nur möglich zu gestalten. Man wähle keine Wege mehr, sondern lasse den Hund immer nur im Holz oder auf Wiesen, schließlich auch auf dem Felde auf unserer Fährte verlorensuchen. Mit der zunehmenden Routine dehnt man die Entfernungen auch stetig weiter aus.

Ja, es ist etwas ganz Eigenartiges, wenn man beobachtet, wie der Hund schließlich 500 und mehr Schritte auf unserer Fährte zurückarbeitet und mit den abgelegten Gegenständen in flüchtiger Gangart zurückkommt. Bei dieser Gelegenheit werden wir aber auch noch die erfreuliche Beobachtung machen können, wie die Hunde im richtigen Gebrauch der Nase Fortschritte machen, was uns für die spätere Praxis sehr zustatten kommt.

Hat nun unser Hund diese Vorschulung im Bringen von Gegenständen, dann können wir dazu übergehen, ihn auch Wild, oder was sonst geschossen und gefangen wird, in gleicher Weise auf der Führerfährte verlorenbringen zu lassen.

Wir beginnen hier genauso, wie ich es bei der Einarbeitung vorher beschrieben habe. Es erübrigt sich daher, nochmals eingehender darauf zurückzukommen.

Was ist ganz besonders zu beachten? Alle Aufgaben, die der Begriffsvermittlung dienen, sollen an solchen Orten vorgenommen werden, wo möglichst kein Wild vorkommt, also der Hund nicht abgelenkt werden kann. Erst wenn wir ihn so weit haben, daß er auf einige hundert Schritt die Führerfährte hält und das zu Bringende heranträgt, verlegt man die Übungen in Revierteile, in denen er gezwungen ist, Spuren oder Fährten zu kreuzen. Versagt er bei einer schwierigen Aufgabe, sofort auf eine leichtere zurückgreifen. Dies ist für die Begriffsbildung von ausschlaggebender Bedeutung.

Die meisten Pannen kommen vor, wenn der Hund erstmalig einen Haken auszuarbeiten hat. Darum gewöhne man ihn zuerst daran, einer Führerfährte zu folgen, die im Bogen angelegt ist. Diesen schrägt man bei den weiteren Übungen immer mehr ab, bis man schließlich im rechten Winkel von der Geraden nach links oder rechts abgeht. Die Haken soll man deutlich markieren (Abbrechen eines Astes und Einstecken in die Erde, Anbringung eines Stückes Papier an einem Baum). Das ist notwendig, um sich selbst genau orientieren zu können.

Beherrscht der Hund die geschilderten Anforderungen, dann erschwert man die Aufgabe dadurch, daß man immer mehr Zeit verstreichen läßt, bis er zurückgeschickt wird. Ich bin felsenfest davon überzeugt, daß jeder Ausbilder, der nach den hier gegebenen Anleitungen arbeitet, vom Erfolg überrascht sein wird.

Schleppenarbeit

Die Schleppe ist in Art und Auswirkungen nichts weiter als eines der künstlichen Hilfsmittel, die zur Förderung des Bringens und zur Festigung des Mußbegriffes in Anwendung kommen. Sie erlaubt keine Bewertung der Nasengüte, denn eine wittrungsintensive

Schleppe vermag selbst ein kurznasiger Hund zu halten, darüber bestehen überhaupt keine Zweifel.

Bevor man aber mit der Einarbeitung auf der Schleppe beginnt, muß der Hund natürlich Verläßliches im Bringen leisten. Fehlerhaft ist es immer, wenn man einen Hund auf dieser Wittrungsbahn arbeitet, dem das Aufnehmen des Bringgegenstandes noch Schwierigkeiten macht, der Widerwillen gegen Wild zeigt und Raubwild überhaupt noch nicht kennengelernt hat. Mit der Arbeit auf der Schleppe ist selbstverständlich nie Zwang verbunden. Wendet man ihn an, dann stellt sich als unausbleibliche Folge eine Hemmung ein, die sehr schwer zu beseitigende Unlust auslöst. Es versagen daher auch gewöhnlich jene Hunde auf der Schleppe, die den Ernst beim Bringen nicht kennengelernt haben und denen das Apportieren spielend beigebracht wurde. Bei solchen Hunden fehlt das durch zwingende Gewöhnung erreichte Bewußtsein, daß sie bringen müssen, so sie dazu vom Abrichter oder Führer aufgefordert werden.

Abb. 56. Übung auf der Schleppe: Ein Stock markiert die Stelle (links), wo mit etwas Wolle oder Federn der künstliche Anschuß hergestellt wurde, und dann zieht man das Niederwild an einer Schnur anfangs nur zwanzig, später mehrere hundert Meter weit unter Einlegung von Haken. Am Ende wird es abgelegt, man begibt sich zum Hund zurück und setzt ihn an. Anfangs sollte er unbedingt an der langen Leine suchen. Später zieht man nur noch eine Schnur durch die Halsung und läßt dann, wenn der Hund sich „festgesaugt" hat, das eine Ende aus der Hand gleiten (rechts)

Haben wir den Hund nach den bisherigen Ausführungen speziell auf das Verlorenbringen auf der Führerfährte richtig eingestellt, dann ist der Übergang auf die Schleppe für uns mit gar keiner besonderen Arbeit mehr verknüpft. Man kann sagen, er stellt eigentlich nur eine Erweiterung dar. Hat es der Führer also verstanden, die Schleppe für den Hund als lustbetonte Handlung auszubauen, dann treibt es den Hund triebhaft zur Ausführung.

Zwei Dinge müssen wir bei der Anlage einer Schleppe beachten: Wie gestalte ich die Aufgabe, um dem Hunde begreiflich zu machen, was er soll, und welches Verhalten ist notwendig, um keine hemmenden Wirkungen beim Bringen auszulösen.

Da dem Hunde unsere Fährtenwittrung zu vertraut ist, wir aber die Absicht haben, ihn auf Wildwittrung einzustellen, müssen wir uns bei der Anlage von Schleppen nach Möglichkeit einer Hilfsperson bedienen, die wir ,,Schleppenzieher" nennen. Man kann aber in Ermangelung eines Helfers die Schleppe auch selbst legen. Für sie eignen sich Wildkaninchen am besten. Wer darüber nicht verfügt und sie auch nicht beschaffen kann, darf im Anfang auch leichte Stallhasen verwenden. Sitzen die Grundbegriffe, dann soll alles verwendet werden, was Gewehr und Kastenfallen liefern, Raubwild am Schluß.

Einige Regeln: Die ersten Schleppen sollen möglichst in lichten Stangenhölzern, auf Brachen und kurz gemähten Wiesen angelegt werden. Man vermeide anfänglich, Örtlichkeiten zu wählen, wo viele Kaninchen oder Fasanen vorkommen, weil gerade diese Wildarten die Aufmerksamkeit des Hundes ablenken. Bei den ersten Übungen soll man Schleppen mit gutem Winde anlegen, und dann erst, wenn der Hund begriffen hat, werden sie mit Nackenwind gezogen. Der junge Hund soll niemals ausgeworfenes Wild bringen, da er zu leicht zum Anschneiden verleitet wird. Der ,,Anschuß", das ist die Stelle, an der man die Schleppe beginnt, muß durch einen Bruch gekennzeichnet werden. Der Schlepper kann das Wild hinter sich herziehen. Er kann es aber auch, sofern das der Bewuchs des betreffenden Geländes zuläßt, an einer drei bis vier Meter langen Stange befestigen, die seitlich gehalten wird, damit die Menschenfährte nicht unbedingt mit der Schleppspur zusammenfällt. Das ist in Stangenhölzern natürlich nicht möglich.

Hat der Schleppenzieher das Wild abgelegt (anfangs ist es günstig, das Schleppwild an der Ablagestelle mehrmals im Kreis über die Grasfläche zu ,,wischen", damit an dieser Stelle mehr Wittrung steht, denn der Hund soll ja finden), die Schnur entfernt, so muß er sich in der Verlängerung des Schleppenendes weiter bewegen und im Bogen unter Wind zum Ausbilder zurückkehren. Niemals darf er dies auf dem Schleppweg tun, wie er sich auch sorgsam zu hüten hat, die Schleppe an irgendeiner Stelle zu kreuzen. Wird der Schleppenzieher als Beobachter eingesetzt, so hat er sich vom Ende, mindestens 30 Schritte von diesem entfernt, in eine Deckung zu begeben, damit er weder vom Hunde geäugt noch gewindet wird.

Zum guten Verstehen sollen jeweils die Erstlingsarbeiten (also auch bei Erschwerung der einzelnen Aufgaben) am Riemen vorgenommen werden, um die Möglichkeit zu haben, auf den Hund sofort einwirken zu können. Sobald er eine Aufgabe beherrscht, lasse man ihn diese bei den weiteren Wiederholungen frei, also unangeleint erfüllen, um alle Hemmungen auszuschalten.

Um das zu schleppende Kaninchen, das bei den Anfangsübungen nach Möglichkeit noch warm sein soll, auch mitunter zum Schweißen zu bringen, stößt man ihm vorn am Stich mit dem Nicker in die Brust, und zwar so, daß Lunge und Herz zerschnitten werden. Die Vorderläufe hochhaltend, befestigt man an den Hinterläufen eine Leine und geht damit auf den Platz, wo die Schleppe beginnen soll, also zum ,,Anschuß".

Ist das Kaninchen nach den obigen Angaben hergerichtet, dann rupft man etwas Bauchwolle aus und markiert damit den Anschuß. Von da an wird das Wild am Boden weitergezogen.

Um die Aufgabe anfangs zu vereinfachen, ordnen wir an, daß die Schleppe zuerst nur fünfzig Gänge lang gezogen wird und in gerader Richtung verläuft. Wir nehmen zur Einarbeitung des Hundes den Riemen. Bei dem Befehl ,,Such verloren, bring" muß er wissen, daß er etwas zu bringen hat. Wir setzen also den Hund angeleint am markierten Anschuß an. Befehl: ,,Setz dich!" Wir fassen den Riemen kurz, neigen uns nieder und geben dem Hunde den Befehl: ,,Verloren, bring!" Dabei weisen wir mit der Hand auf den Anschuß und suchen den Hund zu veranlassen, die Nase tief- und die Wittrung aufzunehmen. Sobald der Hund die Nase tief nimmt, wird er gelobt: ,,So brav, mein Hund!" Wir wiederholen den Befehl: ,,Verloren, bring!", wobei wir ihn veranlassen, der Schleppwittrung zu folgen. Immer wieder muntern wir ihn auf und lassen ihn vorwärts ziehen. Sehr temperamentvolle Hunde müssen allerdings eher beruhigend gezügelt werden.

Auf diese Weise trachten wir, den Hund immer weiterzubringen und folgen ihm am Riemen bis an das Ende der Schleppe, wo wir an das Kaninchen gelangen, das wir vom Hund aufnehmen lassen. Und nun eilen wir in möglichst schneller Gangart auf den Anschuß zurück, wobei der Hund das Kaninchen zu tragen hat. Es folgen Befehle: ,,Sitz!" – ,,Aus!" – ,,So brav!"

Die ersten Schleppen werden in den allermeisten Fällen recht wenig befriedigend verlaufen, aber dessenungeachtet dürfen wir nicht glauben, daß die Arbeit ohne Einfluß auf den Hund geblieben ist.

Sobald die Hunde dahinterkommen, daß am Ende der Schleppe ein Kaninchen aufzunehmen ist, und das ist die Hauptsache, dann fangen sie an, ungestüm zu werden, legen sich fest in den Riemen und möchten am liebsten im Galopp die Schleppe entlangsausen. Wir haben daher auf den fortstürmenden Hund einzuwirken, ihn zu mäßigen.

Hat der Führer schließlich nach einigem Üben die Überzeugung gewonnen, daß der Hund die Schleppe hält, dann geht er dazu über, auf halber Strecke zu schnallen, das heißt, der Hund hat die Hälfte der Schleppe am langen Riemen zu arbeiten, wird dann gelöst, muß auf der Schleppe fortarbeiten, das am Ende befindliche Kaninchen aufnehmen und es in flottester Gangart seinem Herrn überbringen.

Um den Hund nicht durch umständliches, störendes Schnallen von der Schleppe, an der er sich ,,festgesaugt" hat, abzureißen, bewährt sich jetzt schon die Handlungsweise mit der Schnur, einige Absätze weiter bei der Überleitung in die Jagdpraxis beschrieben. Man geht erst dann dazu über, die Übung auszudehnen und zu erschweren, wenn er auf der fünfzig Schritt langen Schleppe tadellos arbeitet und das Kaninchen flott und sauber bringt. Ich halte es für sehr unklug, eine bestimmte Anzahl Übungen vorzuschreiben; denn der Fortgang richtet sich lediglich danach, wie der Hund die Arbeit vollführt, wie er begriffen hat. Wir gehen daher nur dann weiter, wenn der Hund die einfache Aufgabe zu unserer Zufriedenheit gelöst hat und nicht früher.

Den geradlinigen Schleppen folgen solche mit einem Haken. Arbeitet der Hund ihn aus, dann wird er gelobt. Überschießt er ihn und findet er sich nicht zurecht, dann ist es das einfachste, man nimmt ihn ab, das heißt, man geht mit ihm auf einem Umwege auf den Anschuß zurück, legt ihn nochmals zur Schleppe, befiehlt wie gewöhnlich: ,,Verloren, bring!" und arbeitet erneut bis zum Haken. Meist machen die Hunde denselben Fehler wie zuerst, was uns nötigt, ,,Platz" machen zu lassen. Sodann nehmen wir den Riemen kurz, greifen auf der Schleppe etwas zurück, setzen den Hund erneut an, leiten ihn, auf die Schleppe zeigend, bis an den Haken und weisen ihn durch gutes Zureden über die schwierige Stelle.

Sobald der Hund solche Schleppen mit dem Haken tadellos ausarbeitet, erweitern wir die Übung dadurch, daß wir zwei und drei Haken einlegen, die Schleppe bis zu 100, 150, 200, 300, 400, 500, ja bis zu 1000 Schritte ausdehnen, dabei auch das unübersichtliche Gelände wählen, also teilweise durch Unterwuchs ziehen.

Abb. 57. Anfangs lege man die Schleppen so, daß keine Behinderungen beim Bringen durch Stacheldrahtzäune oder Ablenkungen durch Vieh zu erwarten sind. Später müssen praxisgegebene Schwierigkeiten aber bewußt eingeplant werden, um zuverlässiges Apportieren zu erreichen. Beim Herankommen des Hundes trete man erforderlichenfalls mit energischem Sitzkommando auf ihn zu, um korrektes Ausgeben des Wildes zu erreichen

In der Praxis kann es ja auch vorkommen, daß ein kranker Hase jenseits eines Baches oder Wasserlaufes liegenbleibt, und auch in diesem Falle soll der Hund nicht ratlos am Ufer auf und ab laufen, sondern ohne Bedenken den Graben überspringen oder durchschwimmen, um am gegenüberliegenden Ufer die Arbeit auf der Wundspur weiter fortzuführen.

Der Hund, der in der Übung bereits Fortschritte gemacht hat, wird uns ohne Bedenken bis an den Grabenrand führen, dann gehen wir mit ihm durch den Graben und bringen ihn am jenseitigen Ufer sofort wieder auf die Schleppe. Bei der zweiten Übung wird er von sich aus die Verfolgung auf das jenseitige Ufer ausdehnen und uns das Kaninchen flott bringen.

Wie lange soll die Schleppe stehen, bevor man den Hund arbeiten läßt? Beim Beginn ist man bestrebt, die Arbeit so leicht wie möglich zu machen, und bringt den Hund deshalb sofort auf die Schleppe. Die frische übt einen größeren Reiz aus und ist auch bei weitem leichter auszuarbeiten. Nach einigen Übungen wartet man mit dem Beginn eine Viertelstunde und dehnt die Zeit bis auf eine Stunde (je nach Wetter und Bodenwuchs) aus.

Bei der Einarbeitung mit Raubwild müssen wir uns klar sein, daß es sich um eine gesteigerte Forderung handelt, da ja dem Hunde das Bringen von Nutzwild bedeutend angenehmer ist als das Aufnehmen von Raubwild. Demgemäß sind Ruhe, Besonnenheit und Geduld von besonderer Wichtigkeit und der Anfang mit sehr leichten Anforderungen Grundbedingung für den Erfolg. Wir beginnen auch hierbei mit kurzen, geradelaufenden Schleppen von etwa 30 Schritt, steigern allmählich die Entfernung auf 60 und legen dann den ersten Haken. Man achte auf schnelles Aufnehmen, Setzen und vorschriftsmäßiges Ausgeben.

Weil es für die jagdliche Praxis nötig ist, das „Mußbringen" zu erreichen, dürfen wir uns nicht damit begnügen, den Hund nur Wild im frischen Zustand apportieren zu lassen. Wir haben den Zögling auch daran zu gewöhnen, anbrüchig gewordenes Nutz- und Raubwild aufzunehmen und zu bringen.

Dies ist vornehmlich für das verläßliche Herantragen von Fuchs und verwilderter Katze notwendig. Zuerst wird das Bringen solcher Stücke im frischen Zustand auf kurze

Entfernung geübt, sodann auf der Schleppe. Nun hängen wir das Raubwild in den Keller und üben nach einigen Tagen erneut damit, setzen wieder ein oder zwei Tage aus, während welcher Zeit die Stücke anbrüchig werden, und fahren dann mit den Übungen im Bringen fort. Vollkommen verfehlt aber wäre es, einen anbrüchigen Fuchs sofort zum Schleppen zu verwenden, der Hund käme sicherlich leer zurück. Er muß vorerst Anbrüchiges kennenlernen und bei den Bringübungen die Erfahrungen machen, daß er apportieren muß. Erst dann wird dies als erschwerte Bringleistung mit der Schleppe verbunden. Selbstverständlich darf dabei mit Lob nicht gespart werden, und eine nachträgliche Belohnung trägt viel dazu bei, die Passion zum Bringen auch solcher „Stänker" anzufachen.

Das Ausarbeiten von Schleppen mit anbrüchigem Raubwild darf natürlich nicht gleich mehrere Male hintereinander vorgenommen werden oder eine so häufige Wiederholung erfahren, bis der Hund versagt, um ihm dann durch Korallen und andere Zwangsmittel klarzumachen, daß er muß. Bei dem Entschluß zu solchen Übungen, die ja in der Hauptsache der Vorbereitung des Hundes für die Verbands-Gebrauchsprüfung dienen, möge jeder Abrichter selbst entscheiden, wie weit er in seiner Forderung zu gehen hat und was es für den Hund heißt, „Luder" oder „Aas" zu apportieren. Anbrüchiges Raubwild ist noch kein Luder!

Ganz besonders haben wir aber daran zu denken, hin und wieder Niederwild zu benutzen, das tiefgefroren war. Schon mancher, der seinen Hund nicht an solche aufgetauten Wildkörper gewöhnte, erlebte auf Prüfungen, daß sein Zögling sie nur benäßte, aber nicht aufnahm.

Manche Hunde arbeiten mit Freude zwanzig Schleppen am Tag, anderen wird es nach zwei Suchen schon langweilig, und sie versuchen auszubrechen. Also Vorsicht! Dies gilt besonders auch beim Übergang in die Praxis, denn hier kommt es sehr darauf an, daß der Hund passioniert und nicht unlustig arbeitet. Ist die Ausbildung mit dem Beweis zuverlässigen Apportierens auch auf mehrere hundert Meter langen Schleppen abgeschlossen, dann wird oft ein großer Fehler gemacht: der inkonsequente Übergang in die Jagdpraxis.

Viele Jäger nehmen ihren Hund nämlich nach der Schleppenausbildung gleich zu Jagden mit, und wenn ein Kaninchen, Hase, Fasan oder Huhn krankgeschossen wird, schnallen sie ihn einfach und wundern sich, wenn er aufgeregt mit hoher Nase umherrast, jedoch nicht die erwartete Verlorenbringerarbeit leistet. Woher soll er aber nun bei dieser Abweichung vom üblichen Ansetzen wissen, was da von ihm verlangt wird? Die Mühe der Schleppenausbildung ist ziemlich sinnlos, wenn der Hund bei den ersten Praxisarbeiten nicht folgerichtig zur Anwendung seiner Übungserfahrungen angeleitet wird.

Dies geschieht zweckmäßig folgendermaßen. Wir jagen zunächst allein mit dem Hund. Ist Niederwild krankgeschossen, gehen wir mit ihm in aller Ruhe zum Anschuß bzw. zur Einfallstelle. In deren Nähe wird der Hund abgelegt. Wir haken die Leine aus und ziehen durch den Halsungsring einen Bindfaden – worauf ja auch schon bei der Einführung in die Schleppenarbeit hingewiesen wurde –, dessen Enden wir in der Hand halten. So führen wir ihn ruhig zum Anschuß. Der Hund wird ihn intensiv bewinden und folgt dann der Fluchtspur bzw. dem -geläuf. Erst wenn er sich nach zehn Metern richtig festgesogen hat, lassen wir ein Ende des Bindfadens los, der dann, ohne daß der Hund abgelenkt oder in seiner Sucharbeit unterbrochen wird, aus dem Halsungsring gleitet.

Auf diese Weise führen leider nur ganz wenige Jäger ihren Hund in die Praxis ein. Dabei ist es so einfach, überzeugend und hat sich bewährt. Es ist wichtig, beim Übergang von der Ausbildung in die Praxis gemäß bis dahin erfolgter Handhabung fortzufahren, denn der „rote Faden" – wenn er nicht abreißt – entscheidet viel häufiger als die meisten Jäger glauben, ob ein Hund in der Folge gute oder schlechte Leistungen zeigt.

Schußruhe, Wildgehorsam und „Abrichtefallen"

Bevor der Hund nun auf der Grundlage dieser Ausbildung bei der Einführung in die Anforderungen der Jagdpraxis von Feld-, Wald- und Wasserarbeit – einige Grundlagen haben wir ja im späten Welpenalter schon gelegt – seine Leistungen weiter entwickeln darf, sind noch ein paar Hinweise über mancherlei Schwierigkeiten wie auch Erleichterungen erforderlich.

Zunächst zur Schußruhe. Hierunter verstehen wir das ruhige Verhalten des Hundes während des Schießens. Dies hat nichts mit Schußfestigkeit zu tun. Letzterer Begriff bedeutet, daß der Hund nicht ängstlich auf den Knall reagiert, während die Schußruhe das gehorsame Verhalten bei der Abgabe von Schüssen kennzeichnet – im Gegensatz zur Schußhitze, die sich sehr ungünstig auf den Jagdablauf und -erfolg auswirken kann.

Früher wurde die Ansicht vertreten, daß auf Schußruhe erst hingewirkt werden sollte, wenn der junge Hund ins Feld und an Flugwild gebracht wird. Ich halte das aber für verfehlt, denn wir können und müssen sinnvollerweise schon vorher einwirken, damit der junge Hund schußruhig ist, noch bevor wir mit ihm die Einarbeitung im Feld, Wald und Wasser beginnen. Es handelt sich hier also um vorbeugende Gehorsamslektionen, die das Einarbeiten erleichtern.

Um bei der Ausbildung rasch zum Erfolg zu kommen, beginne man mit Anschlagübungen. Diese können anfangs mit dem angeleinten Hund vorgenommen werden. Während des Marschierens im Revier gehen wir hin und wieder mit der Flinte in Anschlag, gleichzeitig „Platz!" befehlend (oder z. B. „Halt!", je nachdem, für welches Kommando wir uns während der Ausbildung entschieden haben). Das wird so oft geübt, bis der Hund schon von selbst zu Boden sinkt, sobald wir das Gewehr hochheben. Der Anschlag wird also zum stellvertretenden Kommando. Auch hier zeigt sich wieder, wie wichtig die Gewöhnung ist. Wenn der Hund erst einmal im Verlauf der Jagdpraxis schußhitzig geworden ist, haben wir es viel schwerer, korrigierend einzuwirken.

Dann lassen wir den Hund im Revier Halt machen, nehmen das Gewehr rasch von der Schulter und gehen blitzschnell in Anschlag. Das erweckt natürlich die besondere Aufmerksamkeit, wie überhaupt hastiges Verhalten des Jägers in solchen und ähnlichen Fällen eine Verleitung darstellt, denn der Hund erwartet dann ja eine interessante „jagdliche Entwicklung", sofern er dies überhaupt schon kennengelernt hat. Und deshalb ist unser Verhalten richtig!

Sobald der Hund sich bei diesen Scheinübungen wie gewünscht gehorsam verhält, feuern wir schließlich auch einen Schuß ab (wobei natürlich vorauszusetzen ist, daß der Hund den Knall bereits kennt und nicht vielleicht schockartig darauf reagiert, weil wir vergaßen, ihn schon früher daran zu gewöhnen). Wir achten darauf, daß unser Lehrling auf den Knall sofort in die Haltlage geht, notfalls durch entsprechendes Kommando oder den zwingenden Trillerpfiff unterstützt. Rast er wild in der Gegend umher, leinen wir ihn an, lassen ihn eine Kriechübung zum alten Platz machen, wo er eigentlich in die Haltlage hätte gehen sollen, und dort muß er eine Weile liegenbleiben. Wir entfernen uns währenddessen etwa zwanzig Meter und geben dann erneut einen Schuß ab, gleichzeitig trillernd, damit der Hund gar nicht erst hoch kommt.

Durch solcherlei Übungen, die sich dem Verhalten des Hundes in erfinderischer Weise einfühlsam anpassen müssen, tritt zumeist in wenigen Tagen der gewünschte Erfolg ein.

Notfalls können wir auch auf die lange Leine zurückgreifen, damit er uns im Knall gar nicht erst aus der Hand kommt.

Der so überaus wichtige Gehorsam bei der Einarbeitung im Revier mit den vielfältigen, die Sinne peitschenden Verführungen darf nicht vernachlässigt werden. Deshalb seien nachfolgend in knapper Zusammenfassung noch ein paar Hinweise gegeben, mit denen wir uns vorher vertraut machen, um bei auftretenden Schwierigkeiten Einfluß nehmen zu können. Viele Hunde bekommen es nämlich schnell heraus, daß ihr Führer sie nicht mehr in der Hand hat, wenn sie seinen unmittelbaren Einwirkungsbereich verlassen. Konsequenz ist dabei alles, und als wichtigste Voraussetzung muß der Hund natürlich die schulmäßige Halt-Ausbildung durchlaufen haben, also um die Bedeutung des Haltkommandos wissen und dieses ohne Verleitung regelmäßig beherzigen.

Nehmen wir an, aufstehende Hasen haben den Hund bei der in den folgenden Kapiteln beschriebenen Einarbeitung im Revier „verrückt“ gemacht, und der Gehorsam lokkert sich, wir können den Burschen nicht mehr bremsen.

1. Zurückgreifen auf die Halt-Schule. Wir gehen mit dem angeleinten Hund voran, und während des Schreitens kommt das Halt-Kommando, gleichzeitig durch Trillerpfiff und Gertenhieb unterstützt. Nach mehrtägigen Auffrischungsübungen darf er wieder einmal – kurzgehalten – vor uns suchen, wobei er sich aber an der 20 oder 30 Meter langen Feldleine befindet, die an der Stachelhalsung befestigt ist. Wir leiten ihn dorthin, wo wir einen Hasen in der Sasse vermuten oder wissen, halten die Trillerpfeife einsatzbereit im Mund und das Ende der Feldleine in der Hand. Sobald der Hund den aufstehenden Hasen hetzen will und in seinem Jagdeifer den Pfiff „überhört“, prallt er, sobald die Feldleine sich strafft, in die Korallenhalsung und geht überkopf oder wird unsanft gebremst. Hier kommt es aus der Situation heraus – Verleitung und im unmittelbaren Zusammenhang folgende Strafe – zur richtigen Verknüpfung, und meist schon beim zweiten Hasen wird der Trillerpfiff dann respektiert.

Dies ist an mehreren Tagen zu wiederholen, schließlich ohne Leine, wobei die Entfernung zwischen Hund und Führer sich erst allmählich vergrößern darf. Natürlich ist dem Hund, der uns solcherart mit seiner Anfälligkeit für Hetzen Kummer bereitet hat, auf einige Zeit hinaus keine Folge am flüchtenden Wild zu gestatten, und man muß ihn rechtzeitig an jeglichem aufstehenden Wild zu Boden trillern.

2. Gute Dienste tut die Zwille. Zunächst übt man natürlich die Treffsicherheit, und dann geht es schließlich mit dem Hund ins Feld. Er darf nur kurz vor uns suchen, und sobald er das Halt-Kommando oder den Komm-Pfiff nicht respektiert, prallen ihm ein paar Schrote aus dem Katapult auf den Balg. Mancher machte auch gute Erfahrungen mit Straßenstreu-Split, den man bei solchen Übungen z. B. in der Manteltasche dabei haben kann. Reagiert der Hund nicht wie gewünscht, dann bekommt er sie aus der Hand auf den Balg. Selbst wenn man einmal nicht trifft, wird das Geprassel der um den Hund aufschlagenden Steinchen den erhofften Zwang ausüben. Natürlich sind solche Übungen auf kurze Entfernung vorzunehmen, damit dem Hund nicht bewußt wird, wie weit der Führer werfen kann.

3. Überpassionierte Hunde, die immer wieder zum Wildhetzen neigen, lassen sich mit der im Kapitel „Ausbildungshilfsmittel“ beschriebenen „Hetzbremse“ zügeln. Man kann dabei den Anhängeriemen auch so lang lassen, daß er etwa 30 cm hinter den Hinterläufen endet. Der Hund gewöhnt sich schnell an diese Lauferschwernis, kann aber natürlich nicht so flott suchen und läßt das Hetzen sofort, wenn ihm die Holzkugel um die Hinterläufe schlägt oder er sich in der Lederleine verwickelt.

4. Wenn ein Hund erfaßt hat, daß sein Führer ihn auf größere Entfernung nicht mehr

erreichen kann – ein Ergebnis, das wir unbedingt vermeiden sollten –, hilft als letztes Mittel bei sinnvollem Vorgehen der Funkimpuls des im Kapitel „Ausbildungshilfsmittel" in der Anwendung eingehend beschriebenen Gerätes.

Einige der zuvor erwähnten Beispiele bezogen sich bereits auf das Prinzip der „Abrichtefalle als Grundlage der Zuverlässigkeit". Darauf sei aber noch etwas näher eingegangen, denn mancher Ausbilder wird trotz vermeintlich zweckmäßigen Vorgehens in diesem Stadium der weitgehend abgeschlossenen Grundausbildung sowie bei der sich nun anschließenden Einführung in Erfordernisse der weitergehenden Revierausbildung immer wieder einmal vor Problemen stehen, die es einfühlsam und erfinderisch zu lösen gilt.

Wir wissen häufig nicht sofort die Ursache, wenn der Jagdhund bei einer Aufgabe versagt oder sie nur unvollkommen löst. Beherrscht er das Gelernte noch nicht ausreichend? Läßt er sich leicht ablenken? Haben neuartige, besondere Umstände oder falsches Führerverhalten sein Reaktionsvermögen überfordert? Im entscheidenden Augenblick, wenn es möglichst schnell und sinnvoll zu handeln gilt, sind wir leider oft nicht gewappnet, falschen „Verknüpfungen" des Hundes gleich zweckentsprechend zu begegnen oder Ungehorsam bei den ersten Anzeichen erfolgversprechend zu verhindern. Es ist aber au-

Abb. 58. Drohender Nachdruck mit einer Gerte unterstützt den Trillerpfiff, wenn das Haltmachen nur widerwillig erfolgt. Solche Übungen müssen auch bei älteren Hunden wiederholt werden, sobald das gehorsame Verhalten sich im Jagdbetrieb abschleift. Aus der Down-Stellung heraus richtet sich ein Hund, der zu unkorrekter Ausführung neigt, zunächst nur auf – wenn man es im Eifer des Jagens aber öfter durchgehen läßt, daß er auf den Trillerpfiff nicht zusammenklappt, sondern lediglich stehen bleibt, ist der Schritt zu schwerwiegenderem Fehlverhalten nur klein

ßerordentlich wichtig, richtige Maßnahmen zum rechten Zeitpunkt (!) zu treffen, wenn man Verbesserungen erzielen will.

Deshalb ist es sehr ratsam, mitunter bewußt „Fallen" zu stellen, die uns einmal Schwächen offenbaren und zum anderen gestatten, in bewußt vorgenommener Verleitung zum richtigen Zeitpunkt möglichst zweckmäßig einwirken zu können. Die Schwierigkeiten kommen dann nicht unerwartet und finden uns vorbereitet und gerüstet. Ein vorgeplantes, also bewußt angestrebtes Versagen, dessen Grund und Zeitpunkt uns bekannt sind, versetzt uns in die Lage, sofort gezielt sinnvoll Einfluß zu nehmen und den Hund zuverlässiger zu machen. Das Prinzip des „gewollten Versagens" stellt also eine gute Grundlage der Zuverlässigkeit dar und ist auch nach der Ausbildungszeit für gelegentliche Korrekturen immer wieder anzuwenden. An drei Beispielen (Apportieren, Wildhetzen, Ablegen) sei dies noch einmal verdeutlicht.

Das selbständige, zuverlässige Apportieren zeigt sich darin, daß ein ausgebildeter Hund auch ohne Kommando Wild aufnimmt bzw. bringt, das er bei der Jagdausübung findet. Weil man dies in der Praxis aber nicht kontrollieren kann, stellen wir ihn bewußt vorher auf die Probe. Wir legen mehrere Male unauffällig ein Stück Niederwild im Revier aus und gehen einige Stunden später unter Wind mit dem frei bummelnden Hund auf ein Dutzend Schritte daran vorüber. Wenn es klappt, bekommt der Hund Wittrung und steht dann am Wild. Wir gehen aber ohne Reaktion weiter, unseren vierläufigen Freund unauffällig beobachtend. Bringt er ohne Aufforderung, wird er tüchtig gelobt, und nach mehreren weiteren Versuchen, gleichermaßen erfolgreich ausgehend, haben wir eine Bestätigung seiner Zuverlässigkeit. Läßt er aber das Stück liegen und folgt uns, so muß er sofort mit energischem Kommando zum Bringen aufgefordert bzw. zurückgeschickt werden. Dies üben wir so lange (aber nicht jeden Tag), bis unser Hund von sich aus, also ohne Kommando, alles Niederwild bringt, das er irgendwo findet. Erst dann können wir sicher sein, daß er bei der praktischen Jagd, beispielsweise unüberwachbar in einer Dikkung, zuverlässig das verendete Niederwild aufnimmt.

Die übliche Schleppenarbeit macht das Finden des Wildes leicht, es liegt auffällig am Schluß der Schleppe. Der Hund arbeitet die einfach zu haltende Duftbahn meist schnell und braucht am Ende in der Regel nicht lange zu suchen. Übt man nur mittels so einfacher Schleppen, besteht die Gefahr, daß der Hund später in der Praxis, wenn er das Wild nicht gleich findet, leer zurückkommt.

Wir sollten berücksichtigen, daß krankes Niederwild es dem Hund nicht so leicht macht. Er muß erfahren, daß er länger und sorgfältiger zu suchen hat und auch nach mehrfachem Ansetzen noch Erfolg haben kann. Dies läßt sich durch Schleppen erreichen, die am Ende schwieriger gestaltet werden. Die Strecken sollten zunächst kürzer und übersichtlich sein, damit der Führer, falls sein Hund unlustig wird, einwirken kann. Gut bewährte sich auch folgende Weise: Die Schleppe wird bis zu einem Hochsitz gelegt und das Übungswild vom Schleppenzieher dann nach oben genommen. Der Hund findet also beim ersten Male nicht und kommt leer zurück. Anschließend wird das Wild herabgeworfen, und der Hund muß die Schleppe erneut arbeiten. Zeigt er sich beim zweiten Ansetzen zunächst lustlos, dann folgt der Führer nach, bis der Hund schließlich gefunden hat.

Ferner sollte er durch andere Übungen erfahren, daß geschossenes Niederwild auch einmal mit letzter Kraft in eine Baueinfahrt gerutscht sein kann oder über dem Erdboden im Gezweig hängengeblieben ist, einmal für ihn erreichbar, ein andermal nicht; hier können wir gut sein Verhalten beobachten, dessen Kenntnis uns in der späteren Praxis gelegentlich aufschlußreich sein wird.

Natürlich ist das Wildhetzen dem einen Hund leichter abzugewöhnen, dem anderen schwerer. Bei den Vorstehübungen im Feld steht oft unerwartet ein Hase auf, wobei der Hund in aller Regel außerhalb unserer Reichweite ist, oder beim Pürschen hat er das auf die Schneise tretende Reh früher weg als wir, und ehe wir reagieren, ist er bereits unterwegs. Aber auch hier können wir das Prinzip des gewollten Versagens anwenden, indem wir dem Hund öfter eine entsprechende Falle stellen. So sieht man bei einem Gang oder einer Fahrt durchs Revier oft sich drückendes Niederwild. Wir gehen mit dem ganz kurz suchenden Hund darauf zu, halten die Wurfkette (einfache Kettenhalsung) bereit, falls er zu hetzen versucht. Treffen muß man allerdings können! Solch eine Wurfkette sollte stets in der Jackentasche oder im Auto sein, damit man mancherlei sich zufällig ergebende Möglichkeiten nutzen kann.

Verhält der Hund sich in solchen Fällen gehorsam und äugt dem Wild nach, so begehe man aber nicht den Fehler und lobe ihn tüchtig. Das wäre Lob (sprich Ermunterung) im falschen Augenblick, und schon mancher Hund setzte dann dem entschwundenen Hasen, während die Hand mit der Wurfkette schon wieder in der Hosentasche war, unerwartet doch noch nach. Im Gegenteil sollte man auch den Gehorsam zeigenden Hund energisch zu Boden trillern, also unter Zwang halten und ihn eine Weile verharren lassen, damit seine Aufregung sich legt. Dann gehen wir am besten mit ihm in anderer Richtung weiter.

Das dritte Beispiel: Sehr viele ansonsten gute Hunde lassen sich nicht sicher ablegen, selbst wenn die entsprechende Ausbildung beendet ist. Sie hetzen Wild, das an ihrem Ablegeplatz vorüberzieht, laufen dem fortgepürschten Jäger nach, wenn er in der Nähe einen Schuß abgibt, verwechseln einen Vogelruf mit dem Komm-Pfiff oder laufen gar zum abgestellten Auto, wenn es ihnen zu lange dauert. Hier stellen wir wieder eine Falle.

Wir setzen uns öfter mit dem erst neben uns, dann immer weiter weg abgelegten Hund an guten Wechseln und Pässen an, je nach Notwendigkeit und Gegebenheit unter Benutzung von langer Leine, Zwille, Wurfkette, Trillerpfeife oder notfalls Funkimpulsgerät. Man kann auch im Revier an mehreren Stellen kleine Pfähle einschlagen und vor allem den ganz jungen Hund während der Übungsgänge dort ablegen, dabei unauffällig die Leine über den kurzen Pfahl werfend. So vermag er sich auch bei starker Verleitung nicht zu entfernen. Dann pürschen wir in auffälliger Weise weiter und geben einen Schuß ab. Will der Hund nachkommen oder im Anblick von Wild gar zur Hetze ansetzen, heißt es ihm nachdrücklich klarzumachen, daß er liegen zu bleiben hat. Von einem nahen Hochsitz z. B. kann man durch Trillerpfiff einwirken, ohne daß der Hund seinen Führer sieht.

Der Lehrling hat auch liegenzubleiben, wenn Pfiffe zu hören sind. Hier sei erneut betont, daß man seinen Hund nicht überfordern darf, indem man ihn heute aus Bequemlichkeit, nämlich weil man nicht zum Ablegeplatz zurückgehen will, abpfeift und dann morgen erwartet, daß er konsequent an seinem Ort liegen bleibt. Im Gegenteil muß er nachdrücklich erfahren, daß man stets zu ihm zurückkehrt. Inkonsequenz kann hier wie auch bei der gesamten Abrichtung aus einem guten einen unbrauchbaren Hund machen. Die Falle, also die Verleitung, ist wieder einfach: Man entfernt sich mehrfach vom abgelegten Hund und pfeift dann auf verschiedenen Pfeifen und mit dem Mund. Sobald er aufstehen will, muß er energisch auf seinen Ablegeplatz verwiesen werden. Die meisten Hunde haben das schon nach wenigen Übungen begriffen. Sie müssen unbedingt das Gefühl bekommen, daß der Führer sie auch bei längerer Abwesenheit stets überwachen kann (wie z. B. von einem nahen Hochsitz).

Dies sollte zum Abschluß der Grundausbildung noch einige Möglichkeiten für Wiederholungen bei Schwierigkeiten aufzeigen; und zwar unter besonderer Hervorhebung des Prinzips des gewollten Versagens, der bewußt zu einem uns genehmen Zeitpunkt gestellten Abrichtefalle. Es sei ganz dringend empfohlen, vor dem ersten Jagdherbst des Hundes, in dem er voll eingesetzt werden soll, den Erfolg der Ausbildung durch derartige Maßnahmen noch einmal zu überprüfen sowie auch fernerhin bei Notwendigkeit sofort korrigierend einzugreifen.

Das A und O der Führung gut veranlagter Jagdhunde ist der Gehorsam! Wir müssen ihn immer wieder auffrischen, sogar – oder erst recht! – bei hochkarätigen Prüfungssiegern, die meist sehr temperamentvoll sind und sich allein deshalb schon oft unserer Einwirkung entziehen wollen. Viele Unfälle, bei denen Hunde zu Tode kamen, hätten vermieden werden können, wenn die Führer eine „Notbremse“ hätten ziehen können, nämlich: die Respektierung des Halt-Trillerpfiffs.

Feldarbeit

In der Regel werden die Hunde zur Frühjahrszeit gewölft. Sie sind dann im Herbst etwa ein halbes Jahr alt, erweisen sich in vielerlei Hinsicht oft schon als frühreif und können auch bereits in der Feldsuche und dem Vorstehen gefördert werden. Aber erst das darauffolgende Frühjahr, wenn sie zu Jährlingen herangewachsen sind, bringt vor den Jugendprüfungen ernstlichere Anforderungen. Früher bestand vielfach die Ansicht, daß der Hund während der Zeit seiner Erziehung und Grundabrichtung nicht in den Feldfächern Suche und Vorstehen geübt werden sollte. Dies ist falsch, jedoch mit der Einschränkung, daß wir sehr darauf zu achten haben, Sichthetzen am lockenden Hasen zu meiden, weil sonst der Wildfolgedrang, also das Hetzen, die Vorsteheigenschaft überlagern könnte und den beim Jährling noch nicht so gefestigten Gehorsam möglicherweise nachhaltig gefährdet.

Suche

Am Anfang der Feldarbeit steht die Förderung einer flotten, ausdauernden Quersuche mit hoher Nase. Nase und Schnelligkeit müssen miteinander in Einklang stehen. Für die Praxis wertvoll ist die Suche nur dann, wenn der Hund nicht geradeaus fortläuft, sondern nach links und rechts ausholt und so vor dem Führer die Feldstücke hin und her planmäßig absucht. Dadurch soll der Hund natürlich letztendlich dem Jäger die Sucharbeit abnehmen, jedoch darf man anfangs noch nicht dieses Ziel im Auge haben. Die Einarbeitung erfordert zunächst auch „flinke Beine“ beim Ausbilder, denn dieser hat in der ersten Zeit den Richtungswechsel nicht nur durch akustisches (Ruf o. ä.) und einfaches optisches Signal (Ausstrecken des Armes in die gewünschte Richtung) zu unterstützen, sondern wird oft genötigt sein, selbst ganz schnell vielleicht zehn Schritte beim Richtungswechsel nach links oder rechts zu laufen; und zwar in dem Augenblick, wenn er gewiß sein darf, daß der Hund sein Verhalten bemerken kann und nicht gerade abgelenkt ist.

Für den Anfang suchen wir uns am besten wildarme Wiesenstücke oder anderes Gelände aus, um uns zunächst voll auf die Förderung der Suchanlage zu konzentrieren. Der Hund muß natürlich stets gegen den Wind revieren. Um ihn von vornherein daran zu gewöhnen, daß er nicht die Furchen entlangläuft, gehen wir quer zu den Furchen und wirken gegebenenfalls ein. Läuft er dennoch immer wieder stur geradeaus, dann pfeifen wir ihn heran und weisen ihn mit der erwähnten Unterstützung und dem Kommando „voran" ein. Hunde, die noch an den Füßen „kleben", werden schon bald einmal an Hühner oder Fasanen gebracht, deren Wittrung die Suchpassion fördert. „Horizont-Flitzer" müssen gezügelt, also zu einer kürzeren Quersuche angehalten werden.

Wenn nun der Hund die Richtung, die wir ihm angegeben haben und in die wir auch ein Stück mitgegangen sind, einhält, dann wenden wir uns nach der anderen Seite und veranlassen ihn, wie beschrieben, dorthin zu suchen. Schneller als wir erwarten wird er sich daran gewöhnen, das Feldstück nach links und rechts abzusuchen und dabei in den Wind zu kehren; sollte letzteres noch nicht gut klappen, wendet er also zumeist zu uns zurück, brauchen wir nicht besorgt zu sein, denn mit der wachsenden Einarbeitung, dem Finden von Flugwild und dem Vorstehen stellt sich das sinnvolle Verhalten bald ein.

Abb. 59. Zur Förderung systematischer Quersuche sind zunächst freie Flächen ohne stark ablenkende Feldraine zu wählen, und der Führer stellt den Hund auf Ruf- und Winkkommando zum Richtungswechsel ein. Dabei ist es anfangs nützlich, selbst schnell ein paar Schritte in die neue Richtung zu gehen

Je flotter der Hund geht, desto mehr sollten wir uns darüber freuen, denn bremsen können wir, aber einen lahmen Traber nur schwerlich voranbringen. Vor einem Fehler sei gewarnt: In der Befürchtung, daß der Hund einen Hasen hetzen könnte, pfeifen und rufen manche Führer unablässig, sobald der Hund kaum dreißig oder fünfzig Schritte entfernt ist. Dadurch wird der Lehrling zu leicht nervös und unsicher, kehrt immer wieder zu uns zurück, weiß nicht recht, was er soll, kann letztlich sogar harthörig werden und jene Signale, auf die es ankommt, mit der Zeit ignorieren. Um ihn nicht unnötig leiten zu müssen, wählen wir von vornherein geeignetes Gelände aus. In einem kupierten Gebiet, in dem die Gefahr besteht, daß der Hund alle Augenblicke hinter einer Erdwelle verschwindet und sich unseren Blicken entzieht, ist es notwendig, ihn kürzer zu halten, andererseits aber lassen wir ihn ruhig Feld nehmen, wenn das Gelände übersichtlich ist. Bei temperamentvollen Hunden sollten Halt-Signale die Suche je nach Notwendigkeit öfter unterbrechen, worauf sich ein Richtungwechsel anschließt.

Wie schon erwähnt, trachten wir zunächst nicht danach, den Hund unbedingt möglichst schnell und oft an Hühner oder Fasanen zu bringen. Besonders im zeitigen Frühjahr besteht auf den noch deckungsarmen Feldfluren die große Gefahr, daß immer wieder

Hasen aufstehen. Deshalb sei noch einmal betont, anfangs wildarmes Gelände zu wählen und sich zunächst auf die möglichst systematische Quersuche zu beschränken. Erst wenn diese ausreichend gefestigt erscheint, widmen wir uns der Entwicklung der Vorstehanlage.

Vorstehen

Den allermeisten Hunden unserer Vorstehhundrassen ist diese Anlage angewölft. Man darf sich jedoch nicht der Sorglosigkeit hingeben, damit jeder weiteren Arbeit enthoben zu sein, sobald der Hund ein paarmal kurz vorgestanden hat. Die Anlage ist das unentbehrliche Fundament, aber wir müssen darauf weiter aufbauen. Der Hund soll nicht nur unter günstigen Umständen vorstehen, sondern lernen durchzustehen, d. h. so lange zu verharren, bis der Führer bei ihm ankommt.

Ein junger Hund kann z. B. sofort verdorben werden, wenn der Jäger schnell auf ihn zueilt, um ja nicht zu spät zu kommen; vor allem darf anfangs kein Schuß auf das abstreichende Flugwild abgegeben werden. Dies alles würde den Hund dazu verleiten, die gewünschte Hemmung am Flugwild zu verlieren und schnell einzuspringen. Meist endet das mit einer Verfolgung des abstreichenden Wildes, und wenn es öfter geschieht, steht der Hund schließlich vielleicht überhaupt nicht mehr vor, sondern stößt das Wild, sobald er es gewindet hat, gleich heraus.

In aller Regel kommt es bereits in der Zeit des Übens der Quersuche gelegentlich zum Vorstehen. Wir nähern uns dann dem Hunde bedächtig, befehlen ,,Ruhe!" und verharren eine Weile bei ihm, leise, aber eindringlich immer wieder ,,Ruhe!" sagend und ihn keinesfalls sehr lobend. Lautes Loben könnte er als Aufforderung, aus seinem Spannungszustand heraus auf das Wild loszustürmen, mißverstehen. Wir haben die Trillerpfeife im Mund, um notfalls sofort einzuwirken. Langsames Nachziehen, sofern der Hund dies von sich aus tut, können wir schon dulden. Er muß aber immer wieder verharren. Schließlich treten wir die Hühner selbst heraus und zwingen ihn durch ein energisches Kommando sofort in die Haltlage. Bald begreift er, daß er vor dem aufstehenden

Abb. 60. Von Qualität und Gebrauch der Nase sind die meisten Leistungen des Hundes in der Jagdpraxis abhängig. Das erweist sich besonders auch bei der Feldarbeit des Vorstehhundes. Während flotter Suche erstarrt er plötzlich, hat das Federwild vielleicht schon auf größere Entfernung „in der Nase", steht im Banne der Wittrung fest vor oder zieht dem ablaufenden Wild in angespannter Haltung langsam nach. Diese Manieren am Federwild lassen sich durch einfühlsame Führung fördern

Flugwild Platz machen muß. Diese Anforderung ist unerläßlich, um das für die Jagdpraxis zweckmäßigste Verhalten zu erreichen.

Ein Hund, der von vornherein mehr zum Einspringen als zum Vorstehen neigt, bei dem sollten wir anfangs schon dann, wenn wir merken, daß er das Wild in die Nase bekommt und anruckt, das Haltsignal geben.

Sobald das Wild also abgestrichen ist und der Hund sich in der Haltlage befindet, nähere man sich ihm und wiederhole das Platzkommando, bis man ganz bei ihm ist.

Das beste Mittel, um unsichere Kandidaten zum zuverlässigen Vorstehen zu bringen, ist stets das Haltmachen! Nur durch solchen Zwang bringen wir den Hund davon ab, einzuspringen oder nach zu kurzem Vorstehen die Hühner herauszustoßen. Der feinnasigste Hund wird für den Jäger wertlos, wenn er vor dem Wild sein Temperament nicht beherrschen lernt. Hat er nach dem Abstreichen eine Weile am Boden verharrt, dann darf er sich schließlich auch für das Geläuf interessieren. Wir müssen aber Obacht geben, daß er nicht plötzlich in wachsender Passion davonstürmt. Wenn uns seine Suchpassion genügend erscheint, ist es jedoch besser, ihn nicht immer wieder auf dem Geläuf herumstochern zu lassen, sondern ihn daran zu gewöhnen, daß mit der Haltlage die Arbeit beendet ist und er angeleint wird. Wir gehen dann, den Hund bei Fuß, möglichst hundert oder zweihundert Meter, ehe er wieder zur Suche geschnallt wird.

Erst wenn er sicher vorsteht und Ruhe an abstreichenden Hühnern oder Fasanen bewahrt, beginne man mit der weiteren Förderung, und zwar auf folgende Weise.

Der Hund steht fest vor. Wir nähern uns und befehlen wieder ,,Ruhe!", veranlassen ihn aber durch unser Verhalten, etwas aufzurücken. Geht er flott und nicht vorsichtig voran, zieht er also nicht so bedachtsam nach, wie wir es erhofften, dann kommt wieder das gedehnt gesprochene Kommando ,,Ruhe!" und gegebenenfalls sofort ,,Halt!". Den ruhig nachziehenden Hund veranlassen wir aber, soweit wie es zweckmäßig erscheint, voranzugehen, bis er wieder ganz fest vorsteht und das Wild dicht dabei erwartet werden muß. Nun drücken wir die Hühner wieder selbst heraus. An Rebhühnern vollzieht sich dieses Einüben am besten, denn sie laufen nicht so schnell ab wie der Fasan. In der Weise üben wir öfter, bis wir zur nächsten Anforderung schreiten können.

Der praktische Jagdbetrieb läßt es nicht immer zu, den Hund mit gutem Wind arbeiten zu lassen. Er muß also auch lernen, die Windverhältnisse auszunutzen und unter ungünstigen Umständen Jagdverstand zu entwickeln, d. h. in diesem Fall den Wind abzufangen, die Hühner zu umschlagen und sie sodann vorzustehen. Bei dieser Anforderung sollte er also eine Deckung bei schlechtem Wind nicht durcharbeiten, sondern möglichst an der Außenseite entlangsuchen und mit gutem Wind zurückarbeiten. Von einem jungen Hund kann man das natürlich nicht verlangen, denn die Art und Weise dieser Leistung erfordert Erfahrung, die sich meist erst im zweiten und dritten Feld einstellt. Hin und wieder gibt es aber Gelegenheiten, den Hund schon zu solchem Verhalten hinzuleiten.

Ein unerfahrener Junghund steht mitunter auch Kleinvögeln vor. Das sollten wir in der ersten Zeit nicht ernst nehmen, denn er stellt sich in aller Regel bald von selbst stärker auf das Flugwild ein. Bei einem Mangel an Hühnern und Fasanen ist aber darauf zu achten, daß er sich nicht daran gewöhnt, und wenn es zu häufig geschieht, sollte man ihm dieses Vorstehen an Kleinvögeln durch ,,Pfui!" verweisen und ihn zur Weitersuche auffordern. Bei den ersten Vorstehübungen wäre solche Einwirkung aber falsch.

Es gibt Hunde, die im Alter von einem Jahr noch nicht vorstehen. Diese Eigenschaft erscheint häufig überdeckt durch Spurpassion, der Hetz- und Fangtrieb ist dominierend. Das Federwild wird herausgestoßen, und der Hund jagt weit hinterher. Wer zum erstenmal einen vierläufigen Gehilfen abführen will, mag bei solchen Erscheinungen mutlos werden. Ihm sei aber gesagt, daß der erfahrene Ausbilder einen so reagierenden Hund mit etwas anderen Augen betrachtet.

Er erkennt nämlich die für spätere Arbeit in der Praxis durchaus positiv zu bewertende Jagdpassion und den Folgewillen. Diese Eigenschaften sind grundsätzlich für die Nutzbarmachung des Hundes im Jagdbetrieb mehr wert als ein übervorsichtiges Tastverhalten weicher, sensibler Hunde, die bei jedem Wittrungshauch vorstehen, endlos nachziehen und den Jäger meist nicht schußgerecht an das ablaufende Wild bringen. Es ist leichter, einen Hund zu zügeln und sein Temperament in die richtigen Bahnen zu lenken als ihm den fehlenden „Pfeffer" zu geben. Auch bei Junghunden mit sehr ausgeprägtem „Drang nach vorn" kann man das Vorstehen wecken und fördern, es notfalls sogar anerziehen. Der Gang ist einfach, kostet aber Zeit für Übungen, setzt Hühner- bzw. Fasanenvorkommen voraus oder die Findigkeit beim Jäger, notfalls auf künstliche Weise Vorstehsituationen zu schaffen.

Wichtigstes Hilfsmittel ist dabei die mindestens zwanzig Meter lange Feldleine, an der unser Zögling die Übungen zu absolvieren hat. Wir lassen ihn an dieser Leine vor uns kurz revieren, und zwar möglichst auf solchen Feldstücken, wo sich erfahrungsgemäß Federwild häufig drückt. Dabei beobachten wir den Hund genau. Sobald zu erkennen ist, daß er Wittrung hat und Anstalten macht, Wild herauszustoßen, zügeln wir ihn mit Hilfe der Leine, geben nur soviel frei, daß er anziehen oder nachziehen kann und zwingen ihn immer wieder zum Verhalten.

Nach einigen Übungen werden die allermeisten Hunde schon vorsichtiger, sobald sie Wildwittrung in die Nase bekommen, und tasten sich an der straffen Leine voran. Steht Flugwild auf, trillere man den Hund in die Haltlage und lasse ihn eine Weile liegen, wobei man beruhigend und sein Temperament dämpfend einwirkt. Gibt es im Frühjahr im Revier nur ganz wenige Paarhühner, wird man solche Übungen nicht oft genug durchführen können.

Dann helfen aber Ersatzsituationen: Taube, Rebhuhn oder Fasan in einen Nylonstrumpf stecken, so daß das Wild bewegungsfähig ist, in der Deckung auslegen und eine halbe Stunde später den Hund darauf zusuchen lassen; oder das Flugwild in einen Käfig tun, der bei Annäherung durch Leinenzug geöffnet wird, so daß es vor dem Hund abstreichen kann. Wer ein großes Grundstück hat, wird das Vorstehen vielleicht mit Volierenwild festigen können, dem die Schwungfedern gestutzt wurden.

Bei all diesen Übungen muß der Hund aber an der langen Leine sein, damit man bei unerwünschtem Verhalten gleich reagieren kann. Erst wenn er häufig genug sicheres Vorstehen gezeigt hat, darf er schließlich frei arbeiten. Solche Abführung fördert natürlich besonders bei harten, selbständigen Hunden mit stark ausgeprägtem Wildfolgedrang auch ganz allgemein den Gehorsam.

In vielen Revieren findet der Hund die Hühner oder Fasanen weniger auf Saatfeldern als in Feldrainen und den die Äcker umsäumenden Knicks, besonders natürlich bei stürmischem, regnerischem Wetter. Darauf stellt er sich bald ein. Da wir aber die Quersuche anfangs bewußt relativ unabhängig von den Vorstehübungen trainiert und vervollkommnet haben, wird diese systematische Suche im Grunde nicht mehr darunter leiden. Der Hund paßt sich in seiner Arbeitsweise mehr und mehr dem jeweiligen Gelände an und wird im freien, nicht von Deckung gesäumten Feld auch wieder planmäßig suchen. An den Knicks und ähnlichen Deckungen sollte man deshalb, wenn es das Vorstehen zu fördern gilt, nicht an die Quersuche denken, sondern nur daran, den Hund günstig an Wild und damit zum Vorstehen zu bringen.

Früher stand man weithin auf dem Standpunkt, je mehr Gelegenheit man einem jungen Hund zu Sichthetzen am Hasen gebe, desto sicherer werde er einmal als Verlorenbringer und desto schneller lasse er schließlich von gesunden Hasen ab und folge nur noch dem kranken.

Üben auf der Hasenspur

Früher stand man weithin auf dem Standpunkt, je mehr Gelegenheit man einem jungen Hund zu Sichthetzen am Hasen gäbe, desto sicherer werde er einmal als Verlorenbringer und desto schneller lasse er schließlich von gesunden Hasen ab und folge nur noch dem kranken.

Gegen diese Trugschlüsse habe ich mich immer gewandt, außerdem ist es geradezu Unsinn, einen Hund zum wüsten Hasenhetzer zu erziehen, weil er dann für viele andere Gebrauchszwecke der praktischen Jagd sowie auch des erfolgreichen Führens auf Prüfungen nicht mehr vernünftig einsetzbar ist. Den Unterschied zwischen gesundem und krankem Wild lernt der Hund schließlich durchaus beim Verlorenbringen, wozu er auf der Schleppe erzogen wird und in der späteren Jagdpraxis die nötige Erfahrung erhält.

Während Sichthetzen Gift für den Hund sind, ist das Ausarbeiten der Hasenspur wertvoll. Wir sollten es daher hin und wieder üben, und zwar nicht nur deswegen, weil manche Anlagenprüfungen auch auf diesem Gebiet Leistung fordern. Die Hasenspur übt eine große Verlockung auf den Hund aus, und im Drang, ihr zu folgen und an den Hasen zu gelangen, übt er sich ganz zwangsläufig im Nasengebrauch. Diese Naturspur ist mit der Wittrungsbahn der Schleppe hinsichtlich der Nasenleistung überhaupt nicht zu vergleichen, dessen müssen wir uns stets gewiß sein. So wird ja auch auf Prüfungen bei der Schleppenarbeit keine Nasenwertung vorgenommen.

Um den sich passioniert zeigenden Hund möglichst wenig zum Hetzen kommen zu lassen, arbeiten wir die ersten Hasenspuren an der langen Feldleine oder am Schweißriemen aus. Wir trachten danach, einen Hasen in der Sasse zu entdecken, und zwar so, daß der Hund diesen beim Flüchtigwerden nicht sieht. Sobald das Wild entschwunden ist, führen wir den Hund an der Leine an die Sasse heran, und er darf von dort aus mehr oder weniger weit auf der Spur suchen, deren Verlauf wir uns gemerkt hatten, so daß wir den Hund gegebenenfalls auch korrigieren können. Meist wird er sich recht heftig zeigen, und es stellt schon eine gute Vorübung für die Schweißarbeit dar, wenn wir ihn beruhigen und zügeln, damit er sich beherrschen lernt und nicht wie wild davonstürmt.

Klappt das schließlich recht gut, gewähren wir auch einige freie Folgen auf der Spur, und wenn er diese bei unterschiedlichen Bodenverhältnissen über 300 bis 500 Meter gut hält, lassen wir es genug sein. Fordert die in Aussicht genommene Prüfung Leistung auf der Hasenspur, wird man vielleicht etwas mehr üben müssen, bis der Hund schließlich einmal an den sich drückenden Hasen gelangt, ihn sticht und dadurch im Folgedrang auf der Spur noch weiter gesteigert wird. Stets sei man sich bewußt, daß ein Zuviel den Gehorsam im Feld mindern, vielleicht sogar die Suche mit den Augen statt mit der Nase fördern und die Vorsteheigenschaft zurückdrängen kann. Gerade deshalb ist sehr zu raten, sich immer wieder an die lange Leine zu erinnern. Wir spielen hier auf einer Klaviatur der Triebe bzw. unterschiedlichen Eigenschaften und müssen beim vielseitigen Gebrauchshund ein Mittelmaß anstreben.

Jagdhelfer der Stöberhundrassen, die nicht vorzustehen brauchen, werden häufig eine stärkere Förderung auf der Hasenspur erfahren, zumal wir bei ihnen, die viel im Wald und weniger im Feld eingesetzt werden, besonderen Wert auf den Spurlaut legen, der nur durch häufigere Hasenspurarbeiten vervollkommnet werden kann. Diese Stöberhundrassen, oft als Hunde des Waldjägers bezeichnet, müssen besonders zur langandauernden Folge auf der Hasenspur befähigt sein.

Das Zielbewußtsein beim Verlorenbringen wird durch Spurarbeiten vor allem dann vermittelt, wenn wir allein mit dem Hund im Revier sind und es sich ergibt, daß ein Hase nach dem Schuß noch krank eine Strecke flüchtig abging, ehe er in Sichtweite verendete. Solche Gelegenheiten nutzen wir, um an der langen Feldleine die Wundspur bis zum Wild auszuarbeiten. Auch das Kleinkaliber, beim Morgeneinlauf oder Abendauslauf benutzt, verhilft uns zu solchen Gelegenheiten, wobei der Hund dann auch schon mal frei die Spur ausarbeiten darf. Wie beim Übergang von der Schleppenarbeit in die Praxis geschildert, ist es aber ungemein wichtig, ihn ruhig den Anschuß prüfen zu lassen, ehe man ihn, nachdem er sich einige Meter auf der Wundspur festgesaugt hat, durch Loslassen eines Endes der durch den Halsungsring geführten Schnur freigibt.

Wasserarbeit

Wie bei der Erziehung und Förderung in der frühesten Jugend bereits erwähnt, sollte der Hund schon im Welpenalter in natürlicher Weise mit dem nassen Element vertraut werden. Die Mitwirkung eines passionierten älteren Hundes, das Vorausschwimmen des Führers, eine wittrungsreiche Schilfpartie oder die Verlockung durch eine fortrudernde Ente oder ein Bläßhuhn sind geeignet, anfängliche Scheu schnell zu überwinden. Zunächst wähle man stehendes Gewässer mit flachem Wasser an der nur leicht ansteigenden Uferböschung. Der Hund soll nur anfängliche Scheu überwinden und schwimmen lernen.

Die dann später einsetzende Vorbereitung auf Prüfung und Praxis erfordert noch speziellere Maßnahmen, den Hund durch die Erlegung von Enten mit den Aufgaben des Suchens im Wasser und des Apportierens vertraut zu machen. Besondere Ertüchtigung ist gerade hinsichtlich geflügelter Enten nötig, die den Hund im Schilfwasser vor schwierige Aufgaben stellen, denen er durch entsprechende Vorübung gewachsen sein muß.

Wir besorgen uns eine Hochbrutflugente und stutzen die Federn einer Schwinge. Sie wird dann am Rande eines geeigneten kleineren Gewässers, das jedoch ausreichend Schilfdeckung aufweisen muß, auf dem Ufer ausgesetzt und ins Wasser gescheucht. Mit den abgeschnittenen Federteilen der Schwinge markieren wir einen Anschuß und setzen den Hund dort an. Er wird das Geläuf aufnehmen, der Ente ins Wasser folgen und in Anhalt an das Schwimmgeläuf bzw. die Wittrung suchen. Sicherlich kommt er immer wieder einmal ab, oder das Wild taucht auch, aber irgendwann wird es ihm gelingen, dicht heranzukommen, und dieses Erfolgserlebnis des Findens durch Gebrauch der Nase hat großen Einfluß. Im geeigneten Augenblick erlegen wir die Ente vor ihm, er wird sie fassen und ans Ufer kommen.

Nun ist es wichtig, möglichst gleich, wenn er aus dem Wasser steigt, schnell auf ihn zuzutreten, um ihm gar nicht erst Gelegenheit zu geben, sich die Nässe aus dem Balg zu schütteln. Er wird sofort aufgefordert, sich zu setzen und muß, wie bei der Apportierarbeit gelernt, das Wild so lange im Fang halten, bis wir ihn mit „Aus!" zur Abgabe auffordern. Erst dann darf er sich schütteln. Es ist eine alte jagdpraktische Erfahrung, daß die Ente bei dieser heftigen Körperbewegung leicht aus dem Fang rutscht, und wenn sie geflügelt ist, wird sie blitzschnell das Wasser gewinnen und tauchen. Diesem Grundsatz folgen auch die Prüfungsanforderungen: Wenn der Hund sich vor dem Ausgeben schüttelt, mindert das die Note.

Bei solchen Übungen wird es vermieden, daß der Hund der gefundenen Ente zu lange auf Sicht folgt. Er soll ja nicht seine Augen gebrauchen, sondern seine Nase, auf deren Leistung es im dichten Schilf ankommt. In Fließgewässern (Strömung) wird nicht geübt, weil der Hund abtreibt und die Ente auch mehr Möglichkeiten hat zu entkommen.

Die Leistung eines guten Wasserhundes wurzelt im guten Schwimmen, der Kenntnis der Versteckkünste des Wassergeflügels, kurzum in seiner Routine. Der Ausbilder hat deshalb darauf zu achten, daß der Hund nicht unbeholfen paddelt, sondern richtig schwimmen lernt, und er muß ihn zum leidenschaftlichen Verfolgen der Ente, zum ausdauernden Stöbern und zuverlässigen Bringen anhalten. Hier ist allerdings auch darauf zu achten, daß der Hund nicht schußhitzig wird. Wenn man also abends auf Enten ansteht, sollte der Jagdhelfer, nachdem eine Ente geschossen wurde und herabgefallen ist, keinesfalls sofort zum Apportieren geschickt werden, sondern muß sich, neben dem Führer sitzend, ruhig verhalten.

Abb. 61. Mit Stock, Leine und Lockgegenstand läßt sich der Spiel- und Fangtrieb herausfordern, und schnell ist die Scheu vor dem Wasser vergessen. Besonders verleitend wirkt es, wenn der Führer vorausschwimmt

Nun kommt es aber nicht nur darauf an, daß der Hund geflügelten Enten zu folgen weiß, sondern er muß weitaus häufiger erlegte finden. Wir simulieren in der Vorbereitungszeit auf die Entenjagd zu diesem Zweck die unterschiedlichsten Situationen: Abwechselnd wird mal eine frisch geschossene und dann wieder eine kalte Ente so ins Schilf, auf die freie Wasserfläche, in die gegenüberliegende Uferdeckung geworfen, daß der Hund dies nicht mitbekommt. Zunächst beträgt die Entfernung von der Stelle, wo der Hund angesetzt wird, nur etwa fünf Meter. Er muß dann auf Kommando das Wasser annehmen und das Wild suchen. Wenn wir die Entfernung nicht zu schnell steigern, wird

Abb. 62. Eine notfalls zu nutzende Übungsmöglichkeit für wasserscheue Hunde oder schlechte Schwimmer („Paddler"): Sie werden vom Land zum Boot oder zum anderen Ufer hin- und hergeleitet – ein Training, das manchmal als letzter Ausweg noch Erfolg bringt. Solche Zwangsmaßnahme sollte aber niemals am Beginn einer Weckung der Wasserfreude erfolgen

der Hund ausdauernd, weil er erfährt, daß bei diesem Ansetzen am Schilfwasser mit dem Kommando ,,Apport" in jedem Fall etwas zu finden ist (notfalls tut's auch mal ein Eichelhäher).

Diese Übungen machen wir uns gleich zunutze, um unseren Jagdhelfer zu lenken. Sobald er mal an einer freien Stelle sichtbar ist und zu uns herüberäugt, strecken wir auffällig den Arm aus in die Richtung, wo das Wild liegt und unterstützen dieses Zeichen durch ein paar schnelle Schritte am Ufer entlang. Man kann den Hund dabei an die Aufforderung ,,Such" gewöhnen, damit er nicht denkt, man entfernt sich vom Gewässer. Das Kommando ,,Voran", wenn er vorwärts schwimmen soll, erfaßt er auch bald, sofern wir es bei anderen Gelegenheiten der Einarbeitung verwendeten. Vermieden werden sollte tunlichst das Hineinwerfen von Steinen o. ä., um ihn auf diese Weise zu leiten. Das können wir später im Notfall in der Praxis immer noch tun, wenn der Hund unsere Leitsignale in der Dämmerung nicht ausreichend erkennen kann. Er soll ja mit der Nase suchen! Jegliche Verleitung, stärker als ohnehin die Augen zu benutzen, ist allemal von Übel.

Es gibt Hunde, denen das Wasser von Jugend an nicht besonders sympathisch ist. Wenn sie auch nicht wasserfreudig werden, lassen sie sich doch zu brauchbaren Helfern bei der Entenjagd erziehen. Hier sei wieder erinnert an die im Kapitel ,,Ausbildungshilfsmittel" beschriebene Übungsangel, die großen Lockeffekt ausübt, wenn man an der Schnur eine Ente befestigt, diese vor dem Hund hineinwirft und in aufreizender Weise durchs Wasser zieht. Wird das zunächst mit einem älteren Hund ,,vorgemacht", dann siegt in aller Regel die Eifersucht, und der vorsichtige Zögling stürzt sich ebenfalls ins Wasser, um die Ente, die wir mittels der Übungsangel umherschwenken, zu greifen.

Noch ein Tip für ,,Paddler", die nicht richtig schwimmen lernen wollen. Mit der im Bild dargestellten Methode des Hin- und Zurückziehens (Boot oder anderes Ufer, nur wenige Male) ließen sich auch sehr wasserscheue Hunde schließlich doch noch zum sicheren Schwimmen und zu brauchbaren Entenjagdhelfern ausbilden. Denn wenn man sie nach der abgebildeten Weise ein paarmal etwas zügig durchs Wasser zieht, gibt sich die Angst meist schnell. Diese Möglichkeit kann vor allem bei Hunden, die in der Jugend verdorben wurden, letztlich doch noch den Durchbruch erzwingen – besser ist es aber allemal, wenn der Führer schon in der Welpenzeit ,,mitschwimmt".

Sobald das Wasser im Herbst und Winter immer kälter wird, müssen wir an die Gesundheit des Hundes denken. Schwimmbewegung und dadurch gesteigerte Wärmebildung im Körper hält bisweilen mit dem Wärmeverlust nicht Schritt, wenn der Hund länger arbeiten muß oder durchnäßt am Ufer sitzt. Versuche ergaben, daß Kreislaufvolumen und Sauerstoffverbrauch bei der Arbeit in sehr kaltem Wasser auf das Vier- bis Siebenfache ansteigen können. Herz und Kreislauf sind dann also stark belastet. Bei starker Unterkühlung kann es u. U. zu Herzversagen kommen.

Weil schließlich der Wärmeverlust bei nassem oder auch nur feuchtem Haarkleid ganz wesentlich höher ist, bleibt zumindest eine Erkältungsgefahr für den Hund auch dann noch bestehen, wenn er schon die eigentliche Wasserarbeit beendet hat. Wer keinen sehr dicht behaarten und abgehärteten Hund führt, sollte auf längeren Einsatz verzichten, sobald die Wassertemperatur sich dem Gefrierpunkt nähert. Im übrigen ist es selbstverständlich, daß der durchnäßte Hund sich nach der Arbeit sofort kräftig bewegen muß. Umsichtige Entenjäger führen im Rucksack an kalten Tagen ein großes Frotteetuch mit, um ihren Hund trockenreiben zu können, wenn es keine andere Möglichkeit gibt.

Buschieren

Unter Buschieren verstehen wir das Jagen mit dem Hund unter der Flinte, aus deren Reichweite er nicht suchen darf. Hier besteht also ein Gegensatz zum Ausbildungsgang der weiträumigen Quersuche auf Flugwild im Feld. Während wir dort bestrebt waren, den Hund zur flotten Gangart zu erziehen, verlangen wir nun, daß er in unübersichtlicher kürzerer Deckung des Waldes (Unterholz) oder natürlich auch des Feldes, auf Kulturen, in Remisen usw. ruhig vor uns hersuchen soll, um Wild vorzustehen oder zu heben.

Diese Umstellung macht vielen Hunden anfangs Schwierigkeiten. Manche lernen es nie richtig, weil der Ausbilder die Einarbeitung nicht mit der nötigen Geduld vornimmt. Das Kommando „Halt!“ stellt wie bei mancher anderen Jagdweise wieder wichtige Grundlage dar.

Wir wählen ein geeignetes Deckungsstück, holen uns guten Wind und geben dann die Aufforderung zum Suchen. Für die meisten Hunde ist das zunächst Veranlassung, schnellstens davonzuflitzen, um weiträumig zu revieren, wie sie es als Vorstehhunde gewohnt sind, und nun muß im nächsten Moment das Haltkommando ertönen. Wir nähern uns langsam dem liegenden Hund und gehen ein Stück in anderer Richtung weiter, ihm mit ausgestrecktem Arm das Zeichen gebend, in derselben Richtung zu suchen. Das wird im häufigen Wechsel wiederholt, wobei die Gangart zu mäßigen ist, ohne daß Passion zum Wildfinden bzw. zur Suche beeinträchtigt wird. Geht der Hund weiterhin zu flott, dann wird immer wieder der Haltbefehl gegeben, und man kann ihn an die gedehnt gesprochenen Worte „Ruhe“, „Langsam“ o. ä. gewöhnen. Mitunter bleibt er einige Minuten in der Platzlage, wir umkreisen ihn und gehen in entgegengesetzter Richtung weiter, ohne ihn folgen zu lassen. Nach Verlauf von einigen Minuten machen wir kehrt, nähern uns dem Hund wieder und fordern ihn in der gewünschten Richtung zur Weitersuche auf.

Sobald der Hund an Wild kommt oder Wittrung erhält, vorsteht oder anzieht, ruft man ihm gedehnt wieder „Ruhe“ zu, und wenn er fest vorsteht, dann wird er gelobt. Lehrlinge der Stöberhundrassen stehen natürlich nicht vor, sie haben die Aufgabe, das Wild herauszustoßen. Im übrigen kann man bei Vorstehhunden ähnlich verfahren, wie es bei der Förderung des Vorstehens und Durchstehens beschrieben wurde. Für alle Hunde gilt, daß sie dem aufstehenden Wild bei dieser Buschierarbeit nicht sofort folgen dürfen, denn dann wäre die Schußabgabe beim Jagen oft nicht möglich. Das Haltmachen, zunächst wieder durch Trillerpfiff erzwungen und bei häufigem Üben von selbst am flüchtig werdenden Niederwild ausgeführt, ist Voraussetzung.

Sobald das Buschieren gut klappt, trachte man danach, z. B. ein hochwerdendes Kaninchen zu schießen. Der Ausbilder darf dies aber erst tun, wenn der Hund die Vorbedingungen erfüllt, also bewiesen hat, daß er nicht unbeherrscht davonstürmt. Und dann tut man nach dem Schuß gut daran, sich das Wild noch einige Male selbst zu holen, während der Hund in der Haltlage verbleibt. Wird er dann später auch zum Apportieren aufgefordert, sollte dies nicht gleich nach dem Knall erfolgen, sondern erst ein paar Minuten später. Man erzieht ihn sonst dazu, gar nicht mehr in die Haltlage zu gehen, weil er ja möglichst schnell an die erlegte Beute gelangen will. Diese ist aber bei einem Fehlschuß auf und davon – und der Hund bei nicht richtiger Abführung dann auch.

In manchen Revieren kann das Buschieren im Herbst häufigste Jagdart sein. Dann wird es erforderlich, den Hund, vor allem wenn er sehr temperamentvoll ist, noch konse-

Abb. 63. Kranke Fasanen, insbesondere geflügelte, erfolgreich nachzusuchen, gehört zu den schwierigsten Aufgaben, denn sie können schnell sehr weit ablaufen. Dem in der Schleppenarbeit gut ausgebildeten und bereits etwas erfahrenen Hund sollte man gerade bei solchen Einsätzen viel Freiheit geben, denn auf seine Nase und seinen Findewillen ist mehr Verlaß als auf menschliche Vermutungen

quenter einzuarbeiten, und dies ist besonders bei speziell geführten Stöberhunden, wie z. B. dem Spaniel oder dem Deutschen Wachtel, ratsam. Sie sind durch bevorzugte Spurarbeit darauf abgestellt worden, ausdauernd auf der Spur zu jagen und kommen auch viel eher in Konflikte, weil sie wesentlich häufiger als Vorstehhunde zum Stöbern eingesetzt werden und dann weit und selbständig revieren müssen.

Um dennoch gutes Buschieren im Flintenbereich zu erzielen, können wir uns wieder der langen Feldleine bedienen, die ein Davonstürmen verhindert. Anfangs geht man Ablenkungen möglichst aus dem Wege, sucht sich also ein möglichst wildleeres Gelände. Handelt es sich um einen „Stürmer", ist die lange Leine an einer Korallenhalsung befestigt. Das zwingt uns jedoch zu besonderer Aufmerksamkeit, denn der Hund darf sich mit der Leine nicht fortwährend im Bewuchs verfangen, wodurch ihn die Korallen möglicherweise im falschen Augenblick „strafen"; also zunächst kurz bewachsene Flächen wählen. Mit der langen Leine können wir den Hund an die kurze Quersuche gewöhnen, wobei wir emsig nach links und rechts über die Fläche marschieren und beim Richtungswechsel Zeichen geben, unterstützt durch Leinenruck, falls der Lehrling gar nicht zu uns herüberäugen will.

Bei mehrmaligem Üben in der Woche stellt sich das gewünschte Verhalten bald ein. Klappt es schließlich gut, dann behalten wir das Ende nicht mehr in der Hand, sondern lassen die Leine schleifen, hängen schließlich nur noch ein vielleicht fünf Meter langes Leinenstück in die Halsung und verzichten schließlich ganz darauf. Zuvor sollte aber vor dem Hund beim Buschieren mehrfach Wild erlegt werden, damit wir gegebenenfalls das gehorsame Verhalten auf den Schuß mittels der Leinenverbindung erzwingen können.

Zu dieser Buschier-Ausbildungszeit dürfen wir den Hund nicht gleichzeitig im Stöbern einarbeiten, denn damit würden wir sein Vermögen, die Anforderungen zu verstehen, überfordern. Das Stöbern geschieht ja ohne Verbindung zum Führer, und der Hund muß selbständig und weiträumig suchen.

Stöbern

Das Waidwerk im Waldrevier mit dem Lautstöberer ist reizvoll, besonders dann, wenn der Hund seinen Jagdverstand bei häufigerem Einsatz so gut entwickelt hat, daß man allein mit ihm diese herrliche Jagdart ausüben kann. Die Stöberausbildung sollte jedoch erst nach der Einführung in die Feldarbeit intensiver vorgenommen werden, weil die Aufgabe große Selbständigkeit beinhaltet, zu Hetzen führt, der Hund also in den anderen Aufgabenbereichen schon etwas gefestigter sein muß.

Bei einem Vorstehhund fange man also nicht zu früh an, das Stöbern intensiver zu üben. Besonders bei „Hunden der Folge", die in anderen Bereichen schon mit ihrem Wildfolgedrang Schwierigkeiten bereiteten, warte man besser bis nach der Ausbildung auf der Schweißfährte und setze sie vor allem nicht vorher zur Stöberjagd in der Praxis ein. Mit Hunden der Stöberhundrassen, wie z. B. dem Deutschen Wachtel und dem Spaniel, die oft gerade wegen der reviergegebenen Verhältnisse speziell für die Stöberjagd gehalten werden, sollte die Ausbildung jedoch so früh wie möglich einsetzen.

Abb. 64. Der Hundeführer hat sich auf Gesellschaftsjagden unbedingt an die Anweisungen des Revierinhabers bzw. Jagdleiters zu halten und darf seinen Hund keinesfalls nach eigenem Gutdünken stöbern lassen. Wird in der Begrüßungsansprache nicht auf den Einsatz der vierläufigen Helfer eingegangen, dann erkundige der Rüdemann sich, ob und in welchen Treiben oder gegebenenfalls zu Nachsuchen er seinen Hund schnallen kann oder soll, und wirke darauf hin, daß dies den übrigen Jagdteilnehmern bekannt wird. Solche Absprache und Information ist wichtig für den Jagderfolg, aber auch damit alle Teilnehmer wissen, ob sie damit rechnen müssen, daß hinter anlaufendem Niederwild plötzlich ein Hund auftaucht. Gewiß, es ist durchaus nicht immer ein besonders leichtfertig abgegebener Schuß, in dessen Schrotgarbe der Hund hineinläuft; groß ist aber stets der Kummer, wenn ein guter Jagdgehilfe zu Tode kommt

Es gilt für alle der Grundsatz, daß man sich als Führer des gewaltigen Unterschiedes zwischen einem Hetzer und einem zum Jagderfolg seines Herrn suchenden Stöberhundes bewußt sein muß. Stöbern ist nicht Hetzen! Es ist auch, wie wir bereits gesehen haben, kein Buschieren oder Absuchen von Knicks o. ä., denn dabei darf der Hund die Reichweite nicht verlassen. Er ist also im Bereich der Einwirkung seines Herrn, während er beim Stöbern selbständig mit Jagdverstand und Finde- wie Spurwillen bestrebt sein muß, in sehr selbständigem Absuchen z. B. eines Dickungsgebietes Wild zu heben und dieses aus dem von Schützen abgestellten Bereich herauszubringen.

Jagderfahrene Hunde erfassen mit der Zeit, daß es nur Beute gibt, wenn sie das hochgemachte Wild möglichst ihrem Herrn zujagen. Dies ist das Ideal, denn bei solchem Bemühen des Hundes kann man auch als Einzeljäger häufig zum Erfolg kommen, weil der Hund sich bewußt ist, daß die ,,Meute" aus zwei Köpfen besteht und der Erfolg nur eintritt, wenn er das Wild in die Nähe seines Herrn jagen kann.

In der Regel werden aber mehrere Jäger ein Dickungsgebiet abgestellt haben, und der vierläufige Helfer, der die Treiber zu ersetzen hat, macht das Wild hoch und jagt es aus dem abgestellten Bereich heraus. Es ist gut, wenn man Freunde, die der Hund kennt, hin und wieder zu einer „Einarbeitungsjagd" hinzubittet. Diese werden aufgefordert, den Stöberer abzurufen (eventuell durch Trillerpfiff zu Boden zu zwingen), sobald er Niederwild aus dem abgestellten Jagen durch die Schützenkette bringt, das Wild aber nicht beschossen oder gefehlt wurde, und sie haben ihn dann in den abgestellten Bereich zurückzuschicken.

Das klingt recht theoretisch wie ein Modellfall, und wird so in der Praxis auch nicht oft gelingen. Dieses Beispiel soll auch nur verdeutlichen, worauf es ankommt und wie man nach Möglichkeit einwirken sollte, um die „Bogenreinheit" zu fördern.

Aber nach dieser Erläuterung einiger Grundsätze, auf die es ankommt, zurück zu anfänglichen Übungen. Wer nach diesem Buch Erziehung und Ausbildung vorgenommen hat, dessen Hund hält die Führerfährte. Dies ist besonders für die Stöberjagd wichtig, denn in großen Dickungsgebieten kann es in der Praxis zum Verjagen des Hundes kommen, er findet also, wenn er Wild aus dem Treiben gefolgt ist, vielleicht nicht so schnell zu seinem Herrn zurück. Schon in der Welpenzeit läßt sich dem – wie an anderer Stelle beschrieben – vorbeugen, indem man sich bei Reviergängen ab und zu versteckt und den Zögling dadurch zum Gebrauch der Nase animiert, um seinen Herrn wiederzufinden. Dies wird dann gemäß der Anleitung zur Führerfährtenarbeit später fortgesetzt. Auch sollte der Lehrling daran gewöhnt werden, sich am Rucksack, Mantel o. ä. abzulegen.

Viele Hunde wissen anfangs nicht so recht, was sie tun sollen, wenn man sie am Dickungsrand zum Stöbern schnallt. Sie stochern am Rand des Dichten umher und kehren, wenn sie noch nicht selbständig genug im Suchen und Jagen sind, immer wieder zum Führer zurück. Deshalb ist es sinnvoll, zunächst auf folgende Weise zu verfahren. Wir markieren uns einen Stand am Dickungsrand. Gewählt wurde eine kleinere Dickung, die isoliert gelegen ist, also nicht in andere Dickungsbereiche übergeht. Von diesem Stand aus gehen wir etwa zwanzig Schritt in die Dickung hinein und ziehen von dort aus etwa fünfzig Schritt weit eine Schleppe mit Kaninchen, Eichelhäher o. ä. Der Hund durfte dieses alles natürlich nicht mitbekommen.

Abb. 65. Respekt vor starkem Wild! Nicht der überscharfe, kopflos annehmende Hund ist das Ideal für Saujagden. Er wird, wie die Praxis zeigt, zu häufig und meist sehr schwer geschlagen. Im Vorteil gegenüber großen Vorstehhunden sind kleinere wendige Rassen, wie beispielsweise Terrier

Dann gehen wir mit ihm zu dem Standplatz, lassen ihn sich setzen, nehmen ihm die Halsung ab (beim Stöbern mit der Halsung kann er sich u. U. verfangen) und schicken ihn mit dem Kommando „Such" in die Dickung. Es wird nicht lange dauern, dann läuft er über die Schleppe, folgt ihr und findet zum Wild, das man vor dem Ablegen einige Male im Kreis über den Erdboden gezogen hat, um an dieser Stelle für möglichst viel Wittrung zu sorgen. Der einzige Sinn dieser „Schleppe" ist nur, dem Hund bewußt werden zu lassen, daß es beim Hineinschicken in die Dickung „etwas Interessantes" gibt. Man lobt ihn tüchtig, wenn er mit dem Wild zurückkehrt, und damit ist für diesen Tag die Übung beendet. Sie sollte in der Folge noch mehrmals wiederholt werden.

Dann kommt der zweite Teil. Wir setzen uns frühmorgens irgendwo an einem ähnlichen Dickungsgebiet an, den Hund abgelegt am Sitzstock oder unter dem Hochsitz, und beobachten, wo ein Hase einläuft. Klappt das, merken wir uns die Stelle und gehen spätestens eine halbe Stunde darauf mit dem Hund in die Nähe. Wir stellen uns am Dickungsrand auf, während der Hund sich neben uns setzen muß, und ein paar Minuten später streifen wir ihm die Halsung über den Kopf und schicken ihn unter dem üblichen Kommando zum Stöbern in die Dickung. Er wird schnell an die Hasenspur geraten und – so ist zu hoffen – schließlich auch an das Wild, zumindest aber durch die noch relativ warme Wittrung so passioniert sein, daß er den Dickungsbereich recht ausgiebig absucht und nicht so schnell zu uns zurückkehrt. Mitunter wird er an den Hasen geraten oder vielleicht auch an anderes Wild. So erfaßt er, daß es für ihn interessant wird, sobald wir ihn zum Stöbern schnallen. Wenn in der Folge dann bei anderen Gelegenheiten auch aufgestöbertes Wild erlegt wird, begreift er den Zweck seiner Arbeit.

Wer auf gute Stöberleistungen Wert legt, muß sich bewußt sein, daß nur die Praxis genügend Erfahrung vermittelt und damit wünschenswertes Verhalten erreicht. Viele Hunde, die auf Prüfungen oder auch in der Praxis „stöbern", wissen gar nicht, worum es geht und flitzen nur temperamentvoll den Bereich ab. Auf Prüfungen mag das genügen, wenn sich die ähnlich wie Schützen angestellten Richter davon überzeugen, daß der Hund nicht nur einmal durch die Dickung gelaufen ist, sondern kreuz und quer gesucht hat. Solche Prüfungsanforderungen können ja nur Behelfe sein. Wenn wir aber für die Praxis auf einen guten Stöberer Wert legen, müssen wir unter Beherzigung der gegebenen Anleitungen wesentlich mehr tun.

Sollen Hunde der größeren Gebrauchsrassen zur Saujagd eingesetzt werden, so ist zu bedenken, daß sie oft nicht so wendig sind wie beispielsweise Terrier und (auch aufgrund ihrer Körpergröße) leichter bzw. schwerer geschlagen werden; ihre Körpermasse bietet zuviel Widerstand.

Zum vernünftigen Einjagen an Sauen empfiehlt es sich, den Hund zumindest anfangs nicht einem Treiber mitzugeben, sondern als Führer selbst mitzugehen. Um das unerwünschte Jagen von Rehwild zu vermeiden und den Hund speziell auf Schwarzwild einzustellen, sollte er in der ersten Zeit erst dann freigegeben werden, wenn man in der Nähe des Kessels bzw. der Sauen ist und ihn sinnvoll zielgerichtet anrüden kann.

Der Hund bei Pürsch, Anstand und Ansitz

Es besteht gewiß kein Zweifel, daß die Jagderfolge, die wir mit dem jungen Hund auf Pürsch, Anstand und Ansitz erzielen, anfangs sehr gering sein werden, denn sein quecksilbriges Wesen läßt sich nicht von heute auf morgen mäßigen, und wir müssen eine Zeitlang Einfluß nehmen. Gut ist es, sich von vornherein darauf einzustellen, auch auf diesem Gebiet zunächst zu üben, also keine Erwartungen auf Anlauf zu hegen.

Durch die Ausbildung im Ablegen haben wir schon eine Vorbereitung, auf der wir aufbauen können. Der Hund lernte, allein unter den verschiedensten Verhältnissen und

Zeiten ruhig auf dem ihm von seinem Herrn angewiesenen Platz zu verweilen. Hier finden wir also wieder einmal die Bestätigung, daß die Ausbildung im Ablegen eine sehr wesentliche Notwendigkeit ist. Wir fahren nun fort und festigen die Anforderung. Der Hund soll auf ein unauffälliges Zeichen Platz machen und in dieser Stellung verharren, bis wir ihn holen. Gerade die Pürsch erfordert eine solche Vorbildung.

Die Pürsch ist nicht nur das Anschleichen eines Bockes, denn bei allen Reviergängen, auf denen uns der Hund begleitet, ergeben sich vielfältige Situationen, ihn zurücklassen zu müssen oder unter besonderen Umständen als ruhigen Begleiter unmittelbar dabei zu haben. Die Forderungen, die wir an den Hund als Pürschbegleiter stellen, gipfeln in der Vermeidung jeder auffälligen, hastigen Bewegung und jedes Lautes. Das ist sehr viel verlangt, und es läßt sich nur sehr bedingt erreichen.

Erzielen können wir aber, daß er ruhig an unserer linken Seite geht, sich unserer Fortbewegung anpaßt, und es ist auch ein Zweck des Übens, ihm klarzumachen, daß er sich niemals selbst nebenher beschäftigen darf. Er soll also unterlassen sich zu wälzen, zu schütteln oder mit den Behängen zu schlagen. Etwas können wir schon ganz unabhängig von der Pürsch vorbeugend dazu tun: den Hund von Ungeziefer freihalten, denn beißender Flöhe wird er sich immer instinktiv zu erwehren versuchen. Ihn dazu zu bringen, nicht nach umherschwirrenden Insekten zu schnappen, läßt sich nur durch viel Übung erreichen, oft gar nicht. Stechinsekten werden ihn immer wieder beunruhigen, und es dürfte sinnlos sein zu erwarten, daß er sich dann wie ein Standbild verhält. So ist vollständig ruhiges Benehmen nur recht begrenzt zu bewirken, und dessen müssen wir uns bewußt sein, wenn wir überlegen, ob es ratsam ist, den Hund zu dieser oder jener Ansitzstelle, in deren unmittelbarer Nähe Wild austreten könnte, mitzunehmen.

Natürlich führen wir den Hund auf der Pürsch zunächst angeleint. Erst wenn er im zweiten oder dritten Feld viel Erfahrung gesammelt hat und ruhiger geworden ist, können wir es uns leisten, ihn auch bei der Pürsch frei bei Fuß mitlaufen zu lassen. Wildgehorsam ist erste Voraussetzung! Er darf beim Ansichtigwerden von Hase, Reh o. ä. nicht erregt reagieren, sich durch hastige Bewegungen unangenehm bemerkbar machen, gar winseln oder vorpreschen.

Andererseits haben wir aber den Vorteil, daß er uns oft auf Wild aufmerksam machen wird, denn wir pürschen ja gegen den Wind, und der offenbart der Hundenase alles, was an interessantem Leben vor uns ist; weit besser als unsere Augen zu spähen vermögen, denn Deckung können sie nicht durchdringen. Aus dem Verhalten des Hundes lassen sich also oft Rückschlüsse ziehen, die Pürsch und Jagderfolg positiv beeinflussen.

Nun muß der Hund noch lernen, auf vorsichtigen Wink oder leises Zischen im ganz vorsichtigen Verhalten bei Fuß oder zurück zu bleiben und auf bestimmte Handbewegungen bedächtig nachzufolgen. An uns liegt es, ruhiges Verhalten zu fördern und eine eigenwillige Beschäftigung des Hundes zu verhindern. Er hat sich vollständig auf uns einzustellen und an unserem Verhalten zu orientieren. Bei einem Schuß darf er, sofern er ein Stück zurück abgelegt ist, nicht nachfolgen, und nur auf Befehl hat er sich zum Bringen oder Verlorensuchen zu entfernen.

Unruhiges Verhalten, jedes Vorprellen, ungeduldiges Miefen usw. müssen wir unterdrücken, notfalls bei der Einübung im Verlauf erster Pürschen durch Gertenhieb, und auf einen kaum hörbaren Zischlaut muß er folgsam Platz machen. Am besten ist es, man gewöhnt ihn daran, daß er immer, sobald wir verharren, von selbst in die Haltlage geht. Dabei kommt es aber nicht mehr darauf an, daß er den Kopf unbedingt platt auf die Erde legt. Im praktischen Jagdbetrieb schleift sich das sowieso mit der Zeit nicht nur ab, sondern es ist auch gar nicht mehr erwünscht, denn „Kadavergehorsam" hat auch Nachteile.

Abb. 66. Die Mitführung des guterzogenen Hundes beim Pürschen bringt Gewinn. Ob er frei oder angeleint bei Fuß geht, immer wieder lohnt es sich, ihn aus dem Augenwinkel zu beobachten, denn er windet Wild viel früher, als der Jäger es sieht. Wichtige Voraussetzung ist aber, daß der vierläufige Begleiter auf Wink oder leises Kommando in die Haltlage geht, denn beim direkten Anpürschen eines bestimmten Stückes ist schon der Jäger zuviel

Wichtig war bei der Ausbildung nur, daß der Hund schon das Hochheben des Kopfes als an und für sich nicht geduldete Lockerung empfand, und dies setzte sich so fest, daß wir dadurch den sonst schnell folgenden weiteren Schritt, nämlich das Hochwerden aus der Haltlage, verhinderten.

Das erforderliche ruhige Verhalten, der unbedingte Gehorsam, wird auch nun wieder einige Male in Erinnerung gerufen, indem wir, wobei der Hund zunächst angeleint bei der Pürsch mitgeht, blind in die Luft schießen. Auf den Schuß muß er sofort Halt machen, und dies ist durchzusetzen, notfalls durch einige Übungen, die diese Anforderung in Erinnerung rufen. Ebenso müssen wir den Hund während des Pürschens ablegen, uns entfernen und schießen. Bleibt er nicht liegen, dann setzen wiederholende Auffrischungsübungen ein. Ähnliches gilt für sein Verhalten, wenn er unter einem Hochsitz abgelegt ist. Man zögere nicht, ihn donnernd von oben zur Ordnung zu rufen, wenn er sich nicht wunschgemäß verhält, dann lieber einmal Wild vergrämen, als sich jahrelang über einen unduldsamen Begleiter ärgern, den man schließlich lieber zu Hause läßt.

Wer als in der Stadt wohnender Jäger nur am Wochenende oder gar zweimal im Monat ins Revier kommt, der hat bei einem temperamentvollen Hund mit weitaus mehr Schwierigkeiten zu kämpfen als z. B. ein Jagdaufseher, der, im Revierort wohnhaft, jeden Tag ins Revier gelangt. Dieses Unterschiedes muß man sich bewußt sein, und es dürfte in manchen Fällen klüger sein, auf den Hund als Begleiter bei Pürsch und Ansitz zu verzichten, als ihn und sich selbst mit unerreichbaren Zielen zu quälen.

Einsatz am Raubwild und Raubzeug

Bei allen Gebrauchsrassen wird auf Raubwild- bzw. Raubzeugschärfe Wert gelegt. Sie ist für die Jagdpraxis erforderlich, hat aber insbesondere auch züchterisch zur Erhaltung wesensstarker Hunde beträchtliche Bedeutung. Nicht jeder Jäger benötigt einen solcherart veranlagten Jagdhelfer, aber in den meisten Revieren ist er erforderlich. Die fast allgegenwärtige Tollwutgefahr, die zur jährlichen Schutzimpfung unserer Hunde zwingt, bewog viele Jäger zu einer vorsichtigeren Einstellung. Jeder Hundeführer muß ganz persönlich entscheiden, ob er seinen schutzgeimpften Hund am Raubwild, insbesondere am Fuchs, einsetzen will, denn ein Rest-Infektionsrisiko läßt sich niemals ausschließen.

Aber auch unabhängig von dieser Entscheidung bringt der Jagdbetrieb Situationen, in denen die Raubwild- und Raubzeugschärfe Bedeutung hat, zum Abtun oder Stellen wehrhaften Wildes führt; aus jagdpraktischer Sicht genügt es oft, wenn der Hund nur stellt, also das Wild oder Raubzeug durch Umkreisen und Verbellen an den Platz bannt, so daß der Jäger die Möglichkeit zur Schußabgabe bekommt. Das Stellen offenbart aber gegenüber dem rücksichtslos scharf würgenden Hund bereits einen Abfall auf diesem Veranlagungsgebiet.

Bei Fuchs, Iltis usw. wird es kaum zum Stellen kommen, denn diese Raubwildarten empfehlen sich trotz des Laut gebenden Hundes in voller Flucht, und nur bei genügender Schärfe wird dieser nacheilend das flüchtige Wild fassen. Zumindest auf Nachsuchen von Schalenwild sollte jeder Jagdhund genügend Wildschärfe zeigen, um das kranke Wild zur Strecke zu bringen. Dies läßt sich fördern durch mancherlei Gelegenheiten, die bei der Hasennachsuche beginnen können.

Abb. 67. Wild- und Raubzeugschärfe ist vom gutveranlagten Gebrauchshund zu fordern (und züchterisch zu beachten). Er soll krankes Schalenwild zumindest stellen und beim Kurzhalten des Raubzeuges Helfer sein. Beim jungen Hund – und auch aus anderen Gründen – ist oft Vorsicht angebracht, es genügt, wenn das Raubzeug zum Aufbaumen gebracht wird

Die Ausbildung und das Prüfen von Hunden auf Schärfe an lebenden Katzen, Füchsen u. a. ist nach dem Tierschutzgesetz verboten. Gelegentlich der praktischen Jagdausübung sich ergebende Situationen sind davon ausgenommen. Die Rechtsauslegung stützt sich des näheren, vor allem im Zusammenhang mit wildernden Katzen, u. a. auf eine Vereinbarung zwischen dem Tierschutzbund, Deutschen Jagdschutz-Verband und Jagdgebrauchshundverband, in der es heißt: ,,Die Tötung des Raubzeuges ist zunächst Aufgabe des Jagdausübungsberechtigten mit der Schußwaffe. Sofern jedoch der Jagdgebrauchshund das Raubzeug bereits gegriffen hat und ein Schuß nicht mehr möglich ist, verstößt die Tötung durch den Jagdhund nicht gegen das geltende Tierschutzgesetz und ist damit eine waidgerechte Jagdausübung.“ Solche durch Zeugen belegte Nachweise der Raubzeugschärfe haben für die Zucht große Bedeutung und werden deshalb von den Zuchtvereinen und dem Jagdgebrauchshundverband registriert.

Viele Jäger legen nach wie vor Wert darauf, daß ihr großer Gebrauchshund auch den Fuchs zumindest nachsucht und apportiert. Diesbezügliche Ausbildungswege wurden in den Kapiteln über das Bringen und die Schleppenarbeit aufgezeigt. Da die Raubwildwitterung manchen Hunden zunächst unangenehm ist, empfiehlt es sich, sie schon in frühester Jugend, z. B. mit geschossenen Jungfüchsen, vertraut zu machen. Ein zweiter Hund läßt unter Ausnutzung des „Beuteneides" oft die Abneigung vergessen. Bei der späteren Ausbildung kann es erforderlich sein, mehr Konsequenz und Zwang anzuwenden.

Sofern erlegte Füchse für derartige Übungen als Vorbereitung auf Praxis und Prüfung Verwendung finden, ist die Gefahr einer Tollwutinfektion zu bedenken. Im Kontakt mit Zucht- und Jagdgebrauchshundvereinen kann die vorbeugende Untersuchung von Übungsfüchsen veranlaßt werden. Diese Untersuchung ist für Füchse, die z. B. auf Verbandsgebrauchsprüfungen (Apportieren über Hindernis, Bringen auf der Schleppe) Verwendung finden, zwingend vorgeschrieben. Ein mitwirkender Jäger bzw. die Prüfungsveranstalter, die hier Sorgfaltspflichten vernachlässigen, werden keine Versicherung finden, die für Folgen aufkommt. Die Tollwutschutzimpfung sichert keinen hundertprozentigen Schutz. Bei massiver Infektion kann ein für normale Fälle ausreichender Impfschutz durchbrochen werden, außerdem ist theoretisch mit unterschiedlicher Qualität des Impfstoffes zu rechnen. Bislang wurde jedoch in der Bundesrepublik Deutschland nur ein Fall bekannt, daß ein schutzgeimpfter Hund an Tollwut erkrankte; woran das gelegen hat, war nicht festzustellen.

Das Tollwutvirus bleibt praktisch unbegrenzt bis zur starken Fäulnis im tollwuterkrankten Tierkörper infektionstüchtig erhalten. Kälte (also auch Tiefgefrieren) konserviert es über sehr lange Zeiträume und erhält die Ansteckungsfähigkeit. Hitze über 60 °C tötet das Virus innerhalb einer halben Stunde. Eingetrockneter Speichel bleibt bis zu 14 Stunden infektiös.

Allgemein herrscht in Kreisen von Fachkundigen die Ansicht vor, daß möglicherweise an Fang und Balg erlegter Füchse haftender infektionstüchtiger Speichel dann nicht mehr wirksam ist, wenn das Raubwild mindestens einen Tag aufgehängt der Sonne bzw. Witterung ausgesetzt war; krankheitsverdächtige Füchse, bei denen dieser Verdacht vor der Erlegung durch Verhaltensbesonderheiten gewonnen wurde, dürfen jedoch niemals vor einer speziellen Untersuchung für Ausbildungs- oder Prüfungszwecke Verwendung finden. Kommt ein schutzgeimpfter Hund mit einem tollwütigen oder tollwutverdächtigen Tier in Berührung, so können die Ordnungsbehörden unverzügliche Nachimpfung und amtstierärztliche Beobachtung anordnen; eine Tötung des schutzgeimpften Hundes ist nicht mehr zwingend. Infektion durch bloße Berührung eines tollwuterkrankten Tieres ist in Mitteleuropa noch nicht registriert worden.

Diese Anmerkungen haben vor allem im Zusammenhang mit der Baujagd Bedeutung. In mit Fuchstollwut akut verseuchten Revieren ist die Bodenjagd selbst mit vorschriftsgemäß geimpften Erdhunden nach Auffassung von auch jagderfahrenen Tollwutspezialisten nicht vertretbar. Hingegen sprechen die Wissenschaftler von ganz geringen Restrisiken, wenn die Baujagd in Gegenden ausgeübt wird, die frei von Fuchstollwut sind, d. h. auch in Gebieten, die vor oder hinter der Seuchenwelle liegen. Größtmögliche Vorsicht ist stets wichtig, vor allem im direkten Kontakt Fuchs/Mensch. Ungezählte Jäger sehen diese Restrisiken lediglich als theoretische Gefährdung an und übten die Baujagd mit ihren schutzgeimpften Erdhunden jahrzehntelang ohne Komplikationen aus.

Grundsätzlich hat die Bodenjagd sehr erhebliche Bedeutung bei den Bemühungen, die

Fuchsstrecke zu vergrößern und damit die Population dieses Raubwildes als Tollwutreservoir zu vermindern. Wer aus diesem Grunde sowie aus hegerischen Überlegungen zur Hebung des Niederwildbesatzes und vor allem auch wegen des herrlichen Jagderlebens die Bodenjagd mit seinem Terrier oder Teckel ausüben will, sollte Kontakt mit dem zuständigen Zuchtverein aufnehmen, um die Möglichkeit der vorbereitenden Ausbildung am Kunstbau zu nutzen. Da er dort alles erfährt, was für Eignungsfragen und Ertüchtigungsübungen wesentlich ist, sei an dieser Stelle auf eingehendere Behandlung verzichtet, denn der einzelne Jäger wird sich keinen aufwendigen Übungsbau anlegen.

Allerdings lassen sich recht einfach herzustellende Kunstbaue, wie sie in der Jagdpraxis zur ,,rationelleren" Bejagung von Reineke gebräuchlich sind, auch für Einarbeitungszwecke nutzen. Hinsichtlich der Anlage sei auf die jagdpraktische Fachliteratur verwiesen. Für anfängliche Übungen mit Junghunden, die das Einschliefen noch scheuen, eignen sich sogar Wegedurchlässe. Um die Passion zu wecken, also zum Einschliefen in die Röhren zu animieren, braucht man nicht unbedingt Raubwild, sondern kann z. B. auch erlegte Kaninchen verwenden.. Hier bewährt sich wieder das Schleppenprinzip:

Je nach Länge der Röhre befestigt man an dem Kaninchen eine entsprechend lange Schnur, das andere Ende wird mit einer Eisenkugel oder einem Stein beschwert, um die Schnur bis zum anderen Ende der Röhre durchwerfen zu können. Dann zieht man das Wild die halbe oder ganze Strecke hindurch und setzt den Hund an. Nach solchen Vorübungen wird er Röhren passioniert annehmen.

Bei ersten Versuchen an frisch befahrenen Naturbauen sind folgende Grundsätze zu beachten: Felsenbaue und Burgen mit mehreren Etagen unbedingt meiden, da häufig zum vorliegenden Hund ein Einschlag gemacht werden muß. Vorher prüfen, ob möglicherweise ein Dachs unter der Erde steckt, denn er ist – abgesehen von der Schonungsbedürftigkeit in vielen Gebieten – für den jungen Hund zu wehrhaft (erkennbar am tief eingefurchten Geschleif der Einfahrt). Nicht zwei Hunde zugleich schnallen, ein ,,Vorarbeiter" ist hier nicht angebracht, weil es zu gegenseitiger Behinderung unter der Erde führen könnte. Das Erfolgserlebnis ist wichtig, deshalb sollte ein springender Fuchs unbedingt zur Strecke kommen. Für solche anfängliche Einarbeitung eignen sich die erwähnten kleinen Kunstbaue am besten, da Kesselplatte und Röhrenabdeckungen geöffnet werden können, um den jungen Hund notfalls abzunehmen (außerdem erlaubt die Kesselplatte, den Fuchs durch Klopfgeräusche zum schnellen Springen zu veranlassen).

Im Unterschied zu fast allen anderen Jagdarten kann der Jäger bei der Bodenjagd kaum Einfluß nehmen, der Hund ist unter der Erde weitgehend auf selbständiges Verhalten angewiesen. Diese Jagdart erfordert viel Erfahrung. Deshalb seien zusammenfassend drei Empfehlungen ausgesprochen: 1. Vororientierung durch Spezialliteratur (z. B. ,,Der Jagdteckel" von H. Lux, Verlag Paul Parey; ,,Der Deutsche Jagdterrier" von W. Bierwirth, Verlag Neumann-Neudamm), 2. Kontaktaufnahme mit der zuständigen Gruppe des Zuchtvereins, um an einer Kunstbauanlage zu üben, 3. beim Übergang in die Praxis Anschluß an einen erfahrenen Bodenjäger, um zunächst mit ihm zusammen die ersten Einsätze am Naturbau vorzunehmen.

Der erste Jagdherbst

Es lockt und reizt jeden Jäger, seinen Hund, der die Grundausbildung abgeschlossen hat, bei Aufgang der Niederwildjagd voll einzusetzen. Es sei sogar geraten, mancherlei Möglichkeiten mit dem weitgehend ausgebildeten Jagdhund zu nutzen. Das sollte aber zunächst unter dem Motto stehen: Wie kann mein Hund am besten lernen, nicht wie schieße ich am meisten! Wer einen guten Jagdgehilfen bekommen will, nehme insbesondere den jungen Hund noch nicht zu Gesellschaftsjagden mit, sondern jage erst einmal allein mit ihm – für ihn! Das bekommt der Zusammenarbeit sehr gut, und man sollte sich ganz bewußt bemühen, wünschenswertes Verhalten durch geschicktes Eingreifen zu erreichen und zu fördern.

Abb. 68. Mit dem jungen Hund, der in seinem ersten Jagdherbst steht, sollte man zunächst allein auf Hühner und Fasanen jagen – und zwar für den Hund und nicht mit dem Ziel möglichst reicher Strecke. Das feste Durchstehen und das gehorsame Verhalten am abstreichenden Federwild lassen sich nur erreichen und festigen, wenn man anfangs stets zur Einwirkung gewappnet ist, mehr auf den Hund und weniger auf das Wild achtet

Solange der junge Hund noch wenig praktische Erfahrung hat und der Gehorsam im Zusammenhang mit dem die Sinne fesselnden Wildanblick nicht ausreichend gefestigt ist, würde der erregende Ablauf von Hühner-, Fasanen- und Hasenjagden mit vielen Schützen, Schüssen und anderen Hunden die unter ablenkungsarmen Umständen erreichte Erziehung und Ausbildung sehr schnell vergessen lassen. Diese Gefahr ist insbesondere bei temperamentvollen, passionierten Hunden allzu groß. Es wirkt sich günstig aus, wenn sie die Niederwildjagd nach und nach in „homöopathischen Dosen" kennenlernen, wobei der Jäger sich nicht auf größtmöglichen Jagderfolg konzentriert, sondern auf seinen Hund, um möglichst schnell einwirken zu können, wenn dieser beginnt, sich unerwünscht zu verhalten.

Auf solche kritischen Augenblicke sollte man sich als Führer gedanklich schon vorher einstellen. Ein paar seien nachstehend erwähnt.

Der Hund steht vor, Hühner bzw. Fasanen streichen ab. Zwar hat der künftige Jagdgehilfe gelernt, ihnen nicht nachzuprellen, aber wenn wir nun häufiger ein Huhn oder einen Fasan vor ihm erlegen, dann besteht die Gefahr, daß er sofort dorthin will, wo er das Wild herabfallen sah. Dies würde, wenn wir es nicht immer wieder nachdrücklich verhindern, leicht so schlimm werden, daß der Hund später bei Treibjagden auf irgendeinen Schuß hin schon startet und schließlich nur noch wild in der Gegend umherflitzt.

Abb. 69. Für die Entenjagd im Binnenland müssen Jagdhunde auf das Suchen mit der Nase eingestellt werden. Beim sofortigen Schnallen auf den Schuß gewöhnen sie sich an den Gebrauch der Augen und werden schußhitzig. Eine Ausnahme stellt die Jagd an der Küste dar, wenn das Wasser auf- oder abläuft. Erlegte Enten fallen oft weit entfernt in den Schlick oder treiben schnell ab. Hier muß der Hund das Geschehen mit den Augen verfolgen und oft selbständig handeln

Um dem vorzubeugen, haben wir bei diesen Jagdgängen ständig die Trillerpfeife im Mund, damit wir den Hund unmittelbar nach dem Schuß in die Haltlage pfeifen können, wie es auch bei der Ausbildung geschah. Er soll nur auf Kommando Wild suchen und apportieren. Wird er sehr heftig, trillern wir ihn beim nächstenmal besser schon dann zu Boden, wenn er noch vorsteht, also bevor das Wild abstreicht und beschossen wird. Dabei empfiehlt es sich, nach dem Schuß erneut zu trillern, damit er auch wirklich liegen bleibt. Vor der Jagd ist es am besten, den Hund erst einmal einige hundert Meter angeleint bei Fuß zu führen und ihn alle paar Schritte auf Trillerpfiff Halt machen zu lassen, damit die Ausbildung noch einmal in Erinnerung gerufen wird.

Läßt es sich nicht vermeiden, erste Herbstjagdgänge dort vorzunehmen, wo es auch viele Kaninchen gibt, dann achte man auf kurze Suche, damit man seinen Hund in der Hand behält, und trillere ihn auch ohne Wildberührung hin und wieder zu Boden. Hierdurch erreicht man meist, daß er einem später fortflitzenden Kaninchen nicht folgt, weil die Haltkommandos ihn so beeindruckt haben, daß sie den Kaninchenfolgereiz zeitweise überlagern. Es ist aber wichtig, daß der Führer das Kanin zuerst bzw. mindestens gleichzeitig sieht, so daß der Trillerpfiff ertönt, bevor Sinne und Reiznervensystem des Hundes vom flüchtig abgehenden Wild beherrscht werden und den Folgedrang auslösen.

Pürscht man auf einem Teich liegende Enten an, darf der Jagdbegleiter nicht frei bei Fuß gehen. Man schnalle ihn auch nicht sofort zum Apportieren, falls eine Ente erlegt wurde. Er muß lernen, sich zu beherrschen, sonst reißt er seinen Herrn späterhin schon um, wenn der nur die Flinte hebt. Es wirkt sich gut aus, wenn man den Hund in der ersten Zeit nach den Schüssen ablegt und die Enten, falls sie auf dem Lande liegen, selbst holt.

Fielen sie ins Wasser, lege man erst eine Beruhigungspause ein und schicke den Hund dann später zum Apportieren.

Erweist es sich, daß er trotz dieses vorsichtigen Einjagens schußhitzig zu werden droht, dann sollten ein paar Tage lang wieder Schußgewöhnungsübungen einsetzen. Wir pürschen mit ihm durch Feld und Wald oder auf Wasserstellen zu, wobei wir hin und wieder gebückt, also Spannung und bevorstehenden Wildanblick vortäuschend, vorangehen und mehrfach in die Luft schießen, dabei den Hund jeweils durch sofortigen Trillerpfiff in der Platzstellung haltend. Da ja weiter nichts Aufregendes passiert, wird er nach einigen Tagen nicht mehr so erregt reagieren, sobald geschossen wird.

Noch einmal sei betont, daß der Hund bei der Feldsuche auf Fasanen und beim Buschieren nicht so weit gehen darf. Wir müssen immer daran denken, daß unvorhergesehene Verleitungen ihn zur Hetze oder anderem ungünstigen Verhalten verführen können. Fehler und Versäumnisse, die bei der Einführung in die Praxis gemacht werden, wirken sich oft sehr erschwerend für den Jagdbetrieb aus. Die kleinen Mühen des Vorbeugens sind leichter und besser, als einen für ruhiges, besonnenes Waidwerk verdorbenen Hund wieder zu korrigieren.

Die Mitnahme zum Frettieren auf Kaninchen bietet einerseits Möglichkeit, den Gehorsam weiter zu festigen, andererseits aber auch die Gefahr, daß alles Erreichte schnell verlorengeht, wenn man sich als Führer falsch verhält. Man bittet die Jagdteilnehmer vorher um Verständnis, daß vielleicht ein Durchgreifen nötig sein könnte, halte den Hund angeleint bei Fuß, und sobald das Frettchen läuft, muß er unbedingt Halt machen. Springen Kaninchen und fallen Schüsse, darf er nicht hochwerden oder winseln, man verwehre es ihm energisch und gestatte ihm an den ersten solcher Jagdtage auch nicht, krankgeschossenen Kaninchen nachzusetzen oder erlegte zu apportieren. Wenn man sich so verhält, stellt das Frettieren hinsichtlich der Gehorsamsförderung beim jungen Hund sogar eine hervorragende Übung dar.

Beherrscht er diese Anforderungen im zweiten oder dritten Feld, kann er sich beim Frettieren sehr nützlich machen, indem er z. B. anzeigen lernt, ob die Baue befahren sind. Hunde, die häufig zum Frettieren mitgenommen werden, gewinnen diese Erfahrung sehr schnell und ersparen uns manchen Zeitaufwand, denn ihre Nase weiß besser als unsere vermutenden Augen, ob ein Bau befahren ist. Wird ein Hund so eingesetzt, ist es natürlich vorab erforderlich, ihn mit dem Frettchen vertraut zu machen, damit er dieses nicht als Raubwild ansieht und abtut.

Übungsmöglichkeiten für den „Stadtjäger"

Auch der in der Stadt wohnende Jäger kann mancherlei Möglichkeiten nutzen, um seinen Hund fern des Reviers zum Zeitpunkt der Ausbildung und zum Zweck der Auffrischung mancher Anforderungen morgens oder abends an den Wochentagen zu trainieren. Vieles läßt sich im Verlauf von Spaziergängen „nebenbei" durchführen. Die nachfolgenden Hinweise sind aber auch darauf abgestellt, erfinderisch die langen Pausen zwischen den Niederwildjagdzeiten zu nutzen, um dann, wenn es wieder in die Praxis geht, nicht mit einem Hund jagen zu müssen, der in monatelanger Ruhezeit vieles vergessen hat.

Oft ist es so, daß die auslaufende Jagdzeit für viele Hunde abrupt eine Periode des praktischen Einsatzes beendet. Ein Teil wird nun auf die „Überwinterungsstätte“ in Zwinger, Haus oder Wohnung verbannt, nur noch notwendigerweise wie ein Auto „gewartet“ oder im anderen Extrem als Familienliebling verhätschelt. Beides ist, besonders bei einem Leistungshund, von Schaden. Für den Jährling, der in seinem ersten Jagdherbst, in dem er soweit wie möglich eingesetzt war, viel lernte, wird sich manche Mühe letztlich nicht gelohnt haben, wenn nun die große Pause der Untätigkeit und Laschheit folgt. Und ein im Sommer oder Herbst des Vorjahres gewölfter Welpe, nun vielleicht sechs Monate alt, sollte auch schon mit mancher Anforderung vertraut gemacht werden, um seine Aufnahmefähigkeit im Jugendstadium zu nutzen.

Der tägliche halb- oder einstündige Spaziergang im Wohngebiet am Rande der Großstadt oder im Park läßt sich mit mancherlei Übungen verbinden, die zwar Notbehelfe sind, jedoch den Hund in gewisser Form halten. Man sollte die frühen Morgenstunden nutzen, wenn die meisten Menschen noch schlafen. Da dieser Ausgang sehnlichst erwartet wird, erfüllt der Hund die kleinen Aufgaben oder Wiederholungen in der Regel mit großer Arbeitsfreude.

Verleitungen durch „Duftmarken“ und Spaziergänger lassen den Vergleich mit Verleitungen in der Praxis durchaus zu, man kann also dem Hund fast täglich bewußt werden lassen, daß er sich von einer Aufgabe nicht ablenken lassen darf. Stets ist grundsätzlich ganz klar zwischen Bummeln und der geforderten Aufgabe bzw. Leistung zu unterscheiden. Wird dem Hund also etwas abverlangt, hat er sich nur darauf zu konzentrieren, und anschließend ist ihm wieder „Freiheit“ beim Tummeln oder Aufsuchen der „Stammbäume“ zu gewähren.

Nicht nur auffrischen läßt sich manches, auch Teile der Ausbildung können zeitweise sogar auf dem Bürgersteig vollzogen werden. In ruhigen Seitenstraßen, vorzugsweise frühmorgens oder spätabends, lernt der junge Hund im Verlauf der Spaziergänge Leinenführigkeit, Gehorsam, Apportieren und kann sogar mit den Grundlagen des Totverweisens vertraut gemacht werden. Natürlich wird vieles an der langen Leine geübt wegen der immer wieder überraschend auftauchenden Katzen. Der Hund begreift aber mit der Zeit, daß er sie in diesen Straßen nicht verfolgen darf, und das fördert die Konzentration auf unsere Übungen. Ablenkungen durch Passanten werden schließlich ignoriert, eine gute Vorbereitung auf den Prüfungsbetrieb, der unangenehme Überraschungen bescheren kann, wenn ein Führer seinen Hund nicht auf Ablenkungen durch viele andere Menschen und Hunde eingestellt hat.

Folgende Teile der Grundausbildung können z. B. bei Spaziergängen vorgenommen oder gefestigt werden: Gehen bei Fuß, anfangs an der Leine, später frei, wobei als weitere Stufe das selbständige Verharren des Hundes folgt, sobald man stehenbleibt. Dies ist auch eine gute Vorübung für die Pürsch. Hinsichtlich des Vorgehens im einzelnen sei auf die entsprechenden Ausbildungskapitel verwiesen. Ähnliches gilt für das Haltmachen auf Wink, Ruf und Trillerpfiff sowie für das Ablegen, das für längere Zeit (sogar im Winter auf isolierender Unterlage) bei Übungen im Garten und während Besuchen bei Bekannten erfolgen kann. Hin und wieder empfiehlt es sich auch, den Hund am Auto abzulegen, da er dann gewöhnt ist, dort abgeholt zu werden, was das Wiedereinfinden an herbstlichen Jagdtagen erleichtert.

Die ganze Apportierschule läßt sich zu Hause in der Stadt vollziehen, von den ersten Grundübungen bis zum Bringen. In Sackgassen sind auch, wenn die anwohnenden Autofahrer informiert wurden, kurze „Schleppen“ mit ausgestopften Bälgen möglich, und Passanten werden vom Hund nach einiger Übung nicht mehr beachtet. Eine gute Verleitung! Immer wieder ergeben sich Gelegenheiten, das Bringen über geeignete Hindernisse (Gartenzäune) mit und ohne Apportiergegenstand zu üben.

Wildgehorsam ist durchaus auch in Wohngebieten zu erzielen. Dafür bietet sich der „Dachhase" an. Da es für die meisten Hunde eine außerordentlich große Verlockung ist, den besonders in Morgen- und Abendstunden über die Straße huschenden Katzen zu folgen, nutzen wir die Gegebenheiten für eine Festigung des Gehorsams, wie sie den Haltübungen am ablaufenden Hasen durchaus gleichgesetzt werden kann. Keine Angst, wenn ein Hund raubzeugscharf ist, verliert er diese Eigenschaft nicht! Genausowenig wie der richtig geführte Hund die Passion für die Verfolgung des Hasen verliert, selbst wenn er bei jedem ablaufenden Krummen aufgrund sorgfältiger Ausbildung Halt machen muß.

Anfangs zwingen wir den an der Leine mitgehenden Hund angesichts jeder Katze energisch in die Haltlage. Wenn das klappt, geschieht dasselbe mit dem frei bei Fuß gehenden Hund. Pannen beugen wir vor, indem wir die Freiheit zunächst durch eine dünne, lange Leine vortäuschen. Man kann dies sehr gut tun, indem man unauffällig, am besten schon vor dem Spaziergang, neben dem üblichen Führriemen die dünne „Notleine" an der Halsung befestigt und dann nach kurzem Gang die Führleine auffällig aushängt und den (hierbei sitzenden Hund) zum freien Bei-Fuß-Gehen auffordert. Läßt man die Notleine locker, so spürt er meist nicht, daß wir ihn noch in der Gewalt haben. Sollte er sich also frei wähnen und sich unserer Einwirkung beim Eräugen einer Katze entziehen wollen, können wir ihn nach einigen Metern mit kräftigem Ruck und gleichzeitigem Trillerpfiff stoppen. Diese Überraschung wirkt sich bei einiger Wiederholung erstaunlich aus. Es geht ja hier darum, daß der Hund den Trillerpfiff auch dann unbedingt befolgt, wenn ihn alle Sinne zur Hetze verführen. Natürlich eignen sich dafür auch besonders Kaninchen, die in manchen Städten sogar in den Zentren leben.

Für kürzere Schleppen an schneefreien Tagen (mit getrockneten, ausgestopften Bälgen oder überfahrenen Tieren) sowie auch für erste Schweißfährten bieten sich Parkanlagen und Rasenflächen im Stadtgebiet an, selbst wenn diese zwischen Hochhäusern gelegen sind. Im Einzelfall ist jedoch immer zu entscheiden, ob viele Menschen bzw. viele Augen die Sache erschweren oder trotz der frühen Morgenstunde gar Ärgernisse bringen könnten. Sogar auf Golf- und Sportplätzen ergeben sich Übungsmöglichkeiten, wenn man den Kontakt zu den Betreuern aufnimmt.

Natürlich ist es unsinnig, dort am Wochenende exerzieren zu wollen. Die ersten Morgen- und die späten Abendstunden sind unsere Zeit! Geradezu ideal sind überwucherte große Grundstücke (wie sie besonders neben Industriekomplexen häufig anzutreffen sind), die noch der Bebauung harren. Ein paar Autominuten bis dorthin lohnen sich. Fasanen, Rebhühner und Kaninchen treffen wir auf größeren (manchmal sogar von Hochhäusern oder Fabrikgebäuden umschlossenen, noch nicht in Bebauung befindlichen Grundstücken) nicht selten an. Man wird dort allerdings Suche, Vorstehen und Schleppen an der langen Leine üben müssen, nicht zuletzt wegen der Verkehrsgefahren. In Zweifelsfällen hole man stets eine Erlaubnis zur Hundeführung ein.

Da in den Wohngebieten stärker als im Revier Gefahr besteht, daß ein Hund nicht wieder zurückfindet oder als herrenlos aufgenommen wird, sei dringend eine Halsung mit Steuermarke, Tollwutimpfplakette und auf Metallplatte eingravierter Telefonnummer empfohlen.

Schweißarbeit

Das Üben auf der künstlichen Wundfährte, Vorbereitung auf die Schalenwildnachsuche, ist im Grunde mit der vorausgegangenen Schleppenarbeit vergleichbar, deren Übungszweck das Finden erlegten bzw. krankgeschossenen Niederwildes darstellt. Schalenwildnachsuchen erstrecken sich jedoch häufig über größere Entfernungen, und diese in Anhalt an die Wundfährte zu überwinden, muß der Hund die sorgfältige, ruhige Suche am langen Riemen in Verbindung mit dem Führer lernen. Bei den Vorstehhundrassen, an die sehr vielseitige Anforderungen gestellt werden, setzt das systematische Üben auf der Schweißfährte zumeist erst Ende des ersten oder im zweiten Feld nach Ablegen der Anlageprüfungen ein. Deren Anforderungen bedurften einer Förderung, die teils im Gegensatz zur bedächtigen Nasenarbeit am Riemen stand. So ist es nicht verwunderlich, daß Temperament und Suchpassion zunächst einmal wieder gezügelt werden müssen, bis der Hund am Riemen die notwendige Konzentration in ruhiger Beharrlichkeit zeigt. Solche Eigenschaften, wichtigste Voraussetzungen für die Einarbeitung auf der Rotfährte, gilt es also zu fördern, und deshalb sollte ein Hund vor dieser Grundausbildung am langen Riemen möglichst noch nicht zu natürlichen Nachsuchen eingesetzt werden, denn eine mitunter notwendige Hetze wirkt sich nachteilig aus. Außerdem ist das für die Übungsarbeit zumeist nur verfügbare Rinderblut weniger „lockend" als Wildschweiß, und wenn der Hund letzteren zuerst kennengelernt hat, mag es schwieriger werden, sein Interesse für Haustierblut zu fördern.

Es ist nicht Sinn dieser Anleitung, einen Vielseitigkeitshund zu Spitzenleistungen auf der Wundfährte zu bringen. Wer eine solche spezielle Führung beabsichtigt, sollte von Jugend an sein Hauptaugenmerk auf die Ausbildung zu Nachsuchenzwecken legen, denn schwierige Naturarbeiten erfordern den Spezialisten. Dieses Kapitel beschränkt sich auf das Leistungsziel, Prüfungsanforderungen gerecht zu werden und weniger schwere Nachsuchen in der Praxis vorzunehmen. (Weiterführende Literatur: Hans Lux, Vorstehhunde, Stöberhunde und Bracken auf der Schweißfährte; Walter Frevert/Karl Bergien, Die gerechte Führung des Schweißhundes; Verlag Paul Parey).

Das Wild soll möglichst nicht zum Experimentieren, zur Ertüchtigung dienen, obwohl ein geeigneter Hund bei hohem Schalenwildabschuß und vernünftiger Abführung auch ohne Kunstfährtenarbeit zum zuverlässigen Riemenarbeiter werden kann. Da solche optimalen Praxisvoraussetzungen jedoch nur in den seltensten Fällen gegeben sind, um eine vernünftige Abführung und Leistungssteigerung zu erreichen, müssen wir zur Festigung der zielstrebigen und ruhigen Riemenarbeit auf die Kunstfährte ausweichen. Sie ist ein Behelf für die durch nichts zu ersetzende Wundwittrung, soll sie auch nicht ersetzen, sondern nur zur Vermittlung der Arbeitsgrundbegriffe dienen. Der Nasengebrauch muß durch zweckentsprechende Ausbildung geschult werden, und mit der Riemenarbeit auf der Kunstfährte haben wir ein vorzügliches Hilfsmittel, zuverlässige Suche mit tiefer Nase anzustreben. Mangelhafte Resultate auf dem Gebiet der Schweißarbeit wurzeln fast immer in fehlerhafter Ausbildung des Hundes am Riemen. Erst durch fleißiges Üben wird er zum zielstrebigen Halten der „Leitlinie" angehalten. Deshalb bietet uns die Kunstfährte trotz ihrer Unnatürlichkeit den einzig gangbaren Weg, im Hunde die Grundbegriffe für das Nachsuchen geistig zu verankern und wünschenswertes Verhalten zu erreichen.

Es ist dabei außerordentlich wichtig, sich des Gegensatzes zu anderen Ausbildungsfächern bewußt zu sein: Bei der Schweißarbeit sind Zwang oder gar Strafe überhaupt nicht angebracht. Hier kommt es auf lustbetonte, zielstrebige, beharrliche, ruhige Suche am Riemen an, und dabei spielen die Förderung der Arbeitsfreude und der Wille zum Finden des Wildes eine große Rolle. Zwang und Strafe können das Ergebnis wochenlangen Übens zunichte machen, aber zweckmäßiges Verhalten, Lob und Belohnung zur richtigen Zeit im Zusammenhang mit dem Erfolgserlebnis Wunder bewirken.

Viele Jäger, die ihre Hunde zu Totverbellern und -verweisern ausbilden, denken zu wenig daran, daß wichtigste Grundlage die Riemenarbeit bleiben muß. Es liegt in der Natur solcher Zusatzausbildung, daß der Hund sehr selbständig freisuchend zur Rehdecke bzw. dem Wild streben muß, und dies in zwangsläufig hundertfacher Wiederholung wochen- oder gar monatelangen Übens. Darunter leidet die wichtigste Voraussetzung der Schweißarbeit, die ruhige und beharrliche Suche am Riemen. Nur sie befähigt zum kilometerweiten Austüfteln der Rotfährte, z. B. auf Verbandsschweißprüfungen, erst recht unter den häufig viel schwierigeren Gegebenheiten der Jagdpraxis.

So herrlich stimmungsvoll und beglückend der tiefe Hals des seinen Herrn zum Stück rufenden Totverbellers ist, die bei vielseitigen Vorstehhunden temperamentvolle freie Suche stellt Gift für die Folge am Riemen dar, für das konsequente, beherrschte Ausarbeiten der Rotfährte. Außerdem verführt das Bewußtsein, einen Verbeller oder Verweiser zu besitzen, in der späteren Praxis leicht dazu, nicht erst mühselig hinter dem Hund durch die Dickung zu schliefen, sondern ihn gleich zu schnallen, denn wozu hat man schließlich den Verbeller oder Verweiser! Ist das Wild unweit zusammengebrochen, geht's meist gut. In sehr vielen Fällen hilft aber allein die sorgsame, stundenlang währende Riemensuche weiter, und dazu sind die wenigsten Totverbeller und -verweiser dann fähig, weil die Zusatzausbildung auf Kosten der wesentlichsten Grundlage ging. Wenn wir zudem noch die Witterungs- und Geländeverhältnisse berücksichtigen, die das Vernehmen des Totverbellens häufig ausschließen, und an den unbedingten Zwang zur laufenden Wiederauffrischung auch der andressierten Eigenschaft des Verweisens, gleich welcher Form, denken, dann sollten wir diese Leistungen nicht überbewerten oder gar glorifizieren, wie es jahrzehntelang in einseitiger Wertschätzung guter Abrichtekunst der Fall war.

Das macht also kritische Überlegung und Entscheidung nötig. Nur wer sich dieser Einschränkungen bewußt ist, sie bei Ausbildung und Führung beherzigt, wird letztendlich Freude nicht nur am Prüfungsergebnis, sondern auch in der Jagdpraxis haben, wo – das sei andererseits betont – die Eigenschaften des Verbellens oder Verweisens mitunter sehr nützlich sein können. Entscheidet man sich für solche Leistung, hat man es aber viel schwerer als andere Ausbilder und Führer, die ihre Hunde nur auf die vorrangige und erfolgssichere Riemenarbeit einstellen. Man muß häufiger am Riemen üben, um ausgleichend die Qualität ruhiger Nasenarbeit zu erhalten, und man wird die Erfahrung machen, daß Totverbellen und Totverweisen bei einem Mangel an entsprechender Veranlagung „Dressurkunststücke" bleiben, die ständig wiederholender Übung bedürfen und damit fortlaufend erfordern, die ruhige Fährtenfolge am Riemen zu erhalten bzw. wieder zu erreichen.

Die Klaviatur des Ausgleichens und korrigierenden Eingreifens ist nicht leicht zu beherrschen, sie hängt zwar wesentlich vom guten Willen und Können des Ausbilders, aber auch von den regelmäßigen Übungsmöglichkeiten ab. Diese Schwierigkeiten haben aber nicht nur Spezialisten, wie der mit Hunderten Prüfungserfolgen unvergessene Totverbeller-Ausbilder Fritz Haydt, gemeistert, sondern auch Anfänger, die sich ihrem ersten vierläufigen Jagdgehilfen mit besonderer Passion widmeten und diese Problematik zu berücksichtigen verstanden.

Einarbeitung auf der Kunstfährte

Für die Anlegung einer künstlichen Wundfährte bedienen wir uns anfangs des leicht erhältlichen Rinderblutes (besser Hammelblut) und verwenden später Schweiß von erlegtem Wild (Aufbewahrung und Tupfstockanfertigung siehe Kapitel ,,Ausbildungshilfsmittel"). Zeitig genug denke man an den Erhalt einer frischen oder getrockneten Rehdekke; letztere kann mit darübergezogenem Gescheide oder durch Betupfen mit Schweiß gelegentlich ,,aufgefrischt" werden. Zu den ersten Vorbereitungen gehört auch die Suche eines geeigneten Geländes. Anfangs ist es am günstigsten, einen übersichtlichen Hochwaldbestand auszuwählen. Mehrere unterschiedlich lange Übungsstrecken sind zu markieren, damit wir den genauen Verlauf stets wissen.

Begonnen wird zunächst mit einer Vorübung in der Länge von nur hundert Metern, aber diese Strecke steigert sich bald stufenweise, je nach Verhalten des Hundes bzw. Ausbildungsstand (letztendlich auf einen Kilometer), wobei wir mehrere Haken einlegen und dort künstliche Wundbetten markieren. Der vorgetäuschte Anschuß soll die Sinne des Hundes gleich reizen, deshalb spritzen wir dort nach stärkerer Bodenverwundung etwas Schweiß, legen auch Knochensplitter, Deckenfetzen oder Wildhaar aus. Anfangs verwenden wir für etwa 400 Meter rund einen viertel Liter Schweiß, Ziel ist aber, schließlich auf 1000 Metern mit der gleichen Menge auszukommen. Markierungen an den Bäumen erlauben uns, den Hund nötigenfalls genau zu korrigieren, falls er von der Leitlinie abkommen sollte.

Man kann durch ein Sieb gelaufenen Schweiß aus der Flasche spritzen (zwei Kerben im Korken). Die Menge ist dadurch aber nicht gut regulierbar, und deshalb benutzen die meisten Jäger die Tupfmethode, die auch auf den meisten Prüfungen Verwendung findet. Wir tauchen das Schwammstückchen des Tupfstockes beim Gehen in den Schweißbehäl-

Abb. 70. Blechdose mit Schweiß, Tupfstock mit Schwämmchen – einfachste Mittel ermöglichen die Herstellung einer künstlichen Schweißfährte zu Übungszwecken. Das Tupfen hat gegenüber dem Spritzen aus der Flasche den Vorteil, daß sich Schweißmenge und Schwierigkeitsgrad besser regulieren lassen

ter und tupfen dann bei jedem Schritt auf den Boden, um nach etwa sechs bis zehn Malen neu einzutauchen. Es ist gut, hin und wieder eine Bodenverwundung vorzunehmen, wie sie durch das krank flüchtende Wild mit den Schalen erfolgt, denn der Hund orientiert sich auch nach den Veränderungen des Bodengeruches aufgrund der Umwandlungen in der Mikroorganismenwelt. Am Ende der Fährte wird die Rehdecke abgelegt.

Auch bei den ersten Suchen sollten wir bis zum Arbeitsbeginn vier Stunden warten. Später steigert sich die Stehzeit zur Übernachtfährte und bis schließlich rund 24 Stunden. Ein Hund, der noch recht temperamentvoll sucht und zur ruhigen Riemenarbeit gezügelt werden muß, sollte allerdings bei Übernachtfährten nicht gleich frühmorgens eingesetzt werden, denn dann sind die Verleitungen durch Wild noch so frisch, daß er sich viel zu häufig ablenken läßt. Zunächst einmal muß er lernen, daß es unbedingt die Leitlinie zu halten gilt, und dieses Ziel wird durch vieles Üben und Gewöhnung an die Arbeitsaufgabe erreicht.

Öfter als ein- oder zweimal pro Woche dürfen wir den Hund zu solchen Aufgaben nicht heranziehen, denn gerade bei der Schweißarbeit soll er ja lustbetont arbeiten; seine Freude an dieser Betätigung ist zu fördern, und dabei scheiden Zwang und Strafen aus! Es empfiehlt sich, den Hund nicht vorher zu füttern. Sehr temperamentvolle Burschen erhalten vorher Auslauf, damit zunächst einmal das Bewegungsbedürfnis gestillt ist. Wir benutzen einen mindestens sechs Meter langen Schweißriemen mit breiter Schweißhalsung.

Beim Ablauf der Aufgabe ist einiges zu beachten. Wir begeben uns mit dem Hund in aller Ruhe zum künstlichen Anschuß und legen ihn in der Nähe ab, wobei gleich der Schweißriemen abgedockt und in Schlaufen neben den Hund gelegt wird. Er hat an dieser Stelle zu verbleiben, während der Führer sich einige Minuten intensiv mit der Anschußstelle beschäftigt. Durch solches Verhalten wird der Hund einmal angehalten, sich „zu versammeln", gleichzeitig aber auch sein Interesse geweckt für die Stelle, mit der sich sein Herr intensiv befaßt.

Dann führen wir den Hund am kurzgefaßten Riemen zum Anschuß. Er soll diesen ruhig und intensiv bewinden, um schließlich von allein den Abgang zum Fährtenverlauf zu finden. Wir loben ihn, wenn seine Nase am Anschuß auf Deckenfetzen oder Schweiß weist (zu diesem Zeitpunkt aber nicht überschwenglich), und mit der Aufforderung „Such verwundt" darf er die Suche beginnen, wobei wir ihm nun mehr Riemenfreiheit geben, damit er sich gegebenenfalls auf der Rotfährte einbögeln kann. Der Riemen sollte dabei, wie auch beim weiteren Fortgang der Suche, zwischen den Vorderläufen durchgezogen sein, denn Anfänger neigen dazu, stürmisch fortzudrängen, und wir wollen ja vermeiden, daß dadurch möglicherweise der Kopf vom Erdboden abgezogen wird. Ist der Lehrling sehr erregt und legt sich zu stramm in den Riemen, zügeln wir ihn. Erforderlichenfalls wird die Arbeit unterbrochen, der Hund also zur Beruhigung kurze Zeit abgelegt.

Er wird in der ersten Zeit häufiger von der Rotfährte abkommen, weil ihn verleitende Wittrungen locken. Wir bleiben dann stehen und lassen ihn unter der Aufforderung „Zur Fährte" pendeln, bis er die Tupflinie wieder kreuzt. In dem Augenblick wird er sehr gelobt, um ihm bewußt zu machen, daß er dieser Leitlinie zu folgen hat. Unter „So brav, mein Hund!" folgen wir ihm. Lautes, ungeduldiges Kommandieren und nervöses Verhalten, wie Hin- und Herziehen des Hundes, sind von Übel. Er muß erfahren, daß er sich stets an die Rotfährte zu halten hat, und sollte sie selbst wiederfinden, wobei wir durchaus ein wenig lenkend einwirken, aber sehr bedachtsam und geduldig.

Notfalls greifen wir ein Stück zurück und setzen ihn neu an, um Verleitungen zu

Abb. 71. Vor dem Ausarbeiten der künstlichen Übungsschweißfährte wird der Hund abgelegt, muß sich „versammeln", während der Führer die bedächtige Untersuchung des Anschusses vortäuscht – und nicht zuletzt dadurch seinem Hund die Bedeutung der anstehenden Aufgabe eingehen läßt. In der späteren Praxis prüft der Jagdhundführer dann ebenso ruhig mit kriminalistischem Spürsinn die oft Aufschluß gebenden Wundzeichen, denn sorgfältige Ausschöpfung aller Anhaltspunkte ist wichtige Voraussetzung für den Nachsuchenerfolg

überwinden. Viele Hundeführer benutzen das Wort ,,Pfui", wenn der Hund einwandfrei auf einer Verleitung davonstürmen will, und ziehen ihn auch etwas energischer davon ab. Dies erfolgt im Unterschied zum Abtragen, wie es bei den Nachsuchenspezialisten besonders üblich ist. Denn wenn z. B. der Hannoversche Schweißhund nicht mehr weiterkommt und auch der Führer keine Kontrollmöglichkeit besitzt, dann wird aus dieser Unsicherheit heraus der Hund abgetragen (mit dem Arm hinter den Vorderläufen umfaßt) und sodann abgelegt, damit er sich beruhigen und der Führer für den weiteren Verlauf Orientierungshilfen nutzen kann. Von einer den roten Faden kreuzenden verlockenden Verleitfährte ist der Hund also mit dem Verweis ,,Pfui" mehr oder weniger energisch abzuziehen.

Die ersten Arbeiten werden in aller Regel schnell und erfolgreich verlaufen, denn sie sind ja noch leicht. Es kommt dabei lediglich darauf an, den Hund auf das unbedingte Halten der Leitlinie einzustellen, sein Interesse für diese Aufgabe und das Ziel zu wecken und ihn zu ruhiger Suche am Riemen anzuhalten.

An der schließlich gefundenen Rehdecke eingetroffen, zeigen wir ihm im Gegensatz zum bisherigen bedachtsamen Verhalten überschäumende Freude über den Fund, achten aber darauf, daß diese Lockerung nicht dazu führt, daß der Hund die Decke oder das Wild rupft. Er erhält einige Leckerbissen, wird symbolisch ,,genossengemacht", und da er nüchtern an die Aufgabe heranging, gehört auch diese Maßnahme zum Erfolgserlebnis und wirkt sich aus. Man tut gut daran, ihn anschließend einige Minuten in der Nähe abzulegen, während man sich selbst mit der Rehdecke beschäftigt, dadurch das Aufbrechen in der Praxis vortäuschend.

Je nachdem wie der Hund sich im weiteren Fortgang solcher Übungen verhält, werden die Anforderungen gesteigert. Man legt beim Tupfen der Fährte mehrere stumpfe Haken ein, geht auch über Wege und durch Bäche und zieht Schleppen mit erlegtem Niederwild oder Raubzeug über die Rotfährte, falls man, was späterhin wünschenswert wäre, nicht in Revierteilen üben kann, wo es die zur weiteren Festigung des Verhaltens erforderlichen frischen Wildverleitungen gibt. Nebenbei sei erwähnt, daß sich solche Kunstfährtenarbeit mitunter auch wochentags fern des Reviers z. B. in städtischen Parkanlagen vornehmen läßt, wenn man in den ersten Morgenstunden tätig ist.

Es gibt eine reiche Palette von Möglichkeiten, die Anforderungen unterschiedlich zu gestalten und zu erweitern. Man kann mit einem Stück Rehpansen tupfen, dem Rinderblut Weidwundschweiß zusetzen, falls der Hund mit der Zeit etwas lustlos arbeitet, es lassen sich Lungenstückchen zum Tupfen verwenden und Überraschungen am Ende der Fährte vorbereiten, beispielsweise indem man unter die trockene Rehdecke ein frisch erlegtes oder überfahrenes Kaninchen legt usw. Abwechslung fördert die Arbeitsfreude!

Die größten Schwierigkeiten gibt es oftmals dann, wenn ein Hund bereits auf mehreren natürlichen Wundfährten bei kurzen Totsuchen zum Erfolg gekommen ist und dann wieder auf Rinderblut-Kunstfährten arbeiten soll. Man meint manchmal förmlich zu sehen, wie er über den langweiligen Kunstbehelf die Nase rümpft, lustlos kaum vorankommt, sich für alles andere, aber wenig für die getupfte Übungsleitlinie interessiert.

Für die spätere Praxis ist es besonders wichtig, daß er gefundene Pürschzeichen verweist. Um das zu fördern, wird man zeitweise etwa alle 30 Meter ein Stückchen Wildpret, Haarbüschel, einen Placken geronnenen Schweiß, Fetzen von der Milz – oder was man gerade besitzt – in die Tupffährte legen. Man merkt sich diese Stellen durch entsprechende Markierungen an den Bäumen und achtet darauf, daß der Hund sie nicht stürmisch überläuft. Gegebenenfalls zügeln wir ihn an solchen Fundstellen und loben ihn tüchtig, sobald seine Nase darauf tupft. Bei Hunden, die gern fressen, kann es sich günstig auswirken, wenn sie diese Fundstücke aufnehmen dürfen.

Auch hier sollte man immer wieder variieren, z. B. ein Wildpretfetzchen einen halben

Abb. 72. Die meisten Übungsschweißfährten werden im Sommer und Frühherbst unter guten Witterungsbedingungen im Wald gelegt. Man sollte jedoch gemäß der Jagdpraxis die unterschiedlichsten Gegebenheiten nutzen! Wundfährten beginnen zumeist außerhalb der Waldungen auf einer Äsungsfläche, und wenn auf den Schuß z. B. eine Winternacht folgt, ist am Morgen vielleicht alles mit Rauhreif oder Schnee bedeckt. Der Frost mindert dann die Intensität des „Gasgemisches" aus Bodenverletzung, Körper-, Wund- und Schweißwittrung. Mit einem Hund, der zu Nachsuchen eingesetzt werden soll, müssen sinnvollerweise auch im Spätherbst und Winter Schleppen und künstliche Schweißfährten ausgearbeitet werden, denn der größere Teil der Schalenwildstrecke wird in der kälteren Jahreszeit erbeutet. Der Schweißriemen verläuft dabei zwischen den Vorderläufen des Hundes hindurch, damit der Kopf nicht von der Fährte hochgezogen wird

Meter über dem Boden an einen Ast hängen und den Hund, falls er dies nicht von selbst bemerkt, darauf hinweisen sowie dem Fund Bedeutung geben, indem wir ihn prüfen, dem Hund mehrfach vor die Nase halten und Lob aussprechen.

Bei diesen Übungsfährten haben wir den Verlauf ja markiert. In der späteren Praxis und auf Prüfungen müssen wir aber „blind" arbeiten und der Nase des Hundes vertrauen. Deshalb kommt es jetzt sehr darauf an, in der Übungszeit das Verhalten seines vierläufigen Jagdgehilfen auf der Schweißfährte genau zu beobachten, um sich Unterschiede des Benehmens einzuprägen. Wie verhält er sich auf der Wundfährte? Wie sucht und benimmt er sich, wenn er abgekommen ist bzw. einer Verleitung folgt? Zumeist gibt es gewisse Verhaltensunterschiede, die man schon während der Übungszeit herausfinden muß. Solche Eigenarten zu kennen, ist für die Praxis außerordentlich nützlich. Auch die bestens ausgebildeten Hunde kommen unter besonderen Umständen immer wieder mal von der Fährte ab, und das im richtigen Augenblick zu bemerken, erspart schließlich viel überflüssige Arbeit, vermeidet Unsicherheit und bewahrt vor unnötigen Fehlentscheidungen.

Erst das Halten der Übungsfährte, ohne auf warme Verleitspuren oder -fährten zu changieren (verweisen und prüfen darf der Hund), bringt jene Sicherheit, die Grundlage zuverlässiger Nachsuchenarbeit ist.

Geübt wird bei jedem Wetter, bei Regen, Sommerwärme und Frost. Mit der Tupfmethode haben wir es in der Hand, die Fährte immer schwieriger zu gestalten, weil sich der Schweiß durch mehr oder weniger häufiges Eintauchen des Tupfschwämmchens dosieren läßt. Wer sich die Verbandsschweißprüfung als Ziel vorgenommen hat, sollte sich rechtzeitig die Prüfungsordnung schicken lassen, um mit Anforderungen und Ablauf genau vertraut zu sein.

Der „verteufelte" Anschneider

Die besten Nachsuchenhunde sind die Anschneider! Das klingt zunächst unglaublich. Sie arbeiten aber in natürlicher Motivation, denn sie wollen das Wild finden, um es zu fressen. Jahrzehntelang wurden Hunde, die gelegentlich Wild anschnitten, verteufelt. Wir denken heute etwas differenzierter darüber.

Zum Anschneiden kommt solch ein Hund bei umsichtigem Verhalten seines Führers lediglich dann, wenn er in freier Suche zum Schalenwild finden soll. Da diese freie Suche jedoch nur Zufallserfolge bringt und nach all unseren Erkenntnissen und Erfahrungen fast ausschließlich die sorgfältige Riemenarbeit im Vordergrund stehen muß, hat man es zumeist in der Hand, das Anschneiden zu verhindern.

Es hat schon so manchen Hund gegeben, der aufgrund einmaligen „schlechten Verhaltens" als Anschneider bezeichnet und für den Jagdbetrieb als vollkommen wertlos angesehen, sogar deshalb getötet wurde. Teilweise herrscht die Ansicht, das sei eine vererbbare Eigenschaft. Wir tun gut daran, die Vererbbarkeit lediglich insofern als gegeben anzusehen, als es sich im Grunde um ein natürliches Verhalten gemäß dem Wolferbe handelt. Bei sachgemäßem Einwirken von Jugend auf und späterer umsichtiger Führung werden wir solche Erscheinungen weitgehend verhindern können. Dies sei an einigen Beispielen verdeutlicht, bei denen besondere Umstände bzw. Fehlverhalten des Menschen eine Rolle spielten:

Akuter Hunger, verbunden mit großer Verleitung. Ein Totverbeller schneidet einen Tag vor der Gebrauchsprüfung an. Wie sich herausstellt, hatte der Führer seinen Hund fast 48 Stunden vorher nicht gefüttert, damit er „flotter bellt", zudem war das weidwund geschossene Übungsreh aufgebrochen und nicht vernäht. Also eine besondere Ausnahmesituation.

Dieser Hund wurde dennoch auf der Verbandsgebrauchsprüfung geführt, es ging gut, und er hat auch in den Folgejahren nicht mehr angeschnitten.

Falsche Ernährung. Mehrere Anschneidefälle erschienen zunächst rätselhaft. Bei Erkundigungen nach der Fütterungsweise stellte sich heraus: „Gekochte Lunge, Reis und Haferflocken" oder „Dosenfutter mit Brot und Milch". Kein Wunder! Ein Hund braucht auch Aas, um es kraß zu sagen. Eine Anzahl lebenswichtiger Nähr- und Wirkstoffe, die der Hundeorganismus benötigt, finden sich im anbrüchigen Fleisch (nicht zuletzt deshalb das instinktive Einbuddeln von Fleischbrocken im Zwinger), in ungereinigten Innereien, im Blut und Gemüse. Deshalb sollte man Jagdhunde möglichst natürlich füttern, häufig rohes, auch anbrüchiges Fleisch oder Fleischabfälle geben (also nicht immer kochen, denn das vernichtet viele Wirkstoffe). Nach Möglichkeit sind öfter kleingehackte Karnickelbälge und Wilddeckenfetzen ins Futter zu tun, auch grob gereinigte Rehpansen zu verfüttern.

Angst, Eifersucht, Beuteneid, um das Wild vor fremden Menschen und Hunden zu sichern. Dies ist öfter der Grund, als wir ahnen, vor allem auf Prüfungen, wenn der Hund Rivalen in der Nähe weiß und die am Stück stehenden Richter sich vielleicht nicht gut genug getarnt haben. Mancher Hund versucht dann, das Reh zu apportieren. Ist es zu schwer, dann knurrt und bellt er in Richtung der fremden Hunde oder Menschen, zerrt das Stück weiter – und wenn dabei die Decke aufreißt, heißt es manchmal ziemlich vorschnell „Anschneider!".

Auch auf den Treibjagden spielt der Beuteneid eine große Rolle, und mancher Hund sündigt aufgrund mangelhafter Erziehung, Ausbildung und vielleicht auch unvorsichtiger Übertreibung des Genossenmachens, wobei der Hund während des Aufbrechens sich direkt am Wild bedienen durfte.

Aus der Reihe von vielen ein besonders krasses Beispiel. Ein Vorstehhund durfte von Jugend auf am erlegten Wild zerren, ausgiebig rupfen („damit er wildscharf wird") und bekam direkt beim Aufbrechen, soviel er verschlingen konnte. Es ist nur natürlich, daß er dann eines Tages das Kommen des Führers gar nicht mehr abwartete, sondern gleich selbst ans Aufbrechen ging. Schon dem Junghund sollte man konsequent klarmachen, wo die Grenzen sind, sonst ist es möglich, daß man sich den Anschneider regelrecht erzieht. Auch wenn Hunde stundenlang im Auto neben erlegtem Wild abgelegt sind, hat man sich die Folgen selbst zuzuschreiben und darf sie nicht dem Hund anrechnen. So etwas ist unvernünftig.

Es empfiehlt sich, die Gefahr des Anschneidens durch vorbeugende Übungen zu vermeiden. Man kann den hungrigen Hund unter unauffälliger Überwachung mehrfach kurze Zeit an einem frisch aufgebrochenen Stück Schalenwild ablegen. Lecken, Rupfen usw. wird ihm streng verwiesen. Bei weiteren Übungen entfernt man sich und läßt ihn „allein", kehrt in Wirklichkeit aber schnell unbemerkt zurück und bleibt z. B. hinter einer Hausecke oder Baumgruppe unterschiedliche Zeiten stehen, den Hund beobachtend. Will er lecken, rupfen, anschneiden, dann zwingt ihn ein lautes Kommando an den Ableplatz zurück. Er erfährt dadurch, daß sein Führer auch nach dem Fortgehen in der Nähe ist und unerlaubtes Verhalten nicht duldet. Leider üben die wenigsten Ausbilder derart vorbeugend.

Der Totverbeller

Gebräuchlich sind im wesentlichen zwei Ausbildungsmethoden. Einmal handelt es sich um die Förderung freudigen Lautgebens von früher Jugend an, wobei die Rehdecke zum stellvertretenden Befehl „Gib Laut" wird. Das Ansichtigwerden der Rehdecke erhält also für den Hund die Bedeutung: „Gib Laut". Der zweite Weg stützt sich auf das Erzwingen des Lautgebens durch bestimmte Reizsituationen und wird vor allem dann beschritten, wenn die Förderung des Lautgebens in der Jugendzeit versäumt wurde. Bei dieser zweiten Möglichkeit kommt es durch die Erfahrung, die der Hund dabei macht, zur geistigen Verknüpfung: „Du entgehst dem Unangenehmen durch Lautgeben" (Tritz-Methode).

In beiden Fällen sind Lob und Genossenmachen als Schlußpunkt außerordentlich wichtig. Der Hund muß erfassen: „Laut bringt Vorteil". Wer dies berücksichtigt, wird überrascht sein, wie schnell der Hund erfaßt, was er an der Rehdecke auszuführen hat, sobald er sie erblickt.

Wer schon von der Welpenzeit an die Absicht hat, seinen Hund zum Totverbeller zu erziehen, deckt die Futterschüssel so mit einer Rehdecke ab, daß der junge Hund nicht selbständig herankommt. In seinem Hungerdrang, fressen zu wollen, wird er die verdeckte Schüssel umtanzen und schnell erregt laut werden. Dies unterstützen wir einprägend mit der Aufforderung „Gib Laut". Sobald der Hund unseren Wunsch erfüllt, wird die Decke fortgenommen, und er darf fressen. Sie erfüllt schließlich den stellvertretenden Befehl „Gib Laut", und bei regelmäßigem Üben steht der Hund schließlich stets abwartend und halsgebend an der Decke, bis wir das Futter freigeben. Darauf bauen wir dann auf und wandeln auch ab.

Es beginnt im Hof oder Garten. Die Rehdecke wird irgendwo hingelegt und der Hund angeleint herangeführt. Aufgrund der bisherigen Verknüpfung wird er an der Decke Laut geben, spätestens nach unserer Aufforderung. Darauf erhält er Lob und Belohnung, und wir gehen mit ihm fort.

Zur besseren Förderung können wir die Decke auch einige Male in der Luft herumwirbeln, ermuntern den Hund, Hals zu geben und loben ihn. Allerdings ist jeder Versuch, danach zu fassen, sofort zu unterdrücken, stets gefolgt von der Ermunterung „Gib Laut".

Eine weitere Anregung zur Begriffsverdichtung erfährt die Ausbildung – wenn nötig – durch folgenden einfachen Vorgang. Wir befestigen die Rehdecke an der langen Leine, deren Ende ein Gehilfe, in der Deckung verborgen, festhält. Nun gehen wir mit dem angeleinten Hund zur Rehdecke. Plötzlich zieht der Gehilfe ruckweise an. Dieser Vorgang reizt den Hund, und wir ermuntern ihn sofort „Gib Laut". Will er nachspringen, wirken wir durch Leinenruck dagegen. Er wird die Rehdecke scharf im Auge behalten, und nach einigen Minuten ruckt der Gehilfe erneut. Sofort eifern wir den Hund zum Lautgeben an, eilen mit ihm auf die Rehdecke zu und lassen ihn anhaltend verbellen. Lob und Belohnung folgen. Spätestens durch solche Übungen wird der Lehrling, sobald er die Rehdecke sichtet, Hals geben. Dabei sollten wir den Platz im weiteren Fortgang häufiger wechseln. Der Hund darf nie Gelegenheit erhalten, an den Gehilfen heranzukommen.

Sobald er schließlich ohne unsere besondere Aufforderung an der Rehdecke Laut gibt, gehen wir zur Erweiterung der Aufgabe über. Für diese Übung nehmen wir eine lange Leine. Mit dem Hunde befinden wir uns abseits der Decke, der Gehilfe zieht. Nun ermuntern wir den Zögling zum Vorlaufen unter gleichzeitigem Befehl „Gib Laut". Er hat also jetzt Gelegenheit, voranzulaufen, wir halten die Leine bereit, und falls er zufassen sollte, erhält er einen derben Ruck mit gleichzeitigem Kommando „Gib Laut" und anschließendem Lob. Für die Begriffsvermittlung sind solche erweiternden Übungen förderlich. Der Hund erfaßt bald, daß die verlangte Reaktion Nutzen bringt. Nur im Falle der Unlust kommt etwas Zwang in Anwendung, dem aber sofort lobende Ermunterung folgt.

Will der Hund nicht Laut geben, oder zeigt er sich zunehmend unlustiger, dann gehen manche Ausbilder folgenden Weg: Der Hund wird mit lederüberzogener Kette dicht an der Rehdecke befestigt, und zwar über ihm, z. B. an einem Baumast, so daß er gerade noch sitzen kann (die Lederkette ist natürlich an dem nichtwürgenden Ring der Halsung zu befestigen). Dann entfernt man sich eine kurze Strecke und tritt in Deckung, so daß der Hund den Führer nicht sehen kann. Meist dauert es nicht lange, und er beginnt zu winseln oder zu jaulen, vielleicht löst dieses Einsamsein auch den hellen Hals aus. Wird der Hund in irgendeiner Form laut, treten wir sofort aus der Deckung heraus und rufen ihm „So brav" zu bei Wiederholung des Zuspruchs „Gib Laut". Verhält er sich wie gewünscht, wird er sehr gelobt und belohnt und aus der Zwangstellung befreit.

Schließlich müssen wir ihn daran gewöhnen, diese Decke auf immer größere Entfernungen aufzusuchen und zu verbellen, und zwar stets dann, sobald er sie zu Gesicht bekommt und so lange, bis sein Führer bei ihm angelangt ist.

Das alles hat sich zunächst unabhängig von den Anforderungen der eigentlichen Schweißarbeit abzuspielen, er soll bei diesem Ausbildungsgang lediglich zum selbständigen Handeln erzogen werden, also zur Begriffsverknüpfung „Gib Laut", sobald er die Rehdecke erblickt bzw. bei ihr eintrifft.

Für den weiteren Fortgang bietet sich nun die Führerfährte an, und wir sollten mög-

Abb. 73. Erste Übung zum Erzielen des Lautgebens an der unter einer Wilddecke verborgenen Futterschüssel – Voraussetzung für den Ausbildungsweg des Totverbellers. Es gibt noch andere Methoden, die im entsprechenden Kapitel beschrieben sind. Die Erziehung zum Totverbeller hat aber auch Nachteile, denn sie bringt viel freie Findearbeit mit sich, worunter die ruhige Suche am langen Riemen leidet

lichst täglich eine Übung vornehmen. Die Decke wird im Rucksack mitgenommen, und wir begeben uns mit dem angeleinten Hund zum Übungsgelände (z. B. einsamer Waldweg, wo mit Ablenkungen nicht zu rechnen ist). Dort nehmen wir die Rehdecke aus dem Rucksack, legen sie auf die Erde, gehen mit dem Hund etwa zehn Schritt weiter, bleiben stehen, machen kehrt, lassen ihn sich setzen, schnallen ihn. Mit der Hand zur Rehdecke weisend, fordern wir ihn auf: ,,Such das Reh". War die bisherige Schulung ausreichend, dann wird er sofort hinlaufen. Sollte er nicht gleich Hals geben, so unterstützen wir ihn durch das längst vertraute Kommando ,,Gib Laut", dem gedehnt gesprochen ,,So brav!" folgen muß, sobald der Hund Hals gibt. Wir gehen dann auf ihn zu, ihn immer wieder zum Verbellen ermunternd. Sind wir bei ihm angekommen, liebeln wir ihn ab.

Diese Aufgabe ist mehrfach hintereinander zu wiederholen. Sollte die erste Übung vielleicht nicht ganz nach Wunsch ausfallen, läßt man den Hund zurückkommen, leint ihn an, fordert ihn erneut auf: ,,Such das Reh" und läuft gleichzeitig mit ihm auf die Decke zu, ihn dort sofort zum Lautgeben anregend. Lob und Belohnung folgen.

Hunde, die so erfahren, auf der Führerfährte zur Decke zu laufen, machen schnell Fortschritte. Sobald die Erstlingsübungen wie gewünscht ausgeführt werden, erfährt die Aufgabe Erweiterung. Von zunächst zehn Schritt Entfernung geht man auf 20, 30, 40 und 50 Schritt über, stets so stufenweise und niemals eher, bis die vorangegangene Aufgabe vom Hunde einwandfrei ausgeführt wurde. Manche Jäger überspringen hier gleich mehrere Ausbildungs- bzw. Entfernungsstufen und wundern sich dann, wenn der Hund sich beim Sprung von zehn auf hundert Schritte nicht wie erhofft verhält. Um ihm anfangs die Aufgabe leicht zu machen, ist auf Haken zu verzichten, und man muß die Ausführung genau beobachten und überwachen, um, wenn nötig, sofort einwirken zu können. Dies geschieht dann wieder wie zuvor erwähnt, indem man mit dem angeleinten Hund selbst zur Decke läuft.

Wichtig ist, daß man auf den die Rehdecke verbellenden Lehrling stets langsam zugeht und beachtet, daß er unentwegt Hals gibt. So mancher neigt dazu, beim Ansichtigwerden des Führers diesem entgegenzueilen oder mit dem Verbellen aufzuhören. Mit dem Kommando ,,Such das Reh" oder auch ,,Zum Reh", wie manche Ausbilder abgekürzt sagen, sowie mit der schnellen Aufforderung ,,Gib Laut" muß man sofort einwirken, sollte es mal nicht klappen. Der Lehrling darf sich von der Rehdecke nicht entfernen, die Strecke wird größer, wir gehen immer langsamer auf ihn zu, dadurch anhaltendes Verbellen fördernd.

Sofern die Vorübungen in ausreichender Weise getätigt wurden, ist der Hund schnell soweit, daß er auf hundert Schritt Entfernung von unserem Stand weg auf der Führerfährte zur Rehdecke eilt und diese dort so lange verbellt, bis wir herangekommen sind.

Nun beginnt die Erschwerung, indem wir von der bisherigen Geraden im Bogen nach links oder rechts abschwenken. Dabei zwingen wir den Hund gleichzeitig, sich noch mehr als bisher an die Führerfährte zu halten, die ja den Ersatz für die Rotfährte bildet. Es ist aber sehr darauf zu achten, daß wir im Bogen, also auf einem anderen Wege, nach dem Auslegen der Rehdecke zum Hund zurückkehren. Man verfalle nicht aus Bequemlichkeit in den Fehler, den gleichen Weg zum Fährtenbeginn einzuhalten.

Diese leichte Erschwerung wird vom Hund in aller Regel ausgeführt, die Führerfährte leitet ihn also im Bogen ans Ziel. Die Übung sollte anfangs im übersichtlichen Gelände vorgenommen werden, damit wir das Verhalten beobachten und kontrollieren können. Sobald er Hals gibt, gehen wir langsam auf ihn zu, verschweigt er, bleiben wir stehen und sagen ,,Gib Laut".

Ein Versagen hat meist seine Ursache in ungenügender, lückenhafter Begriffsvermittlung. Man muß auch an manchen Tagen mit körperlichem Unbehagen oder die Arbeit störenden Umwelteinflüssen rechnen. Letzteres läßt sich größtenteils z. B. durch vorausbedachte Wahl des Geländes vermeiden. Ziel muß sein, daß der Hund schließlich der Führerfährte 300 Meter folgt und am Ende an der Decke ununterbrochen Laut gibt, bis wir nach langsam länger währender Zeit herankommen.

Im weiteren Werdegang der Ausbildung müssen wir den Hund auch auf Verleitungen einstellen, also solche Revierteile auswählen, in denen unsere Führerfährte Wildspuren kreuzt.

„Wie sag ich's aber meinem Hunde", daß er auch in solchen Fällen die Führerfährte nicht verlassen darf und der Rehdecke zustreben muß, um diese zu verbellen?

Wir greifen am besten zurück auf ganz leichte, von uns jederzeit kontrollierbare Aufgaben. So gehen wir zunächst nur eine kurze Führerfährte aus, vielleicht sogar mitten durch ein Gewirr von Spuren, Fährten oder Geläufe, die den Hund u. U. verleiten. Sollte er sich durch die Wildwittrung beirren lassen, dann wird er sofort hereingerufen, an die Leine genommen, erneut am Fährtenbeginn angesetzt, und nun folgen wir ihm am Riemen bis an die Rehdecke, um ihn dort kräftig Hals geben zu lassen.

Es wäre grundfalsch, ihn in solchen Fällen zu strafen, stets ist es am besten, wieder einen oder mehrere Schritte in der Ausbildung zurückzugehen, um ihm unter Lenkungs- und Einwirkungsmöglichkeit klarzumachen, daß er sich von solchen Verleitungen bei seiner Aufgabe nicht irritieren lassen darf. Wenn wir es geschafft haben, daß er schließlich sattelfest geworden ist und eine Viertelstunde Hals gibt, dann kommt es nur noch darauf an, das Erreichte durch Fortsetzen der Übungen in immer wieder anderem Gelände über wechselnde Entfernungen zu festigen.

Eine weitere bereits erwähnte Ausbildungsmöglichkeit, die Tritzmethode, stützt sich stärker auf einen gewissen Zwang. Viele Ausbilder bevorzugen sie, weil sie, natürlich ausreichend lautfreudige Veranlagung vorausgesetzt, nach ihrer Erfahrung mehr Gewähr für spätere zuverlässigere Arbeit in der Praxis bietet, da dem Hund die Anforderung nachdrücklicher und konsequenter abverlangt werden kann. Man mag darüber geteilter Meinung sein, denn ein von Jugend auf zunächst spielerisch und dann konsequenter in Ausnutzung angewölfter Lautfreude zum Verbellen erzogener Hund kann durchaus „natürlicher" und damit letztlich auch zuverlässiger arbeiten als jener, der seine Aufgaben unter mehr Zwang erlernte; denn die Zwangsausbildung, wenn sie sich nicht sehr stark auf natürliche Veranlagung stützen kann, erfordert späterhin möglicherweise häufigeres Üben, um das Erlernte immer wieder aufzufrischen.

Unter Tritzen versteht man, den Hund unter Zuhilfenahme einer Gerte zum Lautgeben anzuregen, ihn also auf diese Weise praktisch dazu zu zwingen. Auch hier bleibt es beim Zuspruch „Gib Laut".

Der Lernvorgang gestaltet sich wie folgt: Dem Hund wird die Korallenhalsung umgelegt, und man sucht mit ihm einen ruhigen Ort auf. Dort wird er in der Weise „hochgehängt", daß er lediglich sitzen kann. Vor ihm breitet man die Rehdecke aus, und der Ausbilder tritt mit der schwachen, biegsamen Gerte vor den Hund und ermuntert ihn „Gib Laut". Sofern er diese Aufforderung überhaupt noch nicht kennt, wird er schnell wenigstens winseln oder empört aufjaulen bzw. kurz Laut geben, sobald er ein paar gelinde Streiche an die Vorderläufe erhält. Dabei ist die Aufforderung „Gib Laut" fortwährend zu wiederholen. Diesen Vorgang nennt man Tritzen.

Manche Hunde sind sogleich recht ärgerlich und lassen sofort „protestierend" ihren Hals ertönen, worüber der Führer lobend in große Freude ausbricht. Nach einer Pause von wenigen Minuten, in der der Hund ruhig zu sitzen hat, wendet sich ihm der Ausbilder wieder zu, gibt das Kommando und tritzt zugleich, falls der Hund nicht Hals geben sollte. In aller Regel wird er dies schon nach mehrfacher Wiederholung tun, sobald der Ausbilder sich ihm mit der Gerte zuwendet. Auch wenn der eine oder andere Hund in seinem Unverständnis hinsichtlich des Verlangten zunächst nur winselt, wird er doch bald seinen Hals ertönen lassen. Am ersten Tag sollten nur drei bis vier Wiederholungen vorgenommen werden. Sie setzen sich aber in den nächsten Wochen an derselben Stelle aufs neue fort, bis man den Hund schließlich so weit hat, daß er schon bei einer Drohgebärde mit der Gerte zum Lautgeben übergeht.

Diese Methode wird manchmal abgewandelt zu noch stärkerem Zwang. Auch hier findet die Korallenhalsung Verwendung, und der Vorgang ist folgender: Zwischen zwei Bäumen befestigt man ein Querholz in Mannshöhe. Dann nimmt man eine etwa 30 Meter lange Leine und begibt sich mit der Rehdecke im Rucksack an den betreffenden Ort, wo die eigentliche Führleine vorerst so an dem Querholz befestigt wird, daß der Hund gerade noch sitzen kann. Darauf hake man auch die lange Leine an der Halsung ein. Die Rehdecke wird dann vor dem Hund ausgebreitet und ihm der Zuspruch „Gib Laut" gegeben.

Reagiert er nicht darauf, erhält er einen Ruck durch Anziehen der langen Leine. Die Aufforderung wird wiederholt, es erfolgt erneut ein Ruck, worauf der Ausbilder sich mit dem Leinenende in der Hand rasch entfernt und in Deckung stehenbleibt. Sollte der Hund zu winseln beginnen, tritt der Abrichter sofort wieder zum Vorschein, ruft dem Hund gedehnt „So brav" und sofort anschließend energisch „Gib Laut" zu, ruckt an der Leine und verschwindet wieder in Deckung, falls der Erfolg ausbleibt. Wenn der Hund einen Laut von sich gibt, muß der Ausbilder sofort erscheinen und ihn loben.

Meist kommt es vor, daß Hunde bei der ersten Übung einige Zeit stumm bleiben. Dann wird ein paarmal ruckartig aus der Ferne an der Leine gezogen, was zur Zwangseinwirkung führt, aber der Führer bleibt unsichtbar. Es wird nicht lange währen, und der Hund beginnt zu winseln, worauf sein Herr sofort erscheint, ihn lobt und abliebelt. Sofort darauf folgt wieder der Zuspruch „Gib Laut". In diesem Zusammenspiel zwischen Zwangseinwirkung und Verschwinden des Abrichters gelangt der Hund sehr bald zum Begreifen, daß er Unangenehmes vermeidet, sobald er Hals gibt.

In der Folge, sofern sich die ersten Ansätze zum Lautgeben zeigen, muß man darauf achten, daß der Hund bei unserem Erscheinen nicht verstummt, sondern anhaltend lautbleibt. Verschweigt er, sobald wir zum Vorschein kommen, dann laufen wir schnell in die Deckung zurück und rucken gleich wieder an der langen Leine. Die Einwirkung der Korallen beim Anrucken ist dem Hund natürlich unangenehm, aber gerade dieser Umstand trägt wesentlich dazu bei, das gewünschte Verhalten auszulösen, auch wenn es zunächst nur ein empörter Klagelaut ist.

Auf jeden Laut treten wir in Sicht, und so kommt es zur Verknüpfung, daß wir zur Erlösung von dem Unangenehmen nur dann erscheinen, wenn der Hund von seinem Hals Gebrauch macht. Es bedarf zunächst täglicher Wiederholung, ehe er sich darauf einstellt. In dieser Zeit benutzen wir dieselbe Örtlichkeit, bis die gewünschte Wirkung erzielt ist.

Stets sollte man nach einigen Wiederholungen, die gewissen Erfolg hatten und von Lob und Belohnung begleitet waren, die Übung für vielleicht eine Viertelstunde unterbrechen und den Hund sich auslaufen lassen. Man darf keinesfalls übertreiben. Geht man aber systematisch vor – wobei es anfangs vorkommen kann, daß man den Hund eine Viertelstunde unter häufigem Anrucken seinem Schicksal überläßt, bis er zum Lautgeben übergeht – dann wird es schließlich nicht lange dauern, bis er begriffen hat, was von ihm verlangt wird.

Bei der Tritzmethode sitzt der Hund ja zunächst befestigt dicht an der Rehdecke. Wenn diese Übung schließlich regelmäßig klappt, nimmt der Ausbilder ihn an die lange Leine und schickt ihn zunächst aus zwei, drei Metern Entfernung hinter die Rehdecke, wo der Hund sich sofort setzen muß und dann zu verbellen hat. Diese Entfernung wird langsam vergrößert, bis man es schließlich eines Tages wagen kann, den Hund auch ohne Leinenverbindung hinzuschicken. Dabei ist stets darauf zu achten, daß er nicht vielleicht schon vor der Decke stehenbleibt, sondern stets dahintertritt, aber man kann schließlich im weiteren Fortgang darauf verzichten, daß er sich regelmäßig setzt. Die anfängliche Sitzanforderung sollte ihm lediglich begreiflich machen, daß er hinter der Rehdecke zu verharren hat und sich nicht entfernen darf. Sollte sein Verhalten mit der Zeit aber die nötige Ausführung vermissen lassen, ist es ratsam, wieder ein paar Schritte zurückzugreifen und darauf zu bestehen, daß er sich setzt. Der weitere Fortgang ergibt sich nach den vorherigen Beschreibungen von selbst.

Der Totverweiser

Im Unterschied zum Totverbeller muß sich der Verweiser vom gefundenen Stück entfernen, zu seinem Herrn zurückkehren, diesem anzeigen, daß er gefunden hat und ihn zum Wild führen. Als natürlicher Veranlagung begegnen wir solcher Eigenschaft bei unseren Hunden nur selten.

Bei der Verfolgung eines solchen Ausbildungszieles ist zunächst einmal die Entscheidung wichtig, durch welches Verhalten der Hund uns zweifelsfrei anzeigen soll, daß er das Wild gefunden hat. Zwei Möglichkeiten haben sich im Laufe der Jahrzehnte durchgesetzt, das Riemenverweisen und das Bringselverweisen.

Diese durch entsprechende Ausbildung erreichbaren Verhaltenseigenarten werden dem Totverbellen häufig vorgezogen, denn selbst ein Hund mit sehr lautem Hals ist bei größerer Entfernung, im bergigen Gelände, unter Schnee- und Sturmerschwernissen nicht immer zu vernehmen, ganz abgesehen davon, daß Hetze und vielleicht sogar Niederziehen des kranken Wildes zur Überanstrengung führen können, vor allem bei sehr warmem Wetter. Mancher Totverbeller legt sich dann erst einmal mehr oder weniger lange Zeit am zur Strecke gebrachten Stück ab, das Totverbellen unterbleibt wegen Erschöpfung. Verweisende Hunde, die das Zurückkommen durch häufiges Üben gelernt haben, suchen aber auch dann eher Kontakt zum Führer, als lange Zeit am Stück zu verharren.

Riemenverweisen

Ausbildungsziel ist, daß der Hund, nachdem das Wild zur Strecke ist, schnell zu seinem Führer zurückkehrt, an ihm hochspringt, die Halsung des Schweißriemens faßt und ihn zum Stück führt. Dementsprechende Spezialausbildung beginnt, wenn die übrige Abrichtung des Gebrauchshundes abgeschlossen ist, er also das schulmäßige Apportieren erlernt hat und bereits ruhige Riemenarbeit leistet.

Dann wird eine Rehdecke zunächst nur etwa 20 Meter weit geschleppt oder am Ende der Führerfährte ausgelegt. Am besten befestigt man sie am Baum oder an einem vorher eingeschlagenen kleinen Pfahl. Der Hund darf dies anfangs eräugen, später jedoch nicht mehr, denn die Rehdecke muß dann immer wieder an einer anderen Stelle liegen, damit er seine Nase gebraucht. Wenn er nämlich weiß, wo sie sich befindet, dann läuft er vielleicht bei den weiteren Übungen nicht mehr ganz dorthin, man verführt ihn also zum „Lügen", was in der späteren Praxis unangenehm werden kann.

Der Hund hat also das Ablegen der Decke gesehen, und wir laufen mit ihm an der langen Führleine unter dem Kommando „Zum Reh" dorthin. Viele Hunde wollen dann die Rehdecke zunächst apportieren. Daß sie befestigt ist, spielt vor allen Dingen für den späteren Ausbildungsverlauf eine Rolle. Wir verwehren das nähere Befassen mit der Rehdecke, der Hund muß sich kurz setzen, und dann eilen wir mit ihm zum Ausgangspunkt zurück. Dies wird so oft wiederholt, bis die Anforderung sitzt.

Schließlich wird er frei, also ohne Leine, auf die kurze Entfernung hingeschickt. Sobald er angekommen ist, folgt sofort unser Kommando „Setz dich", und nach der kurzen Wartezeit pfeifen wir ihn energisch heran und halten ihm mit dem Kommando „Apport" die am Schweißriemen befestigte Halsung vor den Fang. Da er ja die Apportierschule hinter sich hat, faßt er die Halsung. Das kann man unterstützen durch das Kommando „Halt fest", das ja ohnehin bei der Apportierausbildung gebräuchlich war. Dann folgt die Aufforderung „Zum Reh", wobei man in die Richtung weist und dorthin geht. Läßt der Hund plötzlich die Halsung fallen und will ohne sie voran, dann ruft man ihn wieder bei Fuß, und er muß sie erneut in den Fang nehmen. Das begreift fast jeder Hund sehr schnell und zieht seinen Herrn zur Rehdecke. Dort läßt man ihn die Halsung ausgeben, nachdem er sich gesetzt hat, und lobt ihn tüchtig, wobei Leckerbissen sehr nützlich sind. Dies ist im wesentlichen das Prinzip solcher Ausbildung zum Riemenverweiser.

Was macht man, wenn der Hund trotz energischen Rufens oder Pfeifens nicht gleich zurückkommt und die festgebundene Decke unbedingt apportieren will?

Dann übt man einfach eine Zeitlang an der langen Feldleine, mit der man den Hund jedesmal von der Decke zurückziehen kann, bis er begriffen hat, daß er nach Ankunft am Stück und nachdem er sich kurz gesetzt hat, sofort zum Herrn zurückkommen muß. Auf die Anforderung, sich hinter der Rehdecke setzen zu müssen, verzichten wir mit der Zeit, sobald er erfaßt hat, daß er nicht schon vor Erreichen des Zieles abdrehen darf.

Anfangs muß man natürlich ein Gelände wählen, in dem man ihn beobachten kann. Die Örtlichkeiten haben aber laufend zu wechseln, und die Schleppstrecke bzw. die Führerfährte kann dann länger werden, zunächst bis 100 Meter. Der Hund muß lernen, den Ablauf genau zu erfassen: zur Decke, Rückkehr, Erfassen der Schweißhalsung, Führen zur Decke, Abgeben der Halsung. In der ersten Zeit wird man zweimal täglich üben und den Hund dabei etwa drei- bis viermal hintereinander zur Decke schicken. Dies ist so lange zu wiederholen, bis der Lehrling wie eine Maschine den Ablauf beherrscht und ausführt. Natürlich darf man nicht übertreiben, muß spüren, wann er lustlos wird und dann frühzeitig genug aufhören. Die interessante Belohnung nach dem gemeinsamen Eintreffen ist sehr wichtig, der eine Hund tut alles für ein Zuckerstückchen, der andere für eine Scheibe Schwarzbrot, das muß man wissen.

Noch ein paar Hinweise zum Übergang in die Praxis. Unabhängig von diesen Übungen arbeitet man immer wieder die eine oder andere Kunstfährte. Sobald das Riemenverweisen zuverlässig geworden ist, wird eines Tages am Ende der Kunstfährte ein Wundbett angelegt, von dem aus noch einmal erst hundert, später zweihundert Meter, anfangs mit etwas mehr Schweiß, gespritzt werden. Von diesem künstlichen Wundbett aus muß der Hund dann nach Leistung der Riemenarbeit in freier Suche zur Decke finden. Schließlich kann man, wenn es auf gerader Strecke klappt, auch ein oder zwei Haken einlegen.

Der Übergang zur nächsten Stufe muß wie in der ganzen Ausbildung nahtlos und unauffällig erfolgen, damit der Hund nicht möglicherweise vor neuen Situationen oder Problemen steht. Die Kunstfährte ist so gelegt, daß man ihn von weitem beobachten und notfalls zurückrufen bzw. heranpfeifen kann, wenn er unsicher an der Decke verhält. Zunächst also immer noch die Decke und kein erlegtes Wild benutzen.

Erst wenn der Hund sie auch auf mehrere Hundert Meter nach Ausarbeitung der Rotfährte und unter zwei eingelegten Haken in freier Suche regelmäßig findet, schnell zurückkommt und stets zuverlässig hinführt, kann schließlich erlegtes Wild ans Ende gelegt werden. Dabei muß man aber wiederum beobachten und notfalls wie erwähnt einwirken. Es ist für die Praxis günstig, mit frisch erlegten Stücken noch ab und zu zu üben, bis der Hund sich durch ihre sehr verlockende Wittrung nicht von seiner Aufgabe, nämlich in diesem Fall vom schnellen Zurückkehren, ablenken läßt.

Wie bei jeder freien Arbeit, sei es nun Totverbellen oder -verweisen, wird man die Erfahrung machen, daß ein Hund schließlich bei der Riemenarbeit das Schnallen nicht mehr abwarten kann, vielleicht sehr heftig und unkonzentriert auf der Rotfährte dahinhuscht. Dies gilt es regelmäßig auszugleichen, indem man zwischendurch immer wieder lediglich sorgfältige Riemenarbeit fordert, die ohne freie Suche am gefundenen Wild endet. Übrigens, wer einen Hund führt, der mitunter zum Anschneiden neigt, kann ihn durch solche besondere Ausbildung dazu zwingen, sich nicht lange am Stück aufzuhalten und damit solche Versuchungen einschränken.

Mitunter gibt es Schwierigkeiten beim Übergang von der langen Leine zur freien Suche. Hier wird man den Hund so täuschen, daß er sich noch an der Leine wähnt. Wir ziehen das eine Ende lose durch den Halsungsring, halten es zwar anfangs in der Hand, lassen es dann aber los, sodaß es sich beim Weiterlaufen des Hundes wie von selbst aus dem Ring zieht, ohne daß dieser es merkt. Er wird zur Rehdecke laufen, zurückkehren und an uns hochspringen. Nur in seltenen Fällen wird er bei diesem Übergang bemerken, daß er ja eigentlich bereits frei gearbeitet hat. Falls das eintritt und er seiner Aufgabe nicht gleich nachkommen will, müssen wir ihn energisch heranpfeifen und die Übungen wieder an der langen Leine fortsetzen. Solche Fälle kommen selten vor, man muß dann wieder einen oder mehrere Ausbildungsschritte zurückgehen.

Bringselverweisen

Es hat sich immer mehr durchgesetzt. Meine ersten Versuche bestanden darin, eine Bindung für das Bringsel zu finden, durch die jede Gefahr des Verhängens vermieden wird. Leider taten mir die Hunde weder den Gefallen mit der Halsung, noch mit der Bringselbindung hängenzubleiben. Wohl kam es verschiedene Male vor, daß das Bringsel durch den Mangel an Festigkeit des zu Versuchszwecken verwendeten Materials in den Dikkungen verlorenging. Ich hatte also das Gegenteil von dem erreicht, was ich anstrebte. Nun suchte ich nach einem Weg, das Bringsel unabhängig von der üblichen Halsung zu verwenden. „Halsung weg" hieß bald die Losung.

Aus anfänglichen Mißerfolgen zeigte sich bald ein gangbarer Weg, als ich damit begann, mich eines dehnbaren Materials zu bedienen. Schnell stellten sich die Erfolge ein und bestätigten sich durch die praktische Arbeit der Hunde. Ich ging dazu über, das Bringsel an einem dehnbaren, schmalen, um den Hals gelegten Gummibändchen zu befestigen. Das Gummiband muß locker sitzen, darf nicht straff anliegen, damit Atmungshemmung vermieden wird. Die Dehnbarkeit richtete sich nach dem doppelten Halsdurchmesser.

Der Hund trägt also das Gummiband unter der Schweißhalsung, wobei es den An-

Abb. 74. Der Verweiser ist bei der Grundausbildung an der Wilddecke angekommen, hat das Bringsel in den Fang genommen und begibt sich zum Ausbilder zurück. Das Bringsel besteht hier lediglich aus einem kurzen Holzstöckchen, und die (noch) längere Halteschnur dient der Begriffsvermittlung. Anfangs ist es gut, wenn das Bringsel etwas länger herabbaumelt und dem Hund bei den Übungen stets auffällt. Die zeitweilige Verwendung eines ganz einfach mittels Schnur (oder Schnürsenkel) an der Halsung zu befestigenden Hölzchens hat sogar „Erinnerungsvorteile" für die spätere Jagdpraxis – falls im Ernstfall mal das übliche Lederbringsel nicht zur Hand ist, kann man improvisieren

schein erweckt, als ob das Bringsel mit der Halsung verbunden wäre. Muß er also zu einer freien Arbeit als Bringselverweiser geschnallt werden, nimmt man ihm die Schweißhalsung ab, während die Bringselbindung bleibt. Dieses von mir entwickelte Bringsel genießt keinen Patentschutz, jeder Jäger kann es selbst anfertigen oder herstellen lassen.

Das Bringselverweisen ist im Grunde eine Bringleistung, sogar eine lustbetonte. Die Rehdecke oder das Reh werden für den Hund zum stellvertretenden Befehl „Bring", etwa so wie beim Totverbeller das Ansichtigwerden der Rehdecke die Verknüpfung „Gib Laut" auslöst. Je bringfreudiger daher der Hund, desto schneller ist er auf das Bringselverweisen einzustellen.

Die Einarbeitung vollzieht sich relativ einfach. Vorauszusetzen ist natürlich, daß die Zwangsausbildung im Apportieren erfolgt ist und beherrscht wird. Wir legen das Bringsel zunächst ganz offen auf die Rehdecke und befehlen „Such das Reh". Dabei ist der Hund noch an der langen Leine, wir begeben uns mit ihm zur Decke, lassen das Bringsel aufnehmen und bis zu jener Stelle zurücktragen, von der aus die Aufforderung erfolgte.

Dies wird so lange geübt, bis auch der freisuchende Hund die Aufgabe begriffen hat. Später erfolgt eine Erweiterung. Er muß dann nach dem Bringsel suchen, aber stets hat dieses Bringobjekt auf der Rehdecke zu liegen. Dabei kann es durchaus am Hals oder am Spiegel der Decke abgelegt werden.

Beherrscht der Hund die Leistung, das Bringsel von der Decke und schließlich auch von einem frisch geschossenen Stück Schalenwild aufzunehmen, dann gehen wir zur eigentlichen Verweiserpflicht über. Das durch Schnur o. ä. leicht verlängerte Bringsel wird nun dem Hunde an die Bindung (Gummiband) gehakt. Er befindet sich wieder an der langen Leine und erhält den Befehl „Such das Reh". Wir eilen im selben Augenblick mit ihm zur Rehdecke, achten darauf, daß er mit den Vorderläufen auf ihr steht und ermuntern ihn in dem Augenblick, nach dem nun an seinem Hals hängenden Bringsel zu greifen. Es dauert eine gewisse Zeit, bis der Zögling begriffen hat, daß das Bringsel nicht mehr auf der Decke liegt, sondern nun an seinem Hals baumelt, dort zu schnappen und zum „Anschuß" zurückzutragen ist.

Das lernt aber jeder Hund relativ schnell. Hilfreich kann es mitunter sein, wenn man das auf der Decke liegende Bringsel bei dem Übergang selbst etwas hochnimmt und an der Stelle zum Zugriff bereithält, wo es künftig hängen wird.

Sitzt diese Lektion, dann soll der Hund schließlich allein zur Decke laufen, das Bringsel greifen und mit ihm im Fang zum Führer zurückkommen. Er hat sich zu setzen und auf „Aus" das Bringsel abzugeben. Dies ist also für die Zukunft unser Signal, daß der Hund am gefundenen Wild war. Nach all solchen Leistungen dürfen wir mit Lob nicht sparen.

Im Verlauf der weiteren Übungen ist sehr darauf zu achten, daß der Lehrling nicht schon auf halbem Wege, also vor Erreichen der Rehdecke, das Bringsel aufnimmt. Tritt das ein, sind wir zu schnell in der Erweiterung der Übungen vorgegangen. Wir greifen also wieder zurück und stellen bald fest, daß der freudige Bringer sich willig korrigieren läßt und die nicht schwere Aufgabe schließlich erfaßt.

Dann muß man allerdings folgerichtig weiterarbeiten. Das Bringsel darf nicht mehr so lang, durch das zunächst verlängernde Schnurende bedingt, herabhängen, es wird kürzer an der Bindung befestigt. Zunächst ist der Hund dann wieder angeleint, wenn wir mit dem nun kürzeren Bringsel üben, aber dieser Übergang vollzieht sich meist ohne Probleme, und er arbeitet sodann auch frei wie erhofft.

Um Sicherheit und Zuverlässigkeit im Bringselverweisen zu erzielen, ist es wie beim Riemenverweiser und natürlich auch beim Totverbeller sehr empfehlenswert, späterhin immer wieder Übungsarbeiten einzuschalten, um falsche Begriffsverknüpfungen zu vermeiden.

Lautes Verweisen

Es wurde lange Zeit als „mißglücktes Totverbellen" angesehen und wohl deshalb etwas geringschätzig betrachtet. Der laute Verweiser soll die Leistungseigenschaften des Totverbellers und Verweisers vereinigen.

Am Stück, gleich ob niedergezogen oder leblos gefunden, gibt er zunächst meist Laut, wenn auch nicht in der anhaltenden Serenade des Totverbellers. Im Unterschied zu diesem entfernt er sich wieder vom Stück und sucht den Führer auf, auf dem Wege zwischendurch immer wieder Hals gebend. Trifft er bei seinem Herrn ein, dann nimmt das Lautgeben zu, und wenn der Hund voraneilend optisch und akustisch den Weg weist, kann man ihm folgen, auch wenn er zeitweise nicht sichtbar ist.

Bis vor einiger Zeit war keine Methode bekannt, nach der es mehrfach erfolgreich gelungen wäre, Jagdhunde zu lauten Verweisern zu erziehen. Nunmehr stellte aber Reinder Sommerburg in Wild und Hund Nr. 16 vom 3. November 1978 eine Förderungsmethode auf der Grundlage natürlicher Veranlagung vor, die starren, künstlichen Lernprozeß vermeidet, weil dieser zur nachhaltigen Zuverlässigkeit fortwährend wiederholter konsequenter Übung bedarf. Der Erfahrungsbericht sei auszugsweise wiedergegeben:

„Die Eigenschaft des lauten Verweisens schlummert mehr oder weniger in den meisten Jagdhunden, besonders natürlich in stöber- bzw. spurlauten, also solchen mit lockerem Hals. Manche können spontan dazu neigen, manche kommen nur dahin, wenn ein so enger Kontakt zum Führer besteht, daß er die Passion geduldig immer wieder hochzujubeln vermag, bis er den Laut hervorgezaubert hat, den er in der Folge festigen muß.

Meine in diesem Sinne geförderte Deutsch-Langhaar-Hündin Nina vom Lönsstein wurde viel zum Stöbern auf Kaninchen verwendet. Aber an einer Fährte angesetzt, ließ sie sich von fortflitzenden Lapuzen nicht im geringsten stören. Bei der Berliner Verbandsschweißprüfung im Spandauer Stadtforst machte sie auf der 52 Stunden alten Rotfährte Millimeterarbeit, ließ sich weder durch den Volkslauf von einigen Hundert Menschen, den sie kreuzte, noch durch Spaziergänger und deren Hunde oder zahlreiche Wildverleitungen irritieren und erhielt den I. Preis mit der Note hervorragend. Die Hündin war Lautverweiser, wie man ihn sich nur wünschen kann, doch hatte sie niemals gelernt, auf Befehl Laut zu geben. Das Verhalten war nur geweckt und gefördert worden.

Dennoch muß, genau wie bei der Totverbeller-Ausbildung, der Anfang zum lauten Verweisen in animierender Weise mit dem bekannten Beispiel der Futterschüssel begonnen werden, nur daß es bei der freiwilligen Lautäußerung des Lehrlings, die Hergabe des Futters zu erreichen, bleiben muß und keinesfalls auf die sonst übliche Endphase übergeleitet werden darf, den Laut auf Befehl nur um des Lautes willen zu erreichen. Ziel und Aufgabe möchte ich an einem Modellfall skizzieren, der einen lauten Verweiser, dem sehr geholfen werden mußte, zum Beispiel hat.

Wir beginnen also auf herkömmliche Art mit der Futterschüssel und sind schließlich so weit, daß das Verbellen auch ohne unsere Anregung klappt. Von jetzt an (oder auch etwas früher) stellen wir die Schüssel (oder das Plastikeimerchen) in eine geschlossene Einkaufstasche. Der Hund muß lernen, zunächst aus praktischen Gründen unsere Fährte am Riemen zu arbeiten und, dann geschnallt, die Tasche zu finden.

Er macht die Erfahrung, daß er uns durch Zurückkommen und Lautgeben zur Tasche leiten kann, damit wir sie öffnen und ihm das Futter hinstellen. Nur bei der Fährtenarbeit benutzen wir Schweißriemen und -halsung, nicht etwa schon beim Gang zum Fährtenanfang oder nach Beendigung der Anforderung. Ein paarmal üben wir dergestalt in Haus, Hof oder Garten, wo der Hund uns begierig am Riemen die zehn bis zwanzig Meter zu der vor seinen Augen abgestellten Tasche zerrt, dort freigegeben wird und das Futter erhält. Auch im Revier, wo wir das fortsetzen, weiß er sofort, worum es geht, wenn wir ihm die Schweißhalsung anlegen, ihn festmachen und die Tasche etwa zwanzig Meter entfernt sichtbar hinstellen.

Von Übung zu Übung ist die Strecke etwas länger. Wir bevorzugen Hochwald mit Unterholz, so daß der Jagdhund mit der Nase arbeiten muß. Schließlich im Fortgang der Übungen bei 100 Metern angekommen, ist die Fährte das nächstemal dann zwanzig Meter länger. Nun wird's mit dem lauten Verweisen ernst: Wir schnallen den Hund, sobald die 100-Meter-Marke in Riemenarbeit erreicht ist. Er flitzt zur Tasche, verbellt, kommt auf Ruf zurück, springt uns freudig an, läuft wieder fort, verbellt, kommt auf unseren Lockruf erneut herbei, springt am Führer hoch – und das würde lange so weitergehen.

Aber wir halten ihn teils in energischem Ton, teils mit überschwenglich lobenden und liebelnden Gesten zurück, preisen ihm auf alle mögliche Art das Futter an und „motivieren" ihn in erregendem Tonfall auf den bevorstehenden Freßgenuß. Aus Begeisterung und Ungeduld wird er schließlich so außer sich, daß er nun auch fern der Tasche und dicht beim Herrn spontan Laut gibt – worauf wir uns stracks in Bewegung setzen, zum Ziel gehen und ihn füttern.

Also erst losgehen, wenn er uns von sich aus ungeduldig anbellt, in natürlicher Weise seinen Hals ertönen läßt. Durch unser Geschick wird das laute Verweisen zur Tasche in der Folge zügiger und besser (und wir verlängern die Arbeitsstrecke und den Verweiserabschnitt stetig ein wenig). Mancher Hund neigt am Anfang dazu, nur an der Tasche richtig Laut zu geben, und zwar einmal wenn er sie findet und zum anderen wenn wir dort angelangt sind. Dann muß auf dem Wege zur Tasche durch Stehenbleiben, Animieren und Ungeduldigmachen des Hundes zum erwünschten Lautgeben nachgeholfen werden.

Alljährlich führe ich im Berliner Jungjägerlehrgang eine Schweißarbeit vor. Mit der Deutsch-Langhaar-Hündin Nina vom Lönsstein, noch nicht einjährig, klappte das laute Verweisen gleich vorzüglich am Rottier, obwohl sie bis dahin nur Taschen und nicht einmal Decken oder Schwarten gekannt hatte.

Wir nehmen uns also Zeit, dem zwischen der Tasche, in unseren Augen dem imaginären Wild, und seinem Herrn hin- und herpendelnden Waidgenossen zu folgen, bleiben immer wieder einmal stehen und lassen uns dann nur durch seine laute Aufforderung vorwärtsbringen. Auf den Hund muß es den Eindruck machen, daß sein Hals uns gleichsam wie magnetisch anzieht, als ob er Gewalt über uns hätte.

Langsam und sicher kommen wir durch solche Übungen voran. Wenn der Hund die einstündige Führerfährte sicher arbeitet und, nach 400 Metern geschnallt, auf weiteren 100 Metern bis zur Tasche eindrucksvoll laut verweist, kommt der nächste Schritt. Es wird eine Rotfährte gespritzt, die eine halbe Stunde länger steht. Der Hund folgt ihr spielend; es ist keine Leistung, aber schon ein guter Übergang zu Prüfung und Praxis.

In diesem Stadium schreiten wir mit den Anforderungen mehr oder weniger schnell voran, je nach der gezeigten Leistung und unserem darauf bezogenen Fingerspitzengefühl. Eines Tages binden wir eine Rehdecke um die Tasche, aber so, daß von letzterer noch ein Stück zu sehen ist. Das übernächstemal legen wir nur die Decke hin. Während der Hund dann nach der Fährtenarbeit geschnallt wird, haben wir die Tasche bei uns. Ihn irritiert das in der Regel gar nicht. Obwohl er das Futter ja schon in der Nase haben muß, stürmt er in alter Gewohnheit los, kommt zurück, holt uns laut verweisend zur Rehdecke und wird dort gefüttert. Fernerhin kann gewechselt werden zur Sauschwarte und z. B. einem erlegten Reh.

Bald wird unter gleichen Voraussetzungen wie bei der Vorbereitung zur Verbandsschweißprüfung gearbeitet, und die Tasche entfällt, weil wir nicht mehr im eigentlichen Sinne füttern, sondern genossen machen. Die leckeren Brocken führen wir in der Manteltasche mit. Um kein Mißverständnis aufkommen zu lassen: Das Genossenmachen ist außerordentlich wichtig! Sollten die Brocken einmal vergessen sein, müssen wir unseren Freund ganz toll streicheln und abliebeln.

Schließlich läßt sich eine Totsuche in der Praxis wagen, und wir warten auf die Gelegenheit, daß ein Stück Schalenwild vor dem Zusammenbrechen und Verenden noch mindestens 100 Meter zurückgelegt hat. Dreiviertel der Strecke arbeiten wir am Riemen, dann wird der Hund geschnallt, und das weitere spielt sich nun, zumal er ja bereits von den Übungen erlegtes Wild kennt, wie zuvor ab.

Möglicherweise wird er nach einer Naturarbeit die nächste Kunstfährte nicht so interessant finden, aber die übernächste schon wieder, wenn wir es verstehen, durch Lob, Liebeln und gute Brocken die Begeisterung zu fördern und dem Hund ein guter Kumpan sind.

Dennoch darf nicht vergessen werden, daß der laute Verweiser keine Maschine ist, die wie eine solche konstruiert und eingefahren werden kann. Jeder Hund zeigt sich anders, je nach Erbanlage, Umweltvorprägung durch gute und schlechte Erfahrungen und mithin besonders durch das Verhalten seines Herrn. Auch die Führer sind nicht als Einheitstyp zu betrachten: Der redlich Bemühte mit tierpsychologischem Einfühlungsvermögen wird im Regelfall Erfolg haben.

Meine Deutsch-Langhaar-Hündin Gitta vom Schloßberg wollte ich nach dieser Methode schon im Alter von einem halben Jahr so weit haben, daß sie theoretisch die Anforderungen der Verbandsgebrauchsprüfung hinsichtlich der Schweißarbeit erfüllen könnte. Sie übertraf aber mit fünf Monaten schon die Erwartungen und arbeitete sicher und immun gegen Wildverleitungen Übungsfährten, wie sie in Bezug auf Stehzeit und Schweißmengen den Anforderungen der 40-Stunden-Fährte auf Verbandsschweißprüfungen entsprechen. Sie ist im übrigen keineswegs frühreif, ja sehr verspielt und albern, mit Unterordnung und Gehorsam noch nicht konfrontiert.

Hauptsache ist und bleibt immer die Riemenarbeit, die durch die geschilderte Methode sogar gefördert wird, wie es bei der Zwangsausbildung zum Totverbeller und -verweiser nur bei sehr konsequentem und umsichtigem Verhalten des Führers der Fall ist.“

Der Jagdhelfer als Schutzhund

Unsere Jagdhunde auch zu Sicherheitszwecken auszubilden, war lange Zeit eine Forderung. So soll der Hund, der bei irgendeinem Gegenstand abgelegt wird, diesen scharf bewachen, keinem Fremden das Berühren gestatten. Er soll seinen Herrn gegen Angriffe verteidigen, sich nötigenfalls aggressiv verhalten und Menschen bei Wildschutz- und Jagdschutzaufgaben stellen. Er soll von Fremden gereichtes Futter verweigern und Freßbares, wo immer er es im menschlichen Siedlungsbereich findet, unberührt lassen; heutzutage ist letzteres nur noch sehr schwierig zu erreichen.

Gegen die meisten dieser Forderungen ist nichts einzuwenden, sie sind zeitlos gültig. Manches können wir im Zuge der Ausbildung (Ablegen, Fütterung) einfach erreichen. Die Abrichtung zur Mannschärfe ist jedoch problematisch. Nur in Ausnahmefällen wird ein Revierinhaber, Jagdaufseher, Berufsjäger, Forstbeamter heute noch besonderen Wert darauf legen, einen speziell ausgebildeten Schutzhund zu führen. Lediglich besonders befähigte Abrichter werden die erforderliche Ausbildung vornehmen und durchstehen, denn manche Anforderungen „beißen“ sich etwas mit den Jagdfächern, viele Hunde sind überhaupt nicht für zuverlässigen Schutzdienst geeignet, manche werden bei unkundiger oder inkonsequenter Abrichtung lediglich zu „unberechenbaren Beißern“.

Der Ruf nach dem voll ausgebildeten Schutzhund im Jagdbetrieb ist mit dem Wandel der Verhältnisse immer seltener geworden. Nachteile überwiegen häufig die Vorteile, und gelegentlich zum Ausdruck kommendes natürliches Wach- und Wehrverhalten (beim Ablegen im Revier, während Begegnungen mit fremden Menschen, im Auto, auf Grundstücken und im Haus) reicht aus. In der Jagdpraxis spielt der schützende Jagdhund heute eine sehr untergeordnete Rolle.

Wer Schutzhundqualitäten in richtige Bahnen lenken und auf speziellen Prüfungen bestätigen lassen will, sollte zwecks Ausbildung und Prüfung Kontakt mit einem nichtjagdlichen Gebrauchshund- oder Polizeihundverein aufnehmen, um durch Teilnahme an deren Übungstagen dieses Ziel zu erreichen. Gute Anleitung nach tierpsychologischen Grundsätzen vermittelt der spezielle Leitfaden von Raiser/Uhde, Der Schutzhund (Verlag Paul Parey).

Vom Ausbilder zum Jäger – Wechsel in der Führungstechnik?

Viele Hunde wechseln im Anschluß an die Ausbildung oder nach einigen Jagdjahren aus den verschiedensten Gründen den Besitzer. Schwierigkeiten, die in der Folge auftreten, beruhen sehr häufig darauf, daß der Übergang vom Verkäufer zum Käufer zu schnell und ohne die nötige Umsicht und Rücksicht erfolgt. Man kann einen ausgebildeten Jagdhund nach Vorführung und Bezahlung des Kaufpreises nicht einfach übergeben und erwarten, daß er beim neuen Besitzer sofort ohne Komplikationen eingesetzt werden kann.

Für den Hund ist es eine große Umstellung, wenn er aus der vertrauten Umgebung gerissen wird und sich einem anderen Herrn anpassen muß. Er hat sich kürzere oder längere Zeit ganz an seinen Ausbilder gewöhnt, ist mit dessen Kommandos, Jagdweisen und sonstigen Ansprüchen sowie den Reviergegebenheiten vertraut, reagiert und arbeitet dementsprechend. Trifft er bei einem Wechsel auf ganz andere Revierverhältnisse und abweichende Verhaltenseigentümlichkeiten des neuen Herrn, dann wird es ihm vielleicht sehr schwer gemacht, den Anforderungen gerecht zu werden.

Die Gewöhnung spielt auch hier eine große Rolle. Wenn der neue Besitzer sich im Umgang mit dem Hund ganz anders verhält als dieser es bislang gewohnt war, leiden das Verstehen und Zusammenwirken. Unter solchen Umständen kann ein Hund, der bei der Vorführung hervorragende Leistungen zeigte, späterhin bis zur Unbrauchbarkeit herabsinken, und zu leicht erhält dann der Ausbilder die Schuld. Abrichter wie am Erwerb interessierter Jäger müssen gleichermaßen Wert darauf legen, daß der Käufer sich bei einem Besitzwechsel umfassend orientiert. Dabei kommt es u. a. auf folgende wichtige Gesichtspunkte an:

Wie und mit welchen Hilfsmitteln wurde der Hund ausgebildet? An welche Kommandos bzw. Worte der Aufforderung, des Zuspruches und Lobes ist er gewöhnt, und mit welchen Unterschieden des Tonfalles wurden sie gegeben? Ist bei dieser oder jener Aufgabe Einwirkung oder Verlassen auf selbständiges Handeln des Hundes zweckmäßig? Auf welche Eigenarten und Schwächen gilt es zu achten, und wie sollte sich der Führer gemäß bisheriger Handhabung korrigierend bei einem Fehlverhalten benehmen? Welche Einwirkungs- und Zwangsmaßnahmen sind dem Hund geläufig? Wie benimmt er sich bei den einzelnen Jagdarten, und wie sollte der Führer sich zwecks optimalen Zusammenwirkens verhalten? In welcher Umgebung hat der Hund bis dahin gelebt; war er im Zwinger, hatte er Familienanschluß? Ist es ein im Wesen weicher oder harter Hund?

Ausgiebige Orientierung, die sowohl von Seiten des Ausbilders wie auch des einen guten Jagdgehilfen für meist ein Jahrzehnt suchenden Jägers erfolgen sollte, erleichtert die Umstellung. Aber auch wenn man dies alles erfahren hat und möglichst genau berücksichtigen will, empfiehlt es sich sehr, daß der Käufer sich einen oder zwei Tage bei dem

Ausbilder aufhält, mit ihm zusammen einige Übungen macht und ins Revier geht, gemeinsam jagt und vor allem versucht, bereits etwas Kontakt zum Hund herzustellen.

Diese Kontaktpflege, aus der das Vertrauen des Hundes zum künftigen Herrn wächst, muß in den ersten Tagen nach dem Besitzwechsel am Wohn- und Revierort intensiv fortgesetzt werden. Man beschäftigt sich als neuer Besitzer viel mit dem Hund, nimmt seine Betreuung und Fütterung selbst in die Hand und liebelt ihn immer wieder ab. Darauf hat jeder Ausbilder den Jäger hinzuweisen, in dessen Hände er seinen Zögling übergibt. Wie schon vor der Übergabe bei den gemeinsamen Übungen, sind auch später zweckmäßigerweise gleich einige leichte Gehorsamslektionen an der Leine vorzunehmen (Haltmachen, Herankommen, Bringen irgendeines Apportiergegenstandes, Ablegen). Der Jäger bemühe sich, bei Kommandos und Tonfall im Rahmen des dem Hund Vertrauten zu bleiben.

Erst nach mehreren Tagen, in deren Verlauf man bemerkt hat, ob der Neuling sich vertrauensvoll unterordnet, sollte es ins Revier gehen. Bei den ersten Gängen sind Konfliktsituationen von vornherein zu vermeiden. Es wäre unsinnig, den Hund gleich so einzusetzen, daß z. B. die Gefahr einer Rehhetze eingegangen wird. Immer wieder erlebt man den Fehler, daß die Neuerwerbung sofort Jagdfreunden im Revier vorgeführt werden

Abb. 75. Verkauf bzw. Erwerb eines ausgebildeten Jagdhundes ist oft problematisch, wenn der neue Führer glaubt, eine „Maschine“ für den Jagdbetrieb zu besitzen. Die Zeit der Abrichtung hat den Hund auf seinen Ausbilder „geprägt“, der vierläufige Helfer ist eingestellt auf dessen Verhaltensweisen, Kommandos und Führungsqualitäten. Abrichter wie neuer Besitzer sollten sich mindestens einen Tag zusammen mit dem Hund beschäftigen und Führungsweisen, Unterordnungs- und Auffrischungsübungen erörtern. Das ist wichtige Grundlage, um mit Freude und Erfolg harmonisch zu jagen. Wer als Jäger die Mühe nicht scheut, seinen Hund vom Welpenalter an selbst zu erziehen und auszubilden, der vermeidet solche Schwierigkeiten und stellt dabei fest, wie vielfältig vorteilhaft sich das einfühlsame Zusammenwachsen schließlich für die gemeinsame Jagdpraxis auswirkt

soll. Es ist aber außerordentlich wichtig, in den ersten Praxistagen ganz allein mit ihm hinaus zu gehen, nicht in Gesellschaft und erst recht nicht mit anderen Hunden zusammen.

In dieser Anfangszeit gemeinsamer Jagd stelle man dem Hund, um ihn und sein Arbeitsverhalten genauer kennenzulernen, kleinere Aufgaben, lasse ihn vorher ausgelegtes Wild suchen und unter Lob bringen und ausgeben. Besonders in der Anfangszeit wird es, trotz guter Ausbildung, zu dem einen oder anderen Fehlverhalten kommen. Schnell heißt es, der Hund sei schlecht abgerichtet, wenn er seinem neuen Herrn das gefundene Wild nicht zutragen oder abgeben will. In den allermeisten Fällen liegt es aber daran, daß er seinen Führer instinktiv noch nicht anerkennt oder gar durch dessen fehlerhaftes Benehmen zu derartigem Verhalten bewogen wurde.

Man suche die Ursache immer zuerst bei sich selbst bzw. bei noch bestehenden Kontaktmängeln und bemühe sich, die Zusammenarbeit in der weiteren Jagdausübung zu verbessern. Wer sich nicht beherrschen kann, den Hund bei einem Fehler anschreit oder ihn gar straft, braucht sich nicht zu wundern, wenn es schlechter statt besser wird. Falsche Reaktion ist z. B.: Der neue Besitzer zieht dem Hund ärgerlich die Leine über, wenn dieser mit dem erlegten Hasen vor ihm ist, sich aber auf dem nassen oder dornenbedeckten Erdboden nicht gleich setzen will. Kein Wunder, wenn der unsinnig Bestrafte daraufhin bei ähnlichen Gelegenheiten außer Reichweite seines Herrn bleibt. Es ist immer gut, vor einer überhasteten Einwirkung über die Ursache nachzudenken, warum ein Hund versagt – und es ist keine Schande, beim Ausbilder anzurufen und ihn nach Schilderung der Umstände um Rat zu fragen.

Ruhe ist allemal die erste Führerpflicht! Spürt man, daß es aufgrund eines Mißverständnisses und vielleicht falschen Einwirkens zu einer Vertrauensstörung gekommen ist oder kommen könnte, dann setze man sich sogleich auf den Boden und mache Brotzeit. Es gibt keinen Hund, der dieses Signal zur Pause und zum Fressen ingnorieren und nicht sofort herankommen würde. Solche Unterbrechungen sollten sowieso an den ersten Jagdtagen öfter gemacht werden.

Die anfänglichen Jagdgänge seien also ganz dem Hund gewidmet, er muß allmählich erfahren, daß sich an den Anforderungen nach dem Führerwechsel nichts geändert hat. Wenn das Zusammenspiel gut ist, sollte man in der weiteren Jagdpraxis nicht immer alles besser wissen wollen als der Hund, insbesondere nicht beim Suchen kranken oder erlegten Niederwildes, denn auf seine Nase ist meist mehr Verlaß als auf unsere Vermutungen. Die bei zweckmäßigem Verhalten laufend besser werdende Zusammenarbeit führt schließlich dazu, daß man dem Hund immer mehr Freiheit bei seiner Arbeit geben und harmonisch mit ihm zusammen jagen kann. Er ist ein Lebewesen, kein technischer Gegenstand, daran ist stets zu denken!

Es gibt Typen, die mit jedem Gewehrträger sofort losziehen, andere sind als sensible Hunde sehr führerabhängig und dürfen nicht ohne angemessene Übergangszeit und vorsichtige Einwirkung in neue Hände übergehen. Als verantwortungsbewußter Ausbilder hat man zu bedenken, daß der Hund zu einem Herrn kommt, der nicht nur zu ihm paßt, sondern auch mit ihm fertig wird. Das erspart auf beiden Seiten Ärgernisse. Im übrigen hat es noch keinem Jäger geschadet, wenn er vor Anschaffung an einem der Führerlehrgänge teilnahm, die fast in allen Kreisen der Bundesrepublik abgehalten werden. Wer als Ausbilder im Verlauf der Übergabeverhandlung mit einem Jäger den Eindruck hat, daß dieser eine „Maschine" erwerben will und als „Wartung" nur die Unterbringung und Fütterung wichtig nimmt, der sollte im Sinne dieser Ausführungen einzuwirken versuchen.

Jagdhundzucht

Wir paaren zwei Jagdhunde unter der Voraussetzung, daß durch Verschmelzung jene Eigenschaften, die den einzelnen Zuchthunden innewohnen, in erhöhtem Maße, zumindest in gleicher wünschenswerter Art, auch bei den Nachkommen erscheinen.

Das sagt sich so einfach, aber die Voraussetzungen, will man nicht von vornherein nur auf das Glück vertrauen, sind außerordentlich kompliziert. Wir können zwar Hunde auf Prüfungen und in der Praxis testen, aber mit diesen Ergebnissen berücksichtigen wir lediglich das äußere Erscheinungsbild und wissen noch keineswegs, wie die sichtbar gewordenen Anlagen sich in genetischer Vermischung der beiden Zuchtpartner vererben.

Die Mendelschen Vererbungsregeln, die von reinen Linien und rechnerischer Aufspaltung der einzelnen Merkmale ausgehen, lassen sich auf die Jagdhundzucht nur bedingt anwenden, zumal die meisten Leistungsmerkmale fließende Übergänge aufweisen und genetische Zusammenhänge zwischen bestimmten Anlagen bislang nur vermutet werden können oder selbst in Anhaltspunkten noch nicht bekannt sind. Die Streubreite ist fast unvorstellbar, und selbst Verwandtschaftszucht kann dem einzelnen Züchter nur teilweise ein Hilfsmittel sein, abgesehen von Nachteilen der Inzucht bei inkonsequentem Vorgehen und abgesehen von Umwelteinflüssen. Anlagen, auf die man Wert legt oder die man selektieren möchte, stehen vielfach miteinander in Zusammenhang, sei es genetisch oder umweltbedingt.

Dem einzelnen Züchter, der in jedem Jahr nur einen Wurf zieht, muß die Problematik der Paarung, die möglichst gute Berücksichtigung aller Voraussetzungen und Notwendigkeiten, deshalb viel Kopfzerbrechen bereiten. Es wäre relativ einfach, wenn die genetische Veranlagung eines Hundes mit dem äußeren Erscheinungsbild, also mit dem, was er in Leistung und Körperbau zeigt, übereinstimmen würde. Dies ist jedoch nur äußerst selten der Fall. Die kynologische Zuchtwissenschaft bemüht sich in der letzten Zeit verstärkt um eine Gewinnung von Erkenntnissen des Anteils genetischer Grundlagen bzw. Veranlagungen am äußeren Erscheinungsbild mit dem Ziel, das vererbliche Leistungsreservoir sowie Zuchtplanung und Erbwertschätzung zu erkennen und zu verbessern.

Wenn man heute davon ausgeht, daß sehr viele Leistungsmerkmale von einer Vielzahl unabhängig voneinander mendelnder Gene beeinflußt werden, wenn man das bislang lückenhafte Wissen um die Vererbung von Einzelmerkmalen, um die Beziehung zwischen genetischen und phänotypischen Zusammenhängen berücksichtigt, dann bleibt vorläufig bis zur weiteren Erforschung (unter Nutzbarmachung der elektronischen Datenverarbeitung zur Auswertung aller Informationen des möglichst gesamten Hundebestandes einer Rasse) nur die Feststellung: Die einzelnen, teils empirisch erprobten und genutzten Möglichkeiten der Fremdzucht, Linienzucht und Inzucht sind auf vernünftige Weise anzuwenden.

Es geistert immer noch durch die Literatur, der Rüde vererbe z. B. Form und Adel der Erscheinung sowie Leistung, die Hündin psychisch-geistige Eigenschaften. Wer daran glaubt, ist selbst schuld. Da die Welpen die Hälfte ihrer Gene sowohl vom Rüden als auch von der Hündin erhalten, müssen beide Seiten gleichmäßige Berücksichtigung bei der Zuchtplanung finden!

Die Kernfrage ist stets, wie man die Zuchthunde auswählt, um möglichst hochwertiges jagdliches Leistungsvermögen bei den Nachkommen zu erzielen. Langjährige Züchter, die vielleicht auch einen bestimmten Stamm aufgebaut haben, fragen sich zudem, welche Merkmale sich auf züchterischem Wege verbessern oder unterdrücken lassen.

Neben Gesundheit, Standard-Ausprägungen (Form- und Haarqualität) und natürlich Fruchtbarkeit erwarten wir bei unseren Jagdhunden eine Vielzahl von Leistungsanlagen, die nicht nur auf einer Fülle von Genen für einzelne Merkmale beruhen, sondern auch von unendlich vielen Zwischenbeziehungen im Gengefüge abhängig sind. Man kann bestimmten Merkmalen den Vorzug geben, weiß aber bei Berücksichtigung des Erscheinungsbildes, z. B. anhand von Prüfungsergebnissen, noch längst nicht, inwieweit eine genetische Verankerung vorliegt, und man weiß zumeist erst recht nicht, welche unerwünschten Eigenschaften in den Hunden schlummern und inwieweit sich Umwelteinflüsse, wie Ausbildung und Führung, bemerkbar gemacht haben.

Die empirische Zucht, die sich auf bestimmte Erbgesetze stützte, kann aber in früheren Jahrzehnten hinsichtlich der Selektion im Grunde nicht gar so viel falsch gemacht haben, sonst hätten wir nicht dieses breite Leistungsspektrum in allen auf Leistung gezüchteten Rassen so stark verankert, wie es im Gegensatz zu Zeiten vor der Jahrhundertwende heute in Erscheinung tritt. Die Auslese wurde allerdings in heute unvorstellbar harter Weise vorgenommen: Nur Hunde, die auch ohne subtile Anlagenförderung die erwünschten Eigenschaften bewiesen, blieben erhalten oder setzten sich durch, alle anderen wurden rigoros ausgemerzt.

Heute geschieht dies nicht immer und ist auch in solchem Ausmaß nicht möglich, aber dafür haben sich die Ausleseerkenntnisse im Sinne einer Erbwertschätzung verbessert, und wenn die Forschung in Zusammenarbeit mit den Zuchtverbänden zu weiteren, auf breiter Basis nutzbaren Erkenntnissen und Auswertungsmöglichkeiten kommt, werden sich auch für den Einzelzüchter hilfreiche Informationen und Anleitungen ergeben. Voraussetzung ist aber eine engere Zusammenarbeit und vor allem beim Züchter die Bereitschaft, sich von der maßgeblichen Zuchtorganisation und deren Spezialisten (Zuchtwarten) beraten zu lassen, und wer sich selbst gegenüber ehrlich ist, der wird durch kritische Prüfung des Erbwertes auch im Kleinen weiterkommen.

Fremdzucht

Seit jeher wird nach den Methoden der Fremd-, Linien- und Inzucht verfahren. Wer nach keiner möglichst erbsicheren Zuchtlinie streben kann – ein Unterfangen, das nur einzelnen Züchtern über viele Auslesegenerationen in besonderer Begabung und mit enormem Aufwand gelang –, für den ist die sogenannte Fremdzucht das vernünftigste Vorgehen. Er richtet sich nach allen Anhaltspunkten des Erscheinungsbildes einer Hündin, ihrer Vorfahren und wählt dementsprechend einen geeigneten Rüden aus, bei dem vielleicht bereits eine Prüfung bisheriger Nachkommen die Planung ergänzend beeinflussen kann.

Hier geht es also darum, nach den offenbarten Leistungen der Vorfahren auf ebenso gute Nachkommen zu hoffen. Dabei wird aber nur jener Züchter die größere Aussicht auf Erfolg haben, der kritisch alle Informationen sammelt und wägt, einen guten Überblick besitzt und neben den Vorfahren auch die Geschwister der Zuchthunde in ihrem Wert einzuschätzen versteht. Man muß sich darüber klar sein, daß aufgrund dieser Wahl, die vorwiegend nach dem Erscheinungsbild erfolgt, das Erbgut nur zum Teil berücksichtigt werden kann, nämlich soweit es sichtbar geworden ist und zudem nicht durch Ausbildung und andere Umweltauswirkungen beeinflußt wurde.

So mancher Züchter sah seine Wahl als hervorragend bestätigt, wenn die erste Generation einer Paarung sehr gut ausfiel. Züchtet man jedoch mit diesen Nachkommen weiter, wird man erleben, daß die genetisch bedingte Aufspaltung fernerhin nicht mehr zu befriedigenden Ergebnissen führt. Außerdem macht man die Erfahrung, daß vielleicht bestimmte Leistungseigenschaften bei der Auswahl bestimmend waren, in der Weiterzucht jedoch vermehrt unerwünschte Eigenschaften zum Ausdruck kommen.

Deshalb ist es besser, bei nachfolgenden Zuchtvorhaben den Grundsatz der Fremdzucht wieder neu zu überdenken und sich, wenn man nur selten züchtet, nicht davon leiten zu lassen, in „engerer Familie" zu bleiben. Günstig wäre es dann, die vollzogene Paarung, die sehr gute Ergebnisse brachte, zu wiederholen, denn bei den unendlichen Möglichkeiten des Zusammentreffens vererbbarer Eigenschaften ist es stets gut, bei einer bewährten Verbindung zu bleiben.

Linienzucht

Wer häufiger züchten und vielleicht auch einen besser durchgezüchteten Stamm mit dem Ziel der Hervorhebung bestimmter Merkmale aufbauen will, der muß sich bewußt sein, daß es für Jagdhunde heute noch kein Zuchtverfahren gibt, das ihm auch nur einigermaßen sicheren Erfolg verheißt. Die Praxis, die empirische Erfahrung, der Wille zur kritischen Selektion, müssen bestimmend sein, und wer dies beherzigt, ernsthaft und auch aufwendiger möglichst gute Jagdhunde hervorbringen will, der wird sich der Linienzucht zuwenden. Sie unterscheidet sich von der erwähnten Fremdzucht dadurch, daß die Zuchtpartner aus dem geeigneten Kreis der weiteren Verwandtschaft ausgewählt werden. Die Beurteilung der Hunde hat auch hier nach den erwähnten Voraussetzungen zu erfolgen, also höchste Anforderungen an die Bandbreite der gewünschten Leistungen zusammen mit den körperlichen Merkmalen zu stellen. Die Linienzucht bietet dem, der nach einem in mancherlei Hinsicht gefestigten Familienstamm strebt, den Vorteil, daß verdeckterbige fehlerhafte bzw. unerwünschte Anlagen eher in Erscheinung treten, also sichtbar werden, sobald diese rezessiven Gene zusammentreffen.

Wer dann konsequent und selbstkritisch vorgeht, hat die Chance, über viele Generationen hinweg einen hinsichtlich besonders wünschenswerter Eigenschaften gut durchgezüchteten Stamm zu erreichen. Dies empfiehlt sich aber nur für Züchter, die Ahnentafeln „lesen" können, die berücksichtigen, ob weitläufige Verwandte bereits Einwirkungen der zuvor erwähnten Fremdzucht unterlagen. Wird das nicht bedacht, kann man zwar durchaus bestimmte erwünschte Anlagen in seiner Zucht weiter verankern und fördern, macht aber gleichzeitig die Erfahrung, daß durch nicht erkannte oder berücksichtigte Fremdpaarung eingebrachte unerwünschte oder fehlerhafte Veranlagungen die Hoffnungen zunichte werden.

Zwar wird man bei der Linienzucht in mancherlei Weise eine Erfüllung seiner Wünsche finden, da aber der Erbwert der ausgewählten Zuchtpartner nur nach dem Erscheinungsbild, häufig lediglich den Prüfungsergebnissen, Beurteilung finden kann, ist auch die Linienzucht sehr vom Zufall abhängig. Verantwortungsbewußten Optimisten sei aber gesagt, daß es in allen Rassen gelungen ist, solche Familienstämme aufzubauen. Wer dies anstrebt, sollte Kontakt zu solchen Züchtern aufnehmen, die über fundierte Kenntnisse, eigene Erfahrungen und das „Gespür" für die richtige Wahl verfügen. Und er sollte nicht nur auf Prüfungsergebnisse vertrauen, sondern z. B. einen Deckrüden, den er nicht näher kennt, genauer in Augenschein nehmen, auch besonders in der Jagdpraxis, und alle Informationen sammeln, die er hinsichtlich der Geschwister dieses Deckrüden ermitteln kann. Dabei wird manche Wesenseigenschaft, die vielleicht auf Prüfungen nicht sichtbar wurde, zu berücksichtigen sein.

Wir kennen so manchen hervorragenden Deckrüden, nach dem viele Würfe gezogen wurden, bis sich dann eines Tages aufgrund von Vermutungen und Nachforschungen in Zusammenhang mit bestimmten Mängeln bei den Nachkommen herausstellte, daß der erfolgreiche und hochgelobte Vererber z. B. unberechenbarer Beißer war oder hochgradig unter Gewitterscheue litt. Das sind Mängel, die in dieser oder anderer bzw. verstärkter Form von Wesensschwäche oft rezessiv vererbt werden und dann zufällig beim Zusammentreffen mit ähnlicher Veranlagung einer Zuchthündin – bei der dies vom Prüfungs-Erscheinungsbild her auch nicht bekannt war – offenbar werden. Inzwischen haben solche Mängel dann aber durch den häufig benutzten Deckrüden in viele Zuchten Eingang gefunden und sind nur sehr schwer wieder auszumerzen. Kritisch sein gegenüber der eigenen Zuchthündin, sich nicht blenden lassen nur von Prüfungsergebnissen bei den Deckrüden, Ehrlichkeit auf allen Seiten, das ist des ernsthaften Züchters vornehmste Pflicht, und zwar im eigensten Interesse.

Inzucht

Dieser kritische Blick, gepaart mit Wissen um genetische Zusammenhänge, ist besonders angebracht, wenn man mit der Inzucht oder Inzestzucht liebäugelt. Letztere ist gegeben, wenn man die Zuchthündin mit einem Rüden ihrer eigenen Nachkommenschaft bzw. den Zuchtrüden mit einer Tochter-Hündin paart oder gar Geschwister zusammenbringt.

Diese Methode hat sehr viele Vorteile, wenn sie gewissenhaft angewandt wird, denn man kann mit ihr die schnell sichtbar werdenden unerwünschten Merkmale ausschalten und die angestrebten erblich festigen. Hier darf man sich sicher sein, daß nicht wie z. B. bei der behandelten Fremdzucht neue Eigenschaften hinzukommen, neben den unerwünschten allerdings auch keine, von denen wir uns eine weitere Verbesserung erhoffen können.

Deshalb ist es wichtig, für die beabsichtigte Paarung Hunde auszuwählen, die möglichst optimal den Ansprüchen nahekommen. Alles Negative wird schon beim ersten Wurf, also in der ersten Generation, sichtbar und beeinflußt die weitere Zuchtplanung. Wir haben also den großen Vorteil, unerwünschte Eigenschaften aus unserem Zuchtstamm ausmerzen zu können. Der Züchter muß dann aber alle Welpen, notfalls mit Amme und künstlicher Aufzucht, hochbringen und dafür Sorge tragen, daß sie möglichst gleichmäßig entwickelt und gefördert werden und in gute Führerhände kommen. Da er die weitere Entwicklung verfolgen wird, um alle nur irgendwie erhältlichen Anhaltspunkte zu bekommen, hat es z. B. für einen süddeutschen Züchter wenig Sinn, wenn er dann Welpen nach Norddeutschland abgibt, vielleicht gar noch in die Hände ihm gänzlich unbekannter Menschen, deren mangelnde Urteilskraft nur noch durch das Unvermögen wünschenswerter Förderung des Junghundes übertroffen wird.

Dies würde das gesamte Bild, das für die Beurteilung des Ergebnisses eines Inzestwurfes außerordentlich wichtig ist, so schmälern, daß der Züchter mangels auswertbarer Ergebnisse wiederum auf Vermutungen angewiesen ist, und diese sind gerade für die Fortführung von Inzuchtvorhaben möglichst weitgehend auszuschalten.

Zu beachten ist, daß sich die Inzestzucht über einige Generationen hinweg in einem Abfall bestimmter Eigenschaften auswirken kann. Wer diesen Weg beschreiten will, sollte sich mit den genetischen Grundlagen genauestens vertraut machen, damit er die Risiken bedenken und Folgeerscheinungen zeitig genug zu erkennen vermag.

Abschließend sei eine Tatsache besonders hervorgehoben, die für alle Zuchtmethoden gleichermaßen Bedeutung besitzt: Am aufschlußreichsten und aussagekräftigsten ist die Qualität der Nachkommen eines Zuchtpaares, denn aus ihr ergibt sich dessen Wert. So muß also die vielseitige Beurteilung der Nachkommen stets von größter Bedeutung sein, und der verantwortungsbewußte Züchter wird alle Möglichkeiten nutzen, die ihm hierzu Informationen bieten. Dabei darf er sich nicht auf die Veröffentlichungen von Prüfungsergebnissen in den Organen der Zuchtverbände und dem Deutschen Gebrauchshundstammbuch des Jagdgebrauchshundverbandes beschränken, sondern muß darüber hinaus die auf den Prüfungen nicht zum Ausdruck gelangten Wesenseigenschaften zu ermitteln versuchen. Ebenso erbliche Krankheitserscheinungen, wie z. B. die in vielen Rassen verbreitete Hüftgelenkdysplasie, die sich nur durch Röntgen einwandfrei feststellen läßt und in mittleren bis schweren Formen Zuchtausschluß zur Folge hat.

Das Belegen der Hündin und die Welpenaufzucht

Wer von seiner in Leistung und Form sehr guten Hündin Nachwuchs haben will oder gar beabsichtigt, regelmäßig zu züchten, muß sich zu Beginn der Planung mit dem zuständigen anerkannten Zuchtverein in Verbindung setzen, sich über die teils bindenden Zuchtrichtlinien der jeweiligen Rasse informieren lassen und einen Zwingernamen beantragen. Dies ist Voraussetzung, um schließlich für die Welpen den „Paß", die Ahnentafel, zu erhalten. Nur derart „sanktionierte" Junghunde können dann später ihre Leistungsfähigkeit auf den Prüfungen des Zuchtvereins bzw. des Jagdgebrauchshundverbandes unter Beweis stellen, wiederum Voraussetzung für die weitere Zuchtverwendung, aber auch für den Verkauf der Welpen in Jägerkreisen.

Zwar können Jagdhunde, die nicht in einem vom Jagdgebrauchshundverband anerkannten Zuchtbuch eingetragen sind, u. U. ausnahmsweise zur Brauchbarkeitsprüfung zugelassen werden (Mindestnachweis im Sinne der Gesetzesforderung, für bestimmte Jagdarten einen brauchbaren Jagdhund zu führen), aber darüberhinaus am Prüfungs- und Zuchtgeschehen nicht teilhaben. Dies rechtzeitig zu bedenken, ist für den Züchter sehr wichtig! Bei seiner Planung sollte er auch berücksichtigen, daß Welpen aus zeitigen Frühjahrswürfen am besten gedeihen und weniger Arbeit als zu anderen Jahreszeiten verursachen. Außerdem sind sie zum Zeitpunkt der im darauffolgenden Frühjahr anstehenden Anlagenprüfungen im richtigen Alter, worauf viele Jäger beim Erwerb eines Welpen achten.

Hündinnen sollten frühestens bei ihrer zweiten, besser erst bei der dritten Hitze ihres Lebens gedeckt werden, wenn die körperliche Reife abgeschlossen ist. Die erste Hitze tritt in der Regel – bei den einzelnen Rassen sowie auch individuell unterschiedlich – zwischen dem sechsten und zwölften Lebensmonat ein und erfolgt dann späterhin zweimal im Jahr. Anzeichen sind das Anschwellen der Schnalle und die eintretende Blutung, das Zeichnen oder Färben. Die Hündin ist am willigsten und aufnahmefähigsten vom elften bis dreizehnten Tag der Hitze. Wer beim Deckakt möglichst sichergehen will, sollte zweimaliges Belegen in diesen Tagen anstreben. Nach dem eigentlichen Deckakt hängen die Hunde noch bis zu etwa einer halben Stunde, wodurch ein Rückfluß des Samens ver-

Abb. 76. Wenn Hunde im Zwinger häufig auf Steinboden ruhen, können Erkältungen und Rheuma die Folge sein. Solcher Gefährdung läßt sich durch eine Liegeplatte aus Holz vorbeugen, die auch von den Welpen gern angenommen wird

hindert wird. Es wäre grundfalsch, sie gewaltsam zu trennen, zumal es dabei zu Verletzungen kommen kann.

Die Hündin muß zur Tragezeit im besten Gesundheitszustand sein. Stärkerer Fettansatz ist zu vermeiden, er kann leicht eintreten, wenn der Hündin gerade in der Tragezeit die so notwendige Bewegung fehlt. Fettleibigkeit macht sie träge, und es können sich auch beim Wölfen Komplikationen einstellen. Nicht zu viel füttern, aber gut und kräftig. Menge bzw. Qualität müssen über den Erhaltungsbedarf hinaus erhöht werden, damit sich die Hündin während der Tragezeit im optimalen Ernährungszustand befindet. Vor allem in der zweiten bis sechsten Woche sollte das Futter fast doppelt so gehaltvoll wie sonst sein, natürlich ohne die Hündin hinsichtlich Quantität zu überfüttern. Man gebe in dieser Zeit zwei bis drei Mahlzeiten täglich und decke den erhöhten Bedarf an Mineralstoffen, Spurenelementen und Vitaminen durch ein Mischpräparat ab, das es für diesen speziellen Zweck im Handel gibt.

Die Futtermenge ist während der Säugezeit, vor allem von der zweiten bis fünften Woche, um etwa das Dreifache des Erhaltungsbedarfs zu steigern, in Abhängigkeit von der Welpenzahl. Dabei muß die Belastung des Verdauungssystems der Hündin möglichst gering gehalten werden, was durch hochwertiges, besonders leicht verdauliches Eiweiß zu erreichen ist. Sobald die Welpen Zusatzfutter bekommen, wird die Ernährung der Hündin wieder reduziert.

Es wäre grundfalsch, sie in der Tragezeit sehr zu schonen. Sie sollte vielmehr Tag für Tag gut bewegt werden, natürlich ohne sie zu überfordern. In der letzten Woche vor dem Wölfen ist es aber angebracht, nur noch kürzere Spaziergänge mit ihr zu unternehmen, und man stelle sich auf das erkennbare Bewegungsbedürfnis bzw. ihren Zustand ein. Das Verhältnis zwischen ihr und dem Menschen wird in dieser Zeit inniger, der Züchter sollte sich der Hündin mit viel Liebe zuwenden, unnötige Aufregungen vermeiden und sich bewußt sein, daß die Tragezeit Verhaltensunregelmäßigkeiten mit sich bringt, die man verständnisvoll zu tolerieren hat und denen man nicht strafend begegnen darf.

Die Wurfhütte oder -kiste muß der Unterbringung im Gebäude oder im Freien angepaßt und ausreichend geräumig sein, ferner gestatten, daß man jederzeit zur Hündin oder den Welpen gelangen kann. Zugluft ist unbedingt zu vermeiden, in kühlerer Jahreszeit wird der umsichtige Züchter rechtzeitig eine Rotlichtlampe besorgen. Man polstere die Wurfhütte nicht mit Stroh oder Heu aus, sondern wähle eine feste Stoffunterlage, die täglich zu wechseln ist. Heu oder Kurzstroh fördern die Verschmutzung, es kann zu Reizungen der sehr empfindlichen Welpenaugen kommen, und die kleinen Läufe finden auf rauher Stoffunterlage auch besser Halt.

Wer sich auf die durchschnittliche Tragezeit von 62 Tagen einstellt, sollte sich bewußt sein, daß Abweichungen bis zum 57. oder 67. Tag vorkommen. Etwa 24 Stunden vor dem Wölfen sinkt die Körpertemperatur um einen bis anderthalb Grad Celsius ab. Um Komplikationen zu vermeiden, ist ständige Beobachtung sehr wichtig. Kurz vor dem Wölfen schwillt die Schnalle stark an, die Hündin wird unruhig und erregt und atmet heftig. Zum Beginn des Wölfens zeigt sich die Fruchtblase (die aber auch schon zuvor platzen kann unter Absonderung von dunkelgrüner wässeriger Flüssigkeit). Dann wird der erste Welpe zumeist in der folgenden Viertelstunde zur Welt kommen, die weiteren folgen im Abstand von etwa einer halben Stunde, aber es geschieht nicht selten, daß sich dies verzögert und der letzte erst nach vielleicht zwanzig Stunden erscheint, wenn der Züchter das Wölfen schon längst als beendet ansieht.

In aller Regel zerreißt die Hündin instinktiv die Eihaut und beißt die Nabelschnur durch. Manchmal vollzieht sich das aber nicht in natürlicher Weise, und deshalb ist es gut, wenn ein erfahrener Züchter oder Tierarzt zugegen ist. An den folgenden Tagen – kein Anlaß zur Beunruhigung – sondert die Hündin einen teils rotgefärbten, teils grünlichen Ausfluß ab, der aber schließlich immer heller erscheint und nach zwei bis drei Wochen nicht mehr auftreten sollte.

Wird der 62. Tag bedenklich überschritten, kann der Tierarzt mit einem Wehenmittel das Wölfen in Gang bringen. Hilft auch dies nicht, wird u. U. ein Kaiserschnitt erforderlich sein, denn wenn man zu lange wartet, kommen die Welpen schließlich vielleicht tot zur Welt oder es sind sogar für die Hündin Komplikationen zu befürchten. Bei nichtüberzüchteten Leistungsrassen stellen solche Erschwernisse Ausnahmen dar. Junge, gut veranlagte Hündinnen, die zweckmäßig behandelt, bewegt und gefüttert wurden, wölfen in wenigen Stunden, ältere benötigen mehr Zeit.

Die meisten Hündinnen beginnen sofort, die Welpen instinktiv zu belecken, wodurch diese hin- und hergeworfen werden. Vermißt man dieses Verhalten, dann sollte der Junghund vom Züchter sofort nach dem Wölfen mit dem Kopf nach unten kräftig hin- und herbewegt werden, um die Atemwege vom Fruchtwasser zu befreien. Ersatz für das möglicherweise ausbleibende Belecken ist das Abfrottieren mit einem Handtuch. Gibt der Welpe dabei immer noch keinen Laut von sich und atmet kaum, stehen die Chancen schlecht, es sei denn, ein Tierarzt ist zugegen und kann mit einer Injektion helfen.

Die Notwendigkeit der beobachtenden Überwachung beinhaltet nicht, daß man die Hündin dauernd stört, wenn alles planmäßig abzulaufen scheint. Sofern sie es duldet, kann man zwischen dem Wölfen der einzelnen Welpen die Bauchwandung hin und wieder leicht massieren. Futter sollte der Hündin zu dieser Zeit nicht gegeben, aber etwas lauwarme, mit Wasser versetzte Milch angeboten werden. Menschen, die der Hündin nicht vertraut sind, vor allem andere Hunde, sind unbedingt fernzuhalten.

Es kann vorkommen, daß eine junge Hündin den ersten Welpen totbeißt. Dann empfiehlt es sich, den zweiten nach Erscheinen fortzunehmen, ihn mit angewärmtem Tuch zu trocknen und die Fanghöhlung mit dem Finger schleimfrei zu machen. Für kurze Zeit wird er dann in der Nähe eines Ofens oder Heizkörpers warmgehalten, und wenn schließlich der dritte erscheint, so kann man den zweiten wieder zur Hündin geben, sie streicheln und beruhigen. In instinkthafter Beschäftigung mit den beiden nun vorhandenen Welpen, die sie ausgiebig belecken wird, hat sie im Unruhe- oder Schmerzzustand nicht mehr so stark das Bedürfnis, den einen Welpen umherzuschleppen und ihn womöglich zu erdrücken oder totzubeißen. Vorherige richtige Ernährung kann ebenfalls dazu beitragen, solche Erscheinungen zu verhindern.

In den ersten Tagen nach dem Wölfen sollte die Temperatur der Hündin (Normaltemperatur bis 39 °C) gemessen werden. Zeigen sich in der ersten Woche hohes Fieber oder Mattigkeit, besteht der Verdacht auf eine Infektion der Geburtswege. Bei rechtzeitigem Erkennen vermag der Tierarzt durch hohe Antibiotika-Dosen schnell und erfolgreich Einfluß zu nehmen. Auch bei länger anhaltenden Blutungen sollte er sofort hinzugezogen werden.

Die gefürchtete Eklampsie der Hündin trat früher häufiger auf als heute. Anzeichen sind tetanische Krämpfe zwei bis drei Wochen nach dem Wölfen, begleitet von Fieber. Dies beruht auf Kalzium- und Phosphormangel, ist aber heute vom Tierarzt durch ausgleichende Präparate und Stützung des Kreislaufs in aller Regel schnell zu beheben. In solchen Fällen kann es notwendig werden, die Welpen, wenigstens zum Teil, künstlich aufzuziehen, um die Hündin zu schonen, und nur noch dann, wenn sie sehr viel Milch hat, diese gelegentlich absaugen zu lassen.

Die Wurfkiste sollte in einer dunkleren Ecke stehen, damit die Welpen nicht grellem Licht ausgesetzt sind. Am 12. bis 14. Lebenstage öffnen sich die Augenlider, und gerade in dieser Zeit ist für entsprechende Abdunklung Sorge zu tragen. Da die Augen und Lider hochempfindlich sind, darf man sie keinesfalls anfassen, das Öffnen der Augenspalten vollzieht sich ganz von selbst.

Früher galt die nicht unvernünftige Einstellung: Je weniger Welpen die Hündin aufzieht, desto kräftiger werden diese. Es lag im Ermessen des Züchters, Beschränkung und Auslese vorzunehmen. Viele Zuchtvereine lehnten es sogar ab, mehr als sechs Welpen pro Wurf in das Zuchtbuch einzutragen. Diese Handhabung ist jedoch mit dem Tierschutzgesetz vom 24. Juli 1972 nicht mehr zu vereinbaren, weil es das Töten eines Wirbeltieres „ohne vernünftigen Grund" bei Strafandrohung untersagt. Der Züchter darf heute Welpen, die er als überzählig und der Entwicklung nicht entsprechend ansieht, keinesfalls mehr in eigener Verantwortung töten. Erscheint ein Welpe nicht gesund, dann muß der Tierarzt die Entscheidung bzw. Tötung vornehmen.

Da die Welpen besonders in den ersten Tagen nach dem Wölfen mit der Kolostralmilch der Hündin Stoffe erhalten, die einen Infektionsschutz bewirken, ist es sehr wichtig, daß die Kleinen gleich nach dem Wölfen gesäugt werden. Die Zufütterung setzt, sofern die Hündin genügend Milch für ihren Nachwuchs hat, erst im Alter von drei bis vier Wochen ein. Man gibt milchhaltigen Haferschleim und im Handel erhältliches spezielles Ergänzungsfutter für Welpen. Die Menge reguliert sich in Abhängigkeit vom Milchangebot der Hündin. Allmählich wird auch Fleischbrühe gegeben, langsam fortschreitend rohes und gekochtes Fleisch (kleingehackt), gekochter Fisch und vor allem rohes Eigelb.

Wichtig ist, den Vitamin- und Mineralstoffbedarf zu decken, hierfür werden vielfältige Präparate angeboten, man sollte sich bei der Auswahl unbedingt vom Tierarzt beraten lassen.

Der Futterbrei muß mundwarm sein, um Darmerkrankungen, die meist Durchfall im

Gefolge haben, zu vermeiden. Die Fütterung der sechs oder acht Wochen alten Welpen erfolgt viermal täglich. Man bedenke, daß der Hund im Grunde ein Fleischfresser ist!

Naht der Zeitpunkt des Absetzens von der Hündin, dann sollten die Kleinen bereits ein so vollwertiges kräftiges Zusatzfutter erhalten, daß der Übergang sich komplikationslos vollzieht. Frisches, zerkleinertes Fleisch steht nun im Vordergrund, Muskelfleisch wird roh gegeben, minderwertiges Fleich zum Teil gekocht. Viele Züchter schwören auf eine schon stärkere Beigabe ungereinigten Pansens. Dem heute oft nur noch abgekocht erhältlichen Pansen mangelt es an vielen Nährstoffen, was sich jedoch notfalls durch entsprechende Aufzuchtpräparate ausgleichen läßt.

Nicht vernachlässigt werden darf die wünschenswerte Umgebungstemperatur. Sie sollte in der ersten Lebenswoche 30 °C nicht unterschreiten, in der vierten schließlich genügen etwa 25 °C. In der Zuchtpraxis hat sich, wenn ein Wurf zur kühleren Jahreszeit fällt, der Infrarotstrahler als besonders geeignete Wärmequelle erwiesen. Empfehlenswert sind allerdings nur die VDE-geprüften Wärmelampen mit Berührungsschutz. Man hänge sie nicht zu tief auf, damit die Hündin nicht heran kann, und sichere die Haltevorrichtung doppelt gegen Herabfallen.

Große Vorsicht ist angebracht bei der Desinfektion bzw. Ungezieferbekämpfung im Aufzuchtraum. Auch als weitgehend ungefährlich gepriesene Mittel können den Welpen in den ersten Lebenstagen schaden. Insbesondere darf auf keinen Fall Ungezieferspray – auch kein Fliegenspray – ausgesprüht werden. Die Welpen könnten schwere Gesundheitsschäden davontragen.

Der Käufer eines Welpen wird am besten vom Züchter über die künftige Fütterungsweise informiert: bis etwa zu einem halben Jahr täglich drei Rationen, dann zwei und mit einem Jahr einmalige Gabe am Tag.

Wie der Kot der Hündin vor dem Deckakt noch einmal vom Tierarzt auf Wurmbefall überprüft werden muß, so notwendig sind Wurmkuren gegen Spulwürmer bei den Welpen. Selbst wenn eine Untersuchung des Kotes negativ verlief, empfehlen Tierärzte, die erste Wurmkur im Alter von etwa drei Wochen vorzunehmen und dann mindestens noch einmal mit vier bis sechs Wochen. Käufer sind vom Züchter darauf aufmerksam zu machen, daß weitere Wurmkuren im Alter von etwa zwölf Wochen, sechs Monaten und einem Jahr (auch ohne positiven Befund) für gesundes Aufwachsen außerordentlich wichtig sind. Es gibt viele Mittel, die Wahl sollte der unerfahrene Züchter dem Fachtierarzt für Hundekrankheiten überlassen. Sehr bewährt hat sich zum Beispiel Banminth-Paste, die die Welpen vom Finger ablecken.

Sobald die Welpen sehen können und sich für ihre Umgebung mehr und mehr interessieren, müssen sie bei warmem Wetter so oft wie möglich an die frische Luft, wobei aber Erkältungsgefahr zu bedenken ist. Bei späten Frühjahrswürfen ist das nicht so problematisch, die Sonne wirkt wohltuend, und wir werden die Wahrnehmung machen, daß die kleine Gesellschaft sich von den wärmenden Strahlen in den Schlummer wiegen läßt. Tägliche Reinigung des Zwingers ist wichtig, peinliche Sauberkeit muß vorherrschen, damit beugen wir am besten Krankheiten und Seuchengefahren vor.

Künstliche Aufzucht

Hat eine Hündin mehr Welpen zur Welt gebracht, als sie ernähren kann, dann bieten sich dem Züchter die Möglichkeiten, eine Amme einzusetzen oder (teilweise) künstliche Aufzucht vorzunehmen. Unter einer Amme versteht man eine andere Hündin, die (möglichst zum gleichen Termin) geworfen hat, aber vielleicht nur einen Welpen. Sie ist dann in der Lage, noch mehrere aus einem anderen Wurf zu säugen. Vorher sollte sie aber vom Tierarzt auf ihren Gesundheitszustand und eventuellen Parasiten- bzw. Ungezieferbefall untersucht werden, denn die Erfahrung hat gelehrt, daß derartige Ammen manchen Zwinger verseuchten.

Ist solch eine Lösung nicht zu verwirklichen, bleibt die künstliche Aufzucht mittels Flaschen, Sauger und Milchpräparat, heute als hochwertiges Aufbaufutter für Welpen im Handel erhältlich. Die Kleinen werden in die Hand genommen und begreifen, auf dem Rücken liegend, meist schnell, wie angenehm das Saugen aus der Flasche ist.

Sofern die Hündin Milch gibt, diese aber für vielleicht ein Dutzend Welpen nicht reicht, sollte dennoch in den ersten Tagen, damit die Welpen Schutzstoffe aus der Muttermilch bekommen, darauf geachtet werden, daß alle Junghunde hin und wieder bei der Hündin zum Saugen kommen. Gut ernährte, kräftige Hündinnen säugen mitunter auch eine größere Anzahl Welpen, weshalb man also einige nicht unbedingt in strenger Trennung künstlich aufziehen muß, sondern alle zusätzlich aus der Flasche versorgt. Die Unterbringung sollte so vorgenommen sein, daß die Hündin sich hin und wieder an einen ruhigen Platz zurückziehen kann.

Man muß sich darüber klar sein, daß dieses Bemühen, möglichst viele Welpen ohne Amme großzuziehen, sehr beträchtliche Anforderungen an Zeit und Geduld stellt. Außerdem bleibt nach wie vor der Grundsatz: Der beste Milchersatz kann die natürliche Nahrung, die die Mutter spendet, nie vollkommen ersetzen.

Impfungen und Kupieren

Die erste Impfung der Welpen gegen Staupe, Leberentzündung, Leptospirose hat im Alter von sieben bis neun Wochen zu erfolgen. Sie bietet aber nur kurze Zeit Schutz, der Welpenkäufer muß dann später (12. bis 14. Woche) die zweite Impfung vornehmen lassen. Er sollte auch gleich vom Züchter auf die Vorteile der Auffrischungs-Impfungen alle ein bis zwei Jahre hingewiesen werden. Vor allem im süddeutschen Raum empfiehlt sich jährliche Wiederholung – verbunden mit dem Tollwutschutz – weil die Immunität gegen Leptospirose nicht länger ausreicht.

Der Züchter hat rechtzeitig Kontakt mit dem für die Rasse zuständigen Zuchtwart aufzunehmen, damit die Welpen besichtigt, evtl. tätowiert und in das Zuchtbuch eingetragen werden können, so daß die Erwerber der Junghunde möglichst bald in den Besitz der Ahnentafeln gelangen.

Bei den meisten kurzhaarigen Vorstehhundrassen, die vielseitig in Feld, Wald und Wasser eingesetzt werden, ist es seit jeher üblich, die Rute zu kupieren. Dieser Maßnahme liegt die alte Erfahrung zugrunde, daß es bei kurzbehaarten Ruten – im Unterschied zu den langhaarigen Rassen, bei denen mitunter aber auch die Spitze kupiert wird – sonst im Jagdbetrieb zu Verletzungen kommen kann, die schwer ausheilen und häufig Entzündungen und Geschwüre hervorrufen. Auch sind Wolfskrallen ggf. zu beseitigen.

Am ersten Tag nach dem Wölfen darf keinesfalls kupiert werden, weil das Gerinnungsvermögen des Blutes noch gemindert ist. Am günstigsten für die Welpen ist der dritte bis fünfte Lebenstag. Zu dieser Zeit sind sie genügend gekräftigt, und man darf der Hündin wieder etwas Aufregung zumuten. Wenn sie aggressiv reagiert, sollte man sie vorsichtshalber in einen anderen Raum sperren, aber natürlich sofort danach wieder zu ihren Welpen lassen.

Das Tierschutzgesetz gestattet es, daß der Züchter das Kupieren selbst vornimmt. Wer auf diesem Gebiet noch keine Erfahrung besitzt, sollte vielleicht einen erfahrenen Züchter um Unterstützung bitten. Nimmt man es mit mangelnder Kenntnis selbst vor oder überläßt es dem mit Jagdhunden nicht vertrauten Tierarzt, dann hat man nicht unbedingt Gewähr, daß die Rute um jenes Maß gekürzt wird, das für die Jagdpraxis angebracht und bei der jeweiligen Rasse üblich ist.

Wenn der siebente Tag versäumt wurde, darf das Kupieren jedoch gemäß Tierschutzgesetz nur noch in der Tierarztpraxis nach Betäubung erfolgen. In genauer Rechtsauslegung muß der Tierarzt zwar die Betäubung vornehmen, aber nicht unbedingt auch das Kupieren; wurde also der Zeitpunkt überschritten, dann besteht dennoch die Möglichkeit, daß der erfahrene Züchter auf diese Weise nach der Betäubung selbst handelt.

Die größten Schwierigkeiten bereitet anfangs die Frage, wieviel von der Rute abgeschärft werden soll. Ein alter Rat besagt: die Hälfte. Dieser Hinweis muß aber nicht für jede Rasse gültig sein, denn es ist ein harmonisches Gesamtbild Körper-Rutenlänge anzustreben. Deshalb empfiehlt es sich, zu beachten, daß der verbleibende Teil der Rute die Schnalle bzw. das Geschröt bedecken kann. Lieber einen Millimeter zu wenig als zuviel abschärfen, denn eine etwas längere Rute sieht immer noch besser aus als eine zu kurze. Außerdem: Wenn der Hund die Rute nicht genügend an den Körper legen kann, dann wird, sobald er sich setzt, die Spitze belastet und gereizt, wodurch Entzündungen entstehen.

Bewährt hat sich eine scharfe, saubere Schere. Ein Helfer hält den Welpen so, daß der Züchter mit Daumen und Zeigefinger der linken Hand die Schnittstelle festlegen und vor dem kräftigen Scherenschlag die Haut ein wenig zur Rutenwurzel drücken kann; dadurch zieht sie sich später günstig über der Schnittstelle zusammen, was dem Heilungsvorgang und dem späteren Aussehen förderlich ist. Erfahrene Züchter schwören darauf, den Trennschnitt stets etwas schräg von oben nach unten vorzunehmen, so daß die Schnittverletzung sich an der Unterseite der Rute befindet. Dadurch würde sich die Spitze deutlich verjüngen, die vernarbte Verletzung sei nicht zu sehen, und es gäbe auch keine dicken Stummelenden.

Während die Blutstillung früher zumeist auf natürliche Weise von der Hündin durch Belecken vorgenommen wurde, wenden viele Züchter heute auch ein Wundspray an.

Scheinträchtigkeit

Hündinnen, die nur wenige Welpen aufgezogen haben, leiden mitunter unter zu starker Milchproduktion, die noch anhält. Man kann dann versuchen, diese bzw. die Sekretion durch kühlende Umschläge mit essigsaurer Tonerde zu stoppen. Ähnlich behandelt man scheinträchtige Hündinnen. Dieser Zustand tritt mitunter besonders bei solchen Hündinnen auf, die nie belegt wurden und nie einen Wurf gebracht haben. Es zeigen sich dabei alle Merkmale einer tragenden Hündin, wie Anschwellen des Gesäuges, Einschießen der Milch, Zusammenscharren eines Wurflagers usw. Man sollte dann nicht kräftig-gehaltvoll füttern, die Trinkwassermenge reduzieren und mittels Spaziergängen und anderer Beschäftigung über diese psychische Störung hinweghelfen.

Sachregister

Bildnachweis

Die in diesem Buch enthaltenen Abbildungen wurden von folgenden Photographen zur Verfügung gestellt bzw. den genannten Titeln entnommen:

Arndt, H. Abb. 72
Barran, F.; Hochsitze, Fütterungen und Hundezwinger, 5. Aufl. Abb. 26, 28
Buckenmaier, M. Abb. 35
Ctverak, H. Abb. 75
Deutscher Teckelklub e.V. Abb. 16, 17, 18
Eickhoff, O. Abb. 67
Frevert, W./Bergien K.; Die gerechte Führung des Schweißhundes, 4. Aufl. Abb. 42
Gruenewald, C. E. Abb. 14
Hähnle, W. Abb. 76
Heinemann, U. Abb. 25
Jagdgebrauchshund-Verband e.V.; Ordnung für Verbandszuchtprüfungen (VZPO) Abb. 30, 31
Kindler, O. Abb. 23
Kreitz, R. Abb. 9
Lehnen, W. Abb. 10
Mailick, E. Abb. 65
Münch, E. Abb. 1, 2, 3, 4, 6, 11, 12, 13, 15, 21, 24
Nagygyörgy, S. Abb. 63
Niesters, H. Abb. 45
Niestle, A. Abb. 70, 71
Renninger, H. Abb. 20
Schroeder, W. Abb. 43
Schubert, J. Abb. 57b
Siedel, F. Abb. 40, 69
Treuenfels, C. A. v. Abb. 33
Türcke, Dr. Abb. 22
Vasicek, A. Abb. 60
Vogeltanz, J. Abb. 39, 48, 53, 62, 66, 68, 73
Vornholt, H. Abb. 8
Winsmann, B. Abb. 7, 19, 34, 36, 37, 38, 44, 46, 47, 49, 50, 51, 52, 54, 55, 56, 58, 59, 61, 64, 74

Der Firma AKAH (A. Kind), Hunstig, danken wir für die Überlassung der in Abbildung 41 verwendeten Skizzen von Ausbildungshilfsmitteln.